COLLECTION
COMPLETE
DES ŒUVRES
de Monsieur
DE VOLTAIRE,
NOUVELLE ÉDITION,

*augmentée de ses dernieres Pieces de Théâtre,
& enrichie de 61 Figures en taille-douce.*

TOME DIX-HUITIEME.

A AMSTERDAM,

Aux Dépens de la Compagnie.

────────────

M. DCC. LXIV.

LE DUC DE FOIX,

TRAGEDIE.

ACTEURS.

LE DUC DE FOIX.

AMELIE.

VAMIR, Frère du Duc de Foix.

LISOIS.

TAISE, Confidente d'Amélie.

Un Officier du Duc de Foix.

EMAR, Confident de Vamir.

La Scène est dans le Palais du Duc de Foix.

LE DUC DE FOIX,
TRAGÉDIE.

ACTE PREMIER.

SCENE PREMIERE
AMELIE, TAISE, LISOIS.

LISOIS.

Souffrez qu'en arrivant dans ce séjour d'allarmes,
Je dérobe un moment au tumulte des armes.
Le grand cœur d'Amélie est du parti des rois,
Contre eux, vous le savez, je sers le Duc de Foix,
Ou plutôt je combats ce redoutable Maire,
Ce pepin qui du trône heureux dépositaire.
En subjuguant l'état en soutient la splendeur,
Et de Thierri son maître ose être protecteur.
Le Duc de Foix ici vous tient sous sa puissance,
J'ai de sa passion prévu la violence,
Et sur lui, sur moi-même & sur votre intérêt,

A

Je viens ouvrir mon cœur, & dicter mon arrêt.
Ecoutez-moi, Madame, & vous pourrez connaître
L'ame d'un vrai soldat, digne de vous peut-être.
AMELIE
Je sais quel est Lisois : sa noble intégrité
Sur ses lèvres toujours plaça la vérité,
Quoi que vous m'annonciez, je vous croirai sans peine.
LISOIS.
Sachez que si dans Foix mon zèle me ramène,
Si de ce Prince altier j'ai suivi les drapeaux,
Si je cours pour lui seul à des périls nouveaux,
Je n'aprouvai jamais la fatale alliance
Qui le soumet au Maure & l'enlève à la France,
Mais dans ces tems affreux de discorde & d'horreur,
Je n'ai d'autre parti que celui de mon cœur.
Non que pour ce héros mon ame prévenue
Prétende à ses défauts fermer toujours ma vue
Je ne m'aveugle pas, je vois avec douleur
De ses emportemens l'indiscrette chaleur,
Je vois que de ses sens l'impétueuse ivresse
L'abandonne aux excès d'une ardente jeunesse,
Et ce torrent fougueux que j'arrête avec soin
Trop souvent me l'arrache & l'emporte trop loin.
Mais il a des vertus qui rachettent ses vices :
Eh ! qui saurait, Madame, où placer ses services,
S'il ne nous falloit suivre & ne chérir jamais
Que des cœurs sans faiblesse, & des princes parfaits!
Tout le mien est à lui, mais enfin cette épée
Dans le sang des Français à regret s'est trempée.
Je voudrais à l'état rendre le Duc de Foix.
AMELIE.
Seigneur, qui le peut mieux que le sage Lisois!
Si ce prince égaré chérit encor sa gloire,
C'est à vous de parler, & c'est vous qu'il doit croire
Dans quel affreux parti s'est-il précipité!
LISOIS.
Je ne peux à mon choix fléchir sa volonté.
J'ai souvent de son cœur aigrissant les blessures
Revolté sa fierté par des vérités dures;

TRAGEDIE.

Vous seule à votre roi le pourriez rapeller,
Et c'est de quoi sur tout je cherche à vous parler.
Dans des tems plus heureux j'osai belle Amélie,
Consacrer à vos loix le reste de ma vie ;
Je crus que vous pouviez, aprouvant mon dessein,
Accepter sans mépris mon hommage & ma main,
Mais à d'autres destins je vous vois reservée.
Par les Maures cruels dans Leucate enlevée,
Lorsque le sort jaloux portait ailleurs mes pas,
Cet heureux Duc de Foix vous sauva de leurs bras.
La gloire en est à lui, qu'il en ait le salaire ;
Il a par trop de droits mérité de vous plaire ;
Il est prince, il est jeune, il est votre vengeur,
Ses bienfaits & son nom, tout parle en sa faveur,
La justice & l'amour vous pressent de vous rendre,
Je n'ai rien fait pour vous, je n'ai rien à prétendre.
Je me tais... cependant s'il faut vous mériter,
A tout autre qu'à lui j'irais vous disputer ;
Je céderais à peine aux enfans des rois même,
Mais ce prince est mon chef, il me chérit, je l'aime :
Lisois ni vertueux, ni superbe à demi,
Aurait bravé le prince, & céde à son ami.
Je fais plus, de mes sens maîtrisant la faiblesse,
J'ose de mon rival appuyer la tendresse,
Vous montrer votre gloire & ce que vous devez
Au héros qui vous sert, & par qui vous vivez ;
Je verrai d'un œil sec, & d'un cœur sans envie
Cet hymen qui pouvait empoisonner ma vie
Je réunis pour vous mon service & mes vœux,
Ce bras qui fut à lui, combattra pour tous deux,
Voilà mes sentimens : si je me sacrifie,
L'amitié me l'ordonne & sur-tout la patrie:
Songez que si l'hymen vous range sous sa loi,
Si le prince est à vous, il est à votre roi.

AMELIE.

Qu'avec étonnement, Seigneur, je vous contemple!
Que vous donnez au monde un rare & grand exemple,
Quoi ce cœur, je le crois sans feinte & sans détour,
Connait l'amitié seule & sait braver l'amour !
Il faut vous admirer quand on sait vous connaître,

Vous servez votre ami, vous servirez mon maître;
Un cœur si généreux doit penser comme moi,
Tout ceux de votre sang sont l'appui de leur roi.
Eh bien, de vos vertus je demande une grace.

LISOIS.

Vos ordres sont sacrés, que faut-il que je fasse?

AMELIE.

Vos conseils généreux me pressent d'accepter
Ce rang dont un grand prince a daigné me flatter,
Je ne me cache point combien son choix m'honore,
J'en vois toute la gloire, & quand je songe encore
Qu'avant qu'il fut épris de ce funeste amour,
Il daigna me sauver & l'honneur & le jour,
Tout ennemi qu'il est de son roi légitime,
Tout allié du Maure, & protecteur du crime,
Accablé à ses yeux du poids de ses bienfaits,
Je crains de l'affliger, seigneur, & je me tais.
Mais malgré son service & ma reconnaissance
Il faut par des refus répondre à sa constance,
Sa passion m'afflige, il est dur à mon cœur,
Pour prix de ses bontés, de causer son malheur;
Non, seigneur, il lui faut épargner cet outrage.
Qui pourrait mieux que vous gouverner son courage?
Est-ce à ma faible voix d'annoncer son devoir;
Je suis loin de chercher ce dangereux pouvoir.
Quel apareil affreux! quel tems pour l'hymenée!
Des armes de mon roi la ville environnée
N'attend que des assauts, ne voit que des combats,
Le sang de tous côtés coule ici sous mes pas;
Armé contre mon maître, armé contre son frère;
Que de raisons!.... seigneur, c'est en vous que j'es-
  père.
Pardonnez....achevez vos desseins généreux,
Qu'il me rende à mon roi, c'est tout ce que je veux.
Ajoutez cet effort à l'effort que j'admire,
Vous devez sur son cœur avoir pris quelqu'empire,
Un esprit mâle & ferme, une ami respecté
Fait parler le devoir avec autorité,
Se conseils sont des loix.

LISOIS.
                    Il en est peu, madame,
Contre les passions qui subjuguent son ame,
Et son emportement a droit de m'allarmer.
Le prince est soupçonneux, & j'osai vous aimer,
Quels que soient les ennuis dont votre cœur soupire,
Je vous ai déja dit ce que j'ai dû vous dire,
Laissez-moi ménager son esprit ombrageux,
Je crains d'effaroucher ses feux impétueux,
Je sais à quels excès irait sa jalousie,
Quel poison mes discours répandraient sur sa vie,
Je vous prendrais peut-être, & mes soins dangereux,
Madame, avec un mot feraient trois malheureux.
Vous, à vos intérêts rendez-vous moins contraire,
Pesez sans passion l'honneur qu'il vous veut faire :
Moi : libre entre vous deux, souffrez que dès ce jour,
Oubliant à jamais le langage d'amour,
Tout entier à la guerre, & maître de mon ame,
J'abandonne à leur sort & vos vœux & sa flamme ;
Je crains de l'outrager, je crains de vous trahir,
Et ce n'est qu'aux combats que je dois le servir :
Laissez-moi d'un soldat garder le caractère,
Madame, & puisqu'enfin la France vous est chère,
Rendez lui ce héros qui serait son appui,
Je vous laisse y penser, & je cours près de lui.

SCENE II.

AMELIE, TAISE.

AMELIE.

AH s'il faut à ce prix le donner à la France,
Un si grand changement n'est pas en ma puis-
      sance,
Taïse, & cet hymen est un crime à mes yeux.
TAISE.
Quoi! le prince à ce point vous serait odieux ?

8 LE DUC DE FOIX.
Quoi ! dans ces tristes tems de ligues & de haines
Qui confondent des droits les bornes incertaines,
Où le meilleur parti semble encor si douteux,
Où les enfans des rois sont divisés entr'eux,
Vous, qu'un astre plus doux semblait avoir formée
Pour l'unique douceur d'aimer & d'être aimée,
Pouvez-vous n'opposer qu'un sentiment d'horreur
Aux soupirs d'un héros qui fut votre vengeur.
Vous savez que ce prince au rang de ses ancêtres
Compte les premiers rois que la France eut pour
    maîtres,
D'un puissant appanage il est né souverain,
Il vous aime, il vous sert, il vous offre sa main,
Ce rang à qui tout céde & pour qui tout s'oublie,
Brigué par tant d'appas, objet de tant d'envie,
Ce rang qui touche au trône, & qu'on met à vos pieds,
Peut-il causer les pleurs dont vos yeux sont noyés ?
AMELIE.
Quoi, pour m'avoir sauvée, il faudra qu'il m'op-
   prime !
De son fatal secours je serai la victime ?
Je lui dois tout, sans doute, & c'est pour mon malheur
TAISE.
C'est être trop injuste.
AMELIE.
              Eh bien, connais mon cœur,
Mon devoir, mes douleurs, le destin qui me lie ;
Je mets entre tes mains le secret de ma vie,
De ta foi desormais c'est trop me défier,
Et je me livre à toi pour me justifier ;
Vois combien mon devoir à ses vœux est contraire,
Mon cœur n'est point à moi, ce cœur est à son frère.
TAISE.
Quoi ! Ce vaillant Vamir ?
AMELIE.
              Nos sermens mutuels
Devançaient les sermens reservés aux autels,
J'attendais dans Leucate, en secret retirée,
Qu'il y vînt dégager la foi qu'il m'a jurée,
Quand les Maures cruels inondant nos deserts,

TRAGEDIE.

Sous mes toits embrasés me chargèrent de fers;
Le Duc est l'allié de ce peuple indomptable;
Il me sauva, Taïse, & c'est ce qui m'accable.
Mes jours à mon amant seront-ils reservés,
Jours tristes, jours affreux qu'un autre a conservés.

TAISE.

Pourquoi donc avec lui vous obstinant à feindre,
Nourrir en lui des feux qu'il vous faudrait éteindre ?
Il eut pû respecter ces saints engagemens,
Vous eussiez mis un frein à ses emportemens.

AMELIE.

Je ne le puis, le ciel pour combler mes misères,
Voulut l'un contre l'autre animer les deux frères.
Vamir toujours fidèle à son maître, à nos loix
A contre un revolté vengé l'honneur des rois.
De son rival altier tu vois la violence;
J'oppose à ses fureurs un douloureux silence;
Il ignore du moins qu'en des tems plus heureux
Vamir a prévenu ses desseins amoureux:
S'il en était instruit, sa jalousie affreuse
Le rendrait plus à craindre & moi plus malheureuse.
C'en est trop, il est tems de quitter ses états,
Fuyons des ennemis, mon roi me tend les bras.
Ces prisonniers, Taïse, à qui le sang te lie,
De ces murs en secret méditent leur sortie,
Ils pourront me conduire, ils pourront m'escorter,
Il n'est point de péril que je n'ose affronter.
Je hazarderai tout pourvû qu'on me délivre
De la prison illustre où je ne sçaurais vivre.

TAISE.

Madame il vient à vous.

AMELIE.

     Je ne puis lui parler,
Il verrait trop mes pleurs toujours prêts à couler.
Que ne puis je à jamais éviter sa poursuite!

SCENE III.

LE DUC DE FOIX, LISOIS, TAISE.

LE DUC à *Taïse*

Est-ce elle qui m'échape, est-ce elle qui m'évite ?
Taise, demeurez ; vous connaissez trop bien
Les transports douloureux d'un cœur tel que le mien ;
Vous savez si je l'aime & si je l'ai servie,
Si j'attends d'un regard le destin de ma vie ;
Qu'elle n'étende pas l'excès de son pouvoir
Jusqu'à porter ma flamme au dernier desespoir.
Je hais ces vains respects, cette reconnaissance
Que sa froideur timide oppose à ma constance ;
Le plus léger délai m'est un cruel refus,
Un affront que mon cœur ne pardonnera plus.
C'est en vain qu'à la France, à son maître fidèle,
Elle étale à mes yeux le faste de son zèle,
Il est tems que tout céde à mon amour, à moi,
Qu'elle trouve en moi seul la patrie & son roi ;
Elle me doit la vie, & jusqu'à l'honneur même ;
Et moi je lui dois tout puisque c'est moi qui l'aime
Unis par tant de droits, c'est trop nous séparer,
L'autel est prêt, j'y cours, allez l'y préparer.

SCENE IV.

LE DUC, LISOIS.

LISOIS.

Seigneur, songez-vous bien que de cette journée
Peut-être de l'état dépend la destinée ?

TRAGEDIE.

LE DUC.
Oui vous me verrez vaincre ou mourir son époux.
LISOIS.
L'ennemi s'avançait, & n'est pas loin de nous.
LE DUC.
Je l'attends sans le craindre, & je vais le combattre.
Crois-tu que ma faiblesse ait pu jamais m'abbattre ?
Penses-tu que l'amour, mon tyran, mon vainqueur,
De la gloire en mon ame ait étouffé l'ardeur?
Si l'ingrate me hait, je veux qu'elle m'admire;
Elle a sur moi sans doute un souverain empire,
Et n'en a point assez pour flérir ma vertu;
Ah! trop sévère ami que me reproches-tu?
Non, ne me juge point avec tant d'injustice,
Est-il quelque Français que l'amour avilisse ?
Amans, aimés, heureux, ils vont tous aux combats,
Et du sein du bonheur ils volent au trépas.
Je mourrai digne au moins de l'ingrate que j'aime.
LISOIS
Que mon prince plutôt soit digne de lui-même.
Le salut de l'état m'occupait en ce jour,
Je vous parle du vôtre, & vous parlez d'amour!
Seigneur, des ennemis j'ai visité l'armée,
Déja de tous côtés la nouvelle est semée
Que Vamir votre frère est armé contre nous.
Je sais que dès long tems il s'éloigna de vous;
Vamir ne m'est connu que par la renommée;
Mais si par le devoir, par la gloire animée,
Son ame écoute encor ces premiers sentimens
Qui l'attachaient à vous dans la fleur de vos ans,
Il peut vous ménager une paix nécessaire;
Et mes soins....
LE DUC.
Moi, devoir quelque chose à mon frère!
Près de mes ennemis mandier sa faveur ?
Pour le haïr, sans doute, il en coûte à mon cœur;
Je n'ai point oublié notre amitié passée;
Mais puisque ma fortune est par lui traversée,
Puisque mes ennemis l'ont détaché de moi,
Qu'il reste au milieu d'eux, qu'il serve sous un roi.

LE DUC DE FOIX.

Je ne veux rien de lui.

LISOIS.
Votre fiére constance
D'un monarque irrité brave trop la vengeance.

LE DUC.
Quel monarque ! un fantôme, un prince efféminé,
Indigne de sa race, esclave couronné,
Sur un trône avili soumis aux loix d'un maire ?
De Pepin son tiran je crains peu la colère;
Je déteste un sujet qui croit m'intimider,
Et je méprise un roi qui n'ose commander.
Puisqu'il laisse usurper sa grandeur souveraine
Dans mes états au moins je soutiendrai la mienne.
Ce cœur est trop altier pour adorer les loix
De ce maire insolent, l'oppresseur de ses rois,
Et Clovis que je compte au rang de mes ancêtres,
N'apprit point à ses fils à ramper sous des maîtres.
Les Arabes, du moins, s'arment pour me venger,
Et tyran pour tyran j'aime mieux l'étranger.

LISOIS.
Vous haïssez un maire & votre haine est juste;
Mais ils ont des Français sauvé l'empire auguste,
Tandis que nous aidons l'Arabe à l'opprimer;
Cette triste alliance a de quoi m'allarmer
Nous préparons peut-être un avenir horrible,
L'exemple de l'Espagne est honteux & terrible;
Ces brigans Africains sont des tyrans nouveaux
Qui font servir nos mains à creuser nos tombeaux.
Ne vaudrait-il pas mieux fléchir avec prudence ?

LE DUC.
Non, je ne peux jamais implorer qui m'offense.

LISOIS.
Mais vos vrais intérêts oubliés trop long-tems...

LE DUC.
Mes premiers intérêts sont mes ressentimens.

LISOIS.
Ah ! vous écoutez trop l'amour & la colére.

LE DUC.
Je le sais, je ne peux fléchir mon caractère.

TRAGEDIE.

LISOIS.

On le peut, on le doit, je ne vous flatte pas,
Mais en vous condamnant je suivrai vos pas.
Il faut à son ami montrer son injustice,
L'éclairer, l'arrêter au bord du précipice ;
Je l'ai dû, Je l'ai fait malgré votre couroux,
Vous y voulez tomber, & j'y cours avec vous.

LE DUC.

Amis que m'a-tu dit ?

LISOIS.

Ce que j'ai dû vous dire,
Ecoutez un peu plus l'amitié qui m'inspire.
Quel parti prendrez-vous ;

LE DUC.

Quand mes brûlans desirs
Auront soumis l'objet qui brave mes soupirs.
Quand l'ingrate Amélie à son devoir rendue
Aura remis la paix dans cette ame éperdue,
Alors j'écouterai tes conseils généreux,
Mais jusqu'à ce moment sais-je ce que je veux ?
Tant d'agitations, de tumultes, d'orages,
Ont sur tous les objets répandu des nuages.
Puis-je prendre un parti, puis-je avoir un dessein ?
Allons près du tyran qui seul fait mon destin.
Que l'ingrate à son gré décide de ma vie,
Et nous déciderons du sort de la patrie.

Fin du premier Acte.

ACTE II.

SCENE PREMIERE.

LE DUC DE FOIX *seul.*

Oserait-elle encor refuser de me voir ?
Ne craindra-t-elle point d'aigrir mon desespoir ?

Ah ! c'eſt moi ſeul ici qui tremble de déplaire.
Ame ſuperbe & faible ! eſclave volontaire,
Cours aux pieds de l'ingrate abaiſſer ton orgueil ;
Vois tes jours dépandans d'un mot & d'un coup d'œil!
Lâche, conſume-les dans l'éternel paſſage
Du dépit aux reſpects & des pleurs à la rage !
Pour la derniere fois, je prétends lui parler.
Allons....

SCENE II.

LE DUC, AMELIE, & TAISE
dans le fond.

AMELIE.

J'Eſpére encore, & tout me fait trembler.
Vamir tenterait-il une telle entrepriſe ?
Que de dangers nouveaux ! ah ! que vois-je, Taïſe!

LE DUC.

J'ignore quel objet attire ici vos pas ;
Mais vos yeux diſent trop qu'ils ne me cherchent pas ;
Quoi ! vous les détournez : Quoi ! vous voulez encore
Inſulter aux tourmens d'un cœur qui vous adore,
Et de la tyrannie exerçant le pouvoir ;
Nourrir votre fierté de mon vain deſeſpoir ?
C'eſt à ma triſte vie ajouter trop d'allarmes.
Trop flétrir des lauriers arroſés de mes larmes,
Et qui me tiendront lieu de malheur & d'affront,
S'ils ne ſont par vos mains attachés ſur mon front,
Si votre incertitude allarmant mes tendreſſes,
Peut encor démentir la foi de vos promeſſes.

AMELIE.

Je ne vous promis rien, vous n'avez point ma foi,
Et la reconnaiſſance eſt tout ce que je dois.

LE DUC.

Quoi ! lorſque de ma main je vous offrais l'hommage?

TRAGEDIE.

AMELIE.

D'un si noble présent j'ai vu tout l'avantage ;
Et sans chercher ce rang qui ne m'était pas dû,
Par de justes respects je vous ai répondu,
Vos bienfaits votre amour, & mon amitié même,
Tout vous flattait sur moi d'un empire suprême,
Tout vous a fait penser qu'un rang si glorieux
Présenté par vos mains éblouirait mes yeux ;
Vous vous trompiez ; il faut rompre enfin le silence ;
Je vais vous offenser ; je me fais violence ;
Mais réduite à parler, je vous dirai, seigneur,
Que l'amour de mes rois est gravé dans mon cœur.
Votre sang est auguste, & le mien est sans crime,
Il coula pour l'état que l'étranger opprime,
Cominge, mon ayeul, dans mon cœur a transmis
La haine qu'un Français doit à ses ennemis,
Et sa fille jamais n'acceptera pour maître
L'ami de nos tyrans, quelque grand qu'il puisse être.
Voilà les sentimens que son sang m'a tracés,
Et s'ils vous font rougir c'est vous qui m'y forcez.

LE DUC.

Je suis, je l'avouerai, surpris de ce langage ;
Je ne m'attendais pas à ce nouvel outrage,
Je n'avais pas prévu que le sort en courroux,
Pour m'accabler d'affronts, dût se servir de vous.
Vous avez fait, madame, une secrette étude
Du mépris, de l'insulte & de l'ingratitude ;
Et votre cœur enfin lent à se déployer,
Hardi par ma faiblesse a paru tout entier.
Je ne connaissais pas tout ce zèle héroïque,
Tant d'amour pour l'état, & tant de politique ;
Mais vous qui m'outragez, me connaissez-vous bien ?
Vous reste-t-il ici de parti que le mien ?
M'osez-vous reprocher une heureuse alliance
Qui fait ma sûreté, qui soutient ma puissance,
Sans qui vous gémiriez dans la captivité,
A qui vous avez dû l'honneur, la liberté ?
Est-ce donc-là le prix de vous avoir servie ?

AMELIE.

Oui, vous m'avez sauvée ; oui, je vous dois la vie,

Mais de mes tristes jours ne puis-je disposer ?
Me les conserviez-vous pour les tyranniser ?
LE DUC.
Je deviendrai tyran, mais moins que vous, cruelle ;
Mes yeux lisent trop bien dans votre ame rebelle ;
Tous vos prétextes faux m'apprennent vos raisons,
Je vois mon deshonneur, je vois vos trahisons,
Quelque soit l'insolent que ce cœur me préfère,
Redoutez mon amour, tremblez de ma colère :
C'est lui seul désormais que mon bras va chercher,
De son cœur tout sanglant j'irai vous arracher ;
Et si dans les horreurs du sort qui nous accable,
De quelque joye encor ma fureur est capable,
Je la mettrai, perfide, à vous deséspérer.
AMELIE.
Non, seigneur, la raison saura vous éclairer ;
Non, votre ame est trop noble, elle est trop élevée
Pour opprimer ma vie, après l'avoir sauvée ;
Mais si votre grand cœur s'avilissait jamais
Jusqu'à persécuter l'objet de vos bienfaits,
Sachez que ces bien-faits, vos vertus, votre gloire,
Plus que vos cruautés vivront dans ma mémoire.
Je vous plains, vous pardonne, & veux vous respecter ;
Je vous ferai rougir de me persécuter ;
Et je conserverai, malgré votre menace,
Une ame sans couroux, sans crainte & sans audace.
LE DUC.
Arrêtez ; pardonnez aux transports égarés,
Aux fureurs d'un amant que vous désespérés ?
Je vois trop qu'avec vous Lisois d'intelligence,
D'une cour qui me hait embrasse la défense,
Que vous voulez tous deux m'unir à votre roi,
Et de mon sort enfin disposer malgré moi ;
Vos discours sont les siens. Ah ! parmi tant d'allarmes,
Pourquoi recourez-vous à ces nouvelles armes ?
Pour gouverner mon cœur, l'asservir, le changer,
Aviez-vous donc besoin d'un secours étranger ?
Aimez : il suffira d'un mot de votre bouche.
AMELIE.
Je ne vous cache point que du soin qui me touche

TRAGEDIE.

A votre ami, seigneur, mon cœur s'était remis;
Je vois qu'il a plus fait qu'il ne m'avoit promis.
Ayez pitié des pleurs que mes yeux lui confient,
Vous les faites couler; que vos mains les essuyent:
Devenez assez grand pour apprendre à dompter
Des feux, que mon devoir me force à rejetter.
Laissez-moi toute entière à la reconnoissance.

LE DUC.

Ainsi le seul Lisois a votre confiance:
Mon outrage est connu, je sai vos sentimens.

AMELIE.

Vous les pourrez, seigneur, connaître avec le tems;
Mais vous n'aurez jamais le droit de les contraindre,
Ni de les condamner, ni même de vous plaindre.
Du généreux Lisois j'ai recherché l'appui:
Imitez sa grande ame, & pensez comme lui.

SCÉNE III.

LE DUC seul.

EH bien! c'en est donc fait, l'ingrate, la parjure,
A mes yeux sans rougir étale mon injure;
De tant de trahisons l'abîme est découvert.
Je n'avais qu'un ami: c'est lui seul qui me perd!
Amitié, vain fantôme, ombre que j'ai chérie,
Toi, qui me consolais des malheurs de ma vie,
Bien que j'ai trop aimé, que j'ai trop méconnu,
Trésor cherché sans cesse, & jamais obtenu,
Tu m'as trompé, cruelle, autant que l'amour même;
Et maintenant pour prix de mon erreur extrême,
Détrompé des faux biens trop faits pour me charmer,
Mon destin me condamne à ne plus rien aimer.
Le voilà cet ingrat, qui fier de son parjure
Vient encor de ses mains déchirer ma blessure.

SCENE IV.
LE DUC, LISOIS.
LISOIS.

A Vos ordres, seigneur, vous me voyez rendu
D'où vient sur votre front ce chagrin répandu ?
Votre ame aux passions long-tems abandonnée
A-t-elle en liberté pesé sa destinée ?
LE DUC.
Oui.
LISOIS.
Quel est le projet où vous vous arrêtés ?
LE DUC.
D'ouvrir enfin les yeux aux infidélités,
De sentir mon malheur, & d'aprendre à connaître
La perfide amitié d'un rival & d'un traître.
LISOIS.
Comment ?
LE DUC.
C'en est assez.
LISOIS.
C'en est trop entre nous.
Ce traître, quel est-il ?
LE DUC.
Me le demandez-vous ?
De l'affront inoui qui vient de me confondre,
Quel autre était instruit, quel autre en doit répondre ?
Je sai trop qu'Amélie ici vous a parlé,
En vous nommant à moi l'infidéle a tremblé ;
Vous affectez sur elle un odieux silence,
Interprète muet de votre intelligence.
Je ne sai qui des deux je dois plus détester.
LISOIS.
Vous sentez-vous capaple au moins de m'écouter ?

TRAGEDIE.

LE DUC.

Je le veux.

LISOIS.

Pensez-vous que j'aime encor la gloire ?
M'estimez-vous encore, & pouvez-vous me croire ?

LE DUC.

Oui, jusqu'à ce moment je vous crus vertueux ;
Je vous crus mon ami.

LISOIS.

Ces titres précieux
Ont été jusqu'ici la régle de ma vie ;
Mais vous, méritez-vous que je me justifie ?
Apprenez qu'Amélie avait touché mon cœur,
Avant que de sa vie heureux libérateur,
Vous eussiez par vos soins, par cet amour sincère,
Sur-tout par vos bienfaits, tant de droits de lui plaire.
Moi, plus soldat que tendre, & dédaignant toujours
Ce grand art de séduire inventé dans les cours,
Ce langage flatteur & souvent si perfide,
Peu fait pour mon esprit peut-être trop rigide,
Je lui parlai d'hymen ; & ce nœud respecté,
Resserré par l'estime & par l'égalité,
Pouvait lui préparer des destins plus propices ;
Qu'un rang plus élevé, mais sur des précipices.
Hier avec la nuit, je vins dans vos remparts,
Tout votre cœur parut à mes premiers regards.
Aujourd'hui j'ai revû cet objet de vos larmes ;
D'un œil indifférent j'ai regardé ses charmes,
Et je me suis vaincu sans rendre de combats ;
J'ai fait valoir vos feux que je n'approuve pas.
J'ai de tous vos bienfaits rappellé la mémoire,
L'éclat de votre rang, celui de votre gloire,
Sans cacher vos défauts, vantant votre vertu ;
Et pour vous contre moi j'ai fait ce que j'ai dû.
Je m'immole à vous seul, & je me rends justice,
Et si ce n'est assez d'un pareil sacrifice,
S'il est quelque rival qui vous ose outrager,
Tout mon sang est à vous ; & je cours vous venger.

LE DUC.

Que tout ce que j'entends t'éleve & m'humilie !

Ah ! tu devais sans doute adorer Amélie ;
Mais qui peut commander à son cœur enflammé !
Non, tu n'as pas vaincu ; tu n'avais point aimé.
LISOIS.
J'aimais, & notre amour suit notre caractère.
LE DUC.
Je ne peux t'imiter : mon ardeur m'est trop chère.
Je t'admire avec honte ; il le faut avouer,
Mon cœur....
LISOIS.
Aimez-moi, prince, au lieu de me louer,
Et si vous me devez quelque reconnaissance,
Faites votre bonheur, il est ma récompense.
Vous voyez quelle ardente & fière inimitié
Votre frère nourrit contre votre allié ;
La suite, croyez-moi, peut en être funeste ;
Vous êtes sous un joug que ce peuple déteste ;
Je prévois que bientôt on verra réunis
Les débris dispersés de l'empire des lys.
Chaque jour nous produit un nouvel adversaire ;
Hier le Béarnais, aujourd'hui votre frère.
Le pur sang de Clovis est toujours adoré,
Tôt ou tard il faudra que de ce tronc sacré
Les rameaux divisés & courbés par l'orage
Plus unis & plus beaux soient notre unique ombrage.
Vous, placé près du trône, à ce trône attaché,
Si les malheurs des tems vous en ont arraché,
A des nœuds étrangers s'il fallut vous résoudre,
L'intérêt qui les forme a droit de les dissoudre.
On pourrait balancer avec dextérité
Des maires du palais la fière autorité ;
Et bientôt par vos mains leur puissance affaiblie....
LE DUC.
Je le souhaite au moins, mais crois-tu qu'Amélie
Dans son cœur amoli partagerait mes feux
Si le même parti nous unissait tous deux !
Penses-tu qu'à m'aimer je pourrais la réduire !
LISOIS.
Dans le fond de son cœur je n'ai point voulu lire ;
Mais qu'importent pour vous ses vœux & ses desseins!

TRAGEDIE.

Faut-il que l'amour seul fasse ici nos destins ?
Lorsque le grand Clovis aux champs de la Tourraine
Détruisit les vainqueurs de la grandeur Romaine,
Quand son bras arrêta dans nos champs inondés
Des Ariens sanglans les torrens débordés,
Tant d'honneurs étaient-ils l'effet de sa tendresse ?
Sauva-t-il son pays pour plaire à sa maîtresse ?
Mon bras contre un rival est prêt à vous servir ;
Je voudrais faire plus, je voudrais vous guérir.
On connaît peu l'amour, on craint trop son amorce ;
C'est sur nos passions qu'il a fondé sa force ;
C'est nous qui sous son nom troublons notre repos,
Il est tyran du faible, esclave du héros.
Puisque je l'ai vaincu, puisque je le dédaigne,
Sur le sang de nos rois souffrirez-vous qu'il regne ?
Vos autres ennemis par vous sont abattus ;
Et vous devez en tout l'exemple des vertus.

LE DUC.

Le sort en est jetté, je ferai tout pour elle,
Il faut bien à la fin désarmer la cruelle.
Ses loix seront mes loix ; son roi sera le mien ;
Je n'aurai de parti, de maître que le sien ;
Possesseur d'un trésor où s'attache ma vie,
Avec mes ennemis je me reconcilie.
Je lirai dans ses yeux mon sort & mon devoir ;
Mon cœur est enyvré de cet heureux espoir.
Je n'ai point de rival, j'avais tort de me plaindre ;
Si tu n'es point aimé, quel mortel ai je à craindre !
Qui pourrait dans ma cour avoir poussé l'orgueil
Jusqu'à l'aisser vers elle échaper un coup d'œil ?
Enfin plus de prétexte à ses refus injustes ;
Raison, gloire, intérêts, & tous ces droits augustes
Des princes de mon sang, & de mes souverains,
Sont des liens sacrés resserrés par ses mains,
Du roi, puisqu'il le faut, soutenons la couronne,
La vertu le conseille, & la beauté l'ordonne.
Je veux entre tes mains, dans ce fortuné jour,
Sceller tous les sermens que je fais à l'amour ;
Quand à mes intérêts, que toi seul en décide.

LE DUC DE FOIX,
LISOIS.

Souffrez donc près du roi que mon zèle me guide,
Peut-être il eût fallu que ce grand changement
Ne fût dû qu'au héros, & non pas à l'amant;
Mais si d'un si grand cœur une femme dispose,
L'effet en est trop beau pour en blâmer la cause,
Et mon cœur, tout rempli de cet heureux retour,
Bénit votre faiblesse, & rend grace à l'amour.

SCENE V.
LE DUC, LISOIS, UN OFFICIER
L'OFFICIER.

Seigneur, auprès des murs les ennemis paraissent;
On prépare l'assaut, le tems les périls pressent;
Nous attendons votre ordre.

LE DUC.

Eh bien ! cruels destins,
Vous l'emportez sur moi, vous trompez mes desseins;
Plus d'acord, plus de paix, je vole à la victioire,
Méritons Amélie en me couvrant de gloire.
Je ne suis pas en peine, ami, de résister
Aux téméraires mais qui m'osent insulter.
De tous les ennemis qu'il faut combattre encore,
Je n'en redoute qu'un, c'est celui que j'adore.

Fin du second Acte.

ACTE III.

SCENE PREMIERE.
LE DUC DE FOIX, LISOIS.
LE DUC.

La victoire est à nous, vos soins l'ont assurée,
Vous avez su guider ma jeunesse égarée,

TRAGEDIE.

Lisois m'est nécessaire aux conseils, aux combats,
Et c'est à sa grande ame à diriger mon bras.

LISOIS.

Prince, ce feu guerrier qu'en vous on voit paraître,
Sera maître de tout quand vous en serez maître :
Vous l'avez pu régler, & vous avez vaincu.
Ayez dans tous les tems cette heureuse vertu :
L'effet en est illustre autant qu'il est utile :
Le faible est inquiet, le grand homme est tranquille.

LE DUC.

Eh ! l'amour est-il fait pour la tranquillité ?
Mais ce chef inconnu sur nos remparts monté,
Qui tint seul si long-tems la victoire en balance,
Qui m'a rendu jaloux de sa haute vaillance,
Que devient-il ?

LISOIS.

Seigneur, environné de morts,
Il a seul repoussé nos plus puissans efforts.
Mais ce qui me confond & qui doit vous surprendre,
Pouvant nous échapper il est venu se rendre ;
Sans vouloir se nommer, & sans se découvrir,
Il accusait le ciel, & cherchait à mourir.
Un seul de ses suivans auprès de lui partage
La douleur qui l'accable & le sort qui l'outrage.

LE DUC

Quel est donc, cher ami, ce chef audacieux
Qui cherchant le trépas se cachait à nos yeux ?
Son casque était fermé. Quel charme inconcevable,
Quand je l'ai combattu le rendait respectable ?
Un je ne sai quel trouble en moi s'est élevé :
Soit que ce triste amour dont je suis captivé
Sur mes sens égarés répandant sa tendresse,
Jusqu'au sein des combats m'ait prêté sa faiblesse,
Qu'il ait voulu marquer toutes mes actions
Par la molle douceur de ses impressions ;
Soit plutôt que la voix de ma triste partie
Parle encore en secret au cœur qui la trahie ;
Ou que le trait fatal enfoncé dans ce cœur
Corrompe en tous les tems ma gloire & mon bonheur.

LISOIS.

Quant aux traits dont votre ame a senti la puissance,
Tous les conseils sont vains, agréez mon silence,
Mais ce sang des Français que nos mains font couler,
Mais l'état, la patrie, il faut vous en parler.
Vos nobles sentimens peuvent encor paraître :
Il est beau de donner la paix à votre maitre.
Son égal aujourd'hui, demain dans l'abandon,
Vous vous verriez réduit à demander pardon.
Sûr enfin d'Amelie & de votre fortune,
Fondez votre grandeur sur la cause commune;
Ce guerrier, quel qu'il soit, remis entre vos mains,
Pourra servir lui-même à vos justes desseins :
De cet heureux moment saisissons l'avantage.

LE DUC.

Ami, de ma parole Amélie est le gage,
Je la tiendrai : je vais de ce même moment
Préparer les esprits à ce grand changement.
A tes conseils heureux tous mes sens s'abandonnent
La gloire, l'hymenée & la paix me couronnent ;
Et libre des chagrins où mon cœur fut noyé,
Je dois tout à l'amour & tout à l'amitié.

SCENE II.

LISOIS, VAMIR, EMA[I]

dans le fond du théâtre.

LISOIS.

JE me trompe, ou je vois ce captif qu'on amène
Un des siens l'accompagne ; il se soutient à peine
Il paraît accablé d'un desespoir affreux.

VAMIR.

Où suis-je ? Où vais-je ? O ciel !

LISOIS.

Chevalier généreux
Vou[s]

TRAGEDIE.

Vous êtes dans des murs où l'on chérit la gloire,
Où l'on n'abuse point d'une faible victoire,
Où l'on sait respecter de braves ennemis :
C'est en de nobles mains que le sort vous a mis.
Ne puis-je vous connaître ? & faut-il qu'on ignore
De quel grand prisonnier le duc de Foix s'honore ?

VAMIR.

Je suis un malheureux, le jouet des destins,
Dont la moindre infortune, est d'être entre vos mains,
Souffrez qu'au souverain de ce séjour funeste
Je puisse au moins cacher un sort que je déteste,
Me faut-il des temoins encor de mes douleurs !
On apprendra trop tôt mon nom & mes malheurs.

LISOIS.

Je ne vous presse point, seigneur, je me retire,
Je respecte un chagrin dont votre cœur soupire.
Croyez que vous pourrez retrouver parmi nous,
Un destin plus heureux & plus digne de vous.

SCENE III.

VAMIR, EMAR.

VAMIR.

UN destin plus heureux ! mon cœur en désespére:
J'ai trop vêcu.

EMAR.

Seigneur, dans un sort si contrair:
Rendez graces au ciel de ce qu'il a permis
Que vous soyez tombé sous de tels ennemis,
Non sous le joug affreux d'une main étrangère.

VAMIR.

Qu'il est dur bien souvent d'être aux mains de son
frère.

EMAR.

Mais ensemble élevés dans des tems plus heureux,
La plus tendre amitié vous unissait tous deux.

B

LE DUC DE FOIX,

VAMIR.

Il m'aimait autrefois ; c'est ainsi qu'on commence,
Mais bientôt l'amitié s'envole avec l'enfance.
Il ne sait pas encor ce qu'il me fait souffrir,
Et mon cœur déchiré ne saurait le haïr.

EMAR.

Il ne soupçonne pas qu'il ait en sa puissance
Un frère infortuné qu'animait la vengeance.

VAMIR.

Non, la vengeance, ami, n'entra point dans mon
    cœur ;
Qu'un soin trop différent égara ma valeur !
Juste ciel ! est-il vrai ce que la renommée
Annonçait dans la France à mon ame alarmée?
Est-il vrai qu'Amélie après tant de sermens
Ait violé la foi de ses engagemens ?
Et pour qui ; juste ciel ! ô comble de l'injure !
O nœuds du tendre amour ! ô loix de la nature !
Liens sacrés des cœurs, êtes-vous tous trahis?
Tous les maux dans ces lieux sont sur moi réunis.
Frère injuste, cruel !

EMAR.
               Vous disiez qu'il ignore
Que parmi tant de biens qu'il vous enlève encore,
Amélie en effet est le plus précieux,
Qu'il n'avait jamais su le secret de vos feux.
Elle le sait, l'ingrate ; elle sait que ma vie
Par d'éternels sermens à la sienne est unie ;
Elle sait qu'aux autels nous allions confirmer,
Ce devoir que nos cœurs, s'étaient fait de s'aimer,
Quand le Maure enleva mon unique espérance.
Et je n'ai pu sur eux achever ma vengeance !
Et mon frère a ravi le bien que j'ai perdu !
Il jouit des malheurs dont je suis confondu.
Quel est donc en ces lieux le dessein qui m'entraîne,
La consolation trop funeste & trop vaine
De faire avant ma mort à ses traîtres appas
Un reproche inutile, & qu'on n'entendra pas !
Alons, je périrai, quoi que le ciel décide,
Fidèle au roi mon maître, & même à la perfide.

TRAGEDIE.

Peut-être en apprenant ma constance & mon sort
Dans les bras de mon frère elle plaindra ma mort,
EMAR
Cachez vos sentimens, c'est lui qu'on voit paraître.
VAMIR
Des troubles de mon cœur puis-je me rendre maître.

SCENE VI.
LE DUC DE FOIX, VAMIR, EMAR
LE DUC.

CE mystère m'irrite, & je prétends savoir
Quel guerrier les destins ont mis en mon pou-
voir;
Il semble avec horreur qu'il détourne la vue.
VAMIR
O lumière du jour ! pourquoi m'es-tu rendue ?
Te verrai-je infidèle ? en quels lieux ! à quel prix !
LE DUC.
Qu'entends-je ; & quels accens ont frappé mes esprits
VAMIR
M'as-tu pu méconnaître ?
LE DUC.
   Ah, Vamir ! ah, mon frère !
VAMIR
Ce nom jadis si cher, ce nom me désespère.
Je ne le suis que trop, ce frère infortuné,
Ton ennemi vaincu, ton captif enchaîné.
LE DUC.
Tu n'es plus que mon frère, & mon cœur te pardonne,
Mais je te l'avouerai, ta cruauté m'étonne.
Si ton roi me poursuit, Vamir, était-ce à toi
A briguer, à remplir cet odieux emploi ?
Que t'ai-je fait ?
VAMIR
   Tu fais le malheur de ma vie :

B 2

28 LE DUC DE FOIX.

Je voudrais qu'aujourd'hui ta main me l'eût ravie.
LE DUC.
De nos troubles civils quels effets malheureux !
VAMIR.
Les troubles de mon cœur sont encor plus affreux
LE DUC.
J'eusse aimé contre un autre à montrer mon courage
Vamir, que je te plains !
VAMIR.
Je te plains davantage,
De haïr ton pays, de trahir sans remords
Et le roi qui t'aimait, & le sang dont tu sors.
LE DUC.
Arrête, épargne-moi l'infâme nom de traître,
A cet indigne mot, je m'oublierais peut-être,
Non, mon frère, jamais je n'ai moins mérité
Le reproche odieux de l'infidélité.
Je suis prêt de donner à nos tristes provinces,
A la France sanglante, au reste de nos princes,
L'exemple auguste & saint de la réunion,
Après l'avoir donné de la division.
VAMIR.
Toi, tu pourrais....
LE DUC.
Ce jour qui semble si funeste
Des feux de la discorde éteindra ce qui reste.
VAMIR.
Ce jour est trop horrible.
LE DUC.
Il va combler mes vœux
VAMIR.
Comment ?
LE DUC.
Tout est changé, ton frère est trop heureux
VAMIR.
Je le crois : on disait que d'un amour extrême
Violent effréné, car c'est ainsi qu'on aime,
Ton cœur depuis trois mois s'occupait tout entier
LE DUC.
J'aime ; oui, la renommée a pu le publier,

TRAGEDIE.

Oui, j'aime avec fureur. Une telle alliance
Sembloit pour mon bonheur attendre ta préfence.
Oui, mes reffentimens, mes droits, mes alliés,
Gloire, amis, ennemis, je mets tout à fes pieds.

A fa fuite.

Allez, & dites-lui que deux malheureux frères
Jettés par le deftin dans des parties contraires,
Pour marcher deformais fous le même étendard,
De fes yeux fouverains n'attendent qu'un regard.

A Vamir.

Ne blâme point l'amour où ton frère eft en proye;
Pour me juftifier, il fuffit qu'on la voye.

VAMIR.

Cruelle!.... elle vous aime;

LE DUC.

     Elle le doit du moins:
Il n'étoit qu'un obftacle au fuccès de mes foins;
Il n'en eft plus; je veux que rien ne nous fépare.

VAMIR.

Quels effroyables coups le cruel me prépare!
Ecoute; à ma douleur ne veux-tu qu'infulter?
Me connais-tu? Sais-tu ce que j'ofais tenter;
Dans ces funeftes lieux fais-tu ce qui m'amène?

LE DUC.

Oublions ces fujets de difcorde & de haine.

SCENE V.

LE DUC DE FOIX, VAMIR, AMELIE.

AMELIE.

Ciel! qu'eft-ce que je vois? Je me meurs!

LE DUC.

       Ecoutez
Mon bonheur eft venu de nos calamités,
J'ai vaincu; je vous aime, & je retrouve un frère
Sa préfence à mes yeux vous rend encor plus chère.

LE DUC DE FOIX,

Et vous, mon frère, & vous soyez ici témoin,
Si l'excès de l'amour peut emporter plus loin.
Ce que votre reproche ou bien votre prière,
Le généreux Lisois, le roi, la France entière,
Demanderaient ensemble, & qu'ils n'obtiendraient
   pas ;
Soumis & subjugué je l'offre à ses appas.
De l'ennemi des rois vous avez craint l'hommage,
Vous aimez, vous servez une cour qui m'outrage,
Eh bien ! il faut céder ; vous disposez de moi,
Je n'ai plus d'alliés, je suis à votre roi.
L'amour, qui malgré vous, nous a fait l'un pour
   l'autre,
Ne me laisse le choix de parti que le vôtre.
Vous, courrez, mon cher frère ; allez de ce moment
Annoncer à la cour un si grand changement.
Soyez libre, partez ; & de mes sacrifices
Allez offrir au roi les heureuses prémices.
Puissai-je à ses génoux présenter aujourd'hui
Celle qui m'a dompté, qui me ramène à lui,
Qui d'un prince ennemi fait un sujet fidèle,
Changé par ses regards & vertueux par elle !

   VAMIR *à part*.

Il fait ce que je veux & c'est pour m'accabler.
Prononcez notre arrêt, madame il faut parler.

   LE DUC.

Eh quoi, vous demeurez interdite & muette ?
De mes soumissions êtes-vous satisfaite ?
Est-ce assez qu'un vainqueur vous implore à genoux
Faut-il encor ma vie, ingrate ? elle est à vous.
Un mot peut me l'ôter : la fin m'en sera chère ;
Je vivais pour vous seule, & mourrai pour vous plaire

   AMELIE.

Je demeure éperdue, & tout ce que je vois
Laisse à peine à mes sens l'usage de la voix.
Ah ! seigneur, si votre ame en effet attendrie
Plaint le sort de la France, & chérit la patrie,
Un si noble dessein, des soins si vertueux
Ne seront point l'effet du pouvoir de mes yeux.

TRAGEDIE. 31

Ils auront dans vous-même une source plus pure.
Vous avez écouté la voix de la nature;
L'amour a peu de part où doit regner l'honneur.
LE DUC.
Non, tout est votre ouvrage, & c'est-là mon malheur.
Sur tout autre intérêt ce triste amour l'emporte.
Accablez-moi de honte, accusez-moi; n'importe,
Dussai-je vous déplaire & forcer votre cœur,
L'autel est prêt, venez.
VAMIR.
Vos osez!
AMELIE.
Non, seigneur,
Avant que je vous céde, & que l'Hymen nous lie,
Aux yeux de votre frère arrachez-moi la vie.
Le sort met entre nous un obstacle éternel.
Je ne puis être à vous.
LE DUC.
Vamir! ingrate! ah, ciel!
C'en est donc fait! mais non, mon cœur sait se con-
    traindre.
Vous ne méritez pas que je daigne m'en plaindre,
Je vous rends trop justice : & ces séductions
Qui vont aux fond des cœurs chercher nos passions,
L'espoir qu'on donne à peine afin qu'on le saisisse,
Ce poison préparé des mains de l'artifice,
Sont les effets d'un charme aussi trompeur que vain,
Que l'œil de la raison regarde avec dédain.
Je suis libre par vous; cet art que je déteste,
Cet art qui m'enchaîna brise un joug si funeste,
Et je ne prétends pas, indignement épris,
Rougir devant mon frère & souffrir des mépris.
Montrez-moi seulement ce rival qui se cache,
Je lui céde avec joye un poison qui m'arrache.
Je vous dédaigne assez tous deux pour vous unir,
Perfide ; & c'est ainsi que je dois vous punir.
AMELIE.
Je devais seulement vous quitter & me taire ;
Mais je suis accusée, & ma gloire m'est chère.
Votre frère est présent & mon honneur blessé

B 4

Doit repousser les traits dont il est offensé.
Pour une autre que vous ma vie est destinée;
Je vous en fais l'aveu, je m'y vois condamnée.
Oui, j'aime, & je serai indigne devant vous
De celui que mon cœur s'est promis pour époux,
Indigne de l'aimer; si par ma complaisance
J'avais à votre amour laissé quelque espérance.
Vous avez regardé ma liberté, ma foi,
Comme un bien de conquête, & qui n'est plus à moi.
Je vous devais beaucoup; mais une telle offense
Ferme à la fin mon cœur à la reconnaissance.
Sachez que des bienfaits qui font rougir mon front
A mes yeux indignés ne sont plus qu'un affront.
J'ai plaint de votre amour la violence vaine;
Mais, après ma pitié, n'attirez point ma haine.
J'ai rejetté vos vœux que je n'ai point bravés.
J'ai voulu votre estime; & vous me la devez.

LE DUC.

Je vous dois ma colère, & sachez qu'elle égale
Tous les emportemens de mon amour fatale.
Quoi donc, vous attendiez, pour oser m'accabler,
Que Vamir fut présent & me vit immoler?
Vous vouliez ce témoin de l'affront que j'endure!
Allez, je le croirai l'auteur de mon injure,
Si... Mais il n'a point vu vos funestes appas;
Mon frère trop heureux ne vous connoissait pas.
Nommez donc mon rival;mais gardez-vous de croire
Que mon lâche dépit lui céde la victoire.
Je vous trompais; mon cœur ne peut feindre long-
    tems :
Je vous traîne à l'autel à ses yeux expirans
Et ma main sur sa cendre à votre main donnée
Va tremper dans le sang les flambeaux d'hymenée.
Je sais trop qu'on a vu, lâchement abusés,
Pour des mortels obscurs, des princes méprisés;
Et mes yeux perceront dans la foule inconnue
Jusqu'à ce vil objet qui se cache à ma vue.

VAMIR.

Pourquoi d'un choix indigne osez-vous l'accuser

TRAGEDIE.

LE DUC.

Et pourquoi, vous, mon frère, osez-vous l'excuser;
Est-il-vrai que de vous elle était ignorée !
Ciel ! à ce piége affreux ma foi serait livrée !
Tremblez.

VAMIR.

Moi, que je tremble ! ah ! j'ai trop dévoré
L'inexprimable horreur où toi seul m'as livré.
J'ai forcé trop long-tems mes transports au silence :
Connais-moi donc, barbare, & remplis ta vengeance
Connais un désespoir à tes fureurs égal.
Frappe, voilà mon cœur, & voilà ton rival.

LE DUC.

Toi, cruel ! toi, Vamir !

VAMIR.

Oui, depuis deux années
L'amour le plus secret a joint nos destinées.
C'est toi dont les fureurs ont voulu m'arracher
Le seul bien sur la terre où j'ai pu m'attacher ;
Tu fais depuis trois mois les horreurs de ma vie.
Les maux que j'éprouvais passaient ta jalousie.
Par tes égaremens juge de mes transports.
Nous puisâmes tous deux, dans ce sang dont je sors,
L'excès des passions qui dévorent une ame ;
La nature à tous deux fit un cœur tout de flamme.
Mon frère est mon rival, & je l'ai combattu.
J'ai fait taire le sang, peut-être la vertu.
Furieux, aveuglé, plus jaloux que toi-même,
J'ai couru, j'ai volé, pour t'ôter ce que j'aime.
Rien ne m'a retenu, ni tes superbes tours,
Ni le peu de soldats que j'avais pour secours,
Ni le lieu, ni le tems, ni sur-tout ton courage ;
Je n'ai vu que ma flamme & ton feu qui m'outrage.
L'amour fut dans mon cœur plus fort que l'amitié,
Sois cruel comme moi, punis-moi sans pitié :
Aussi-bien tu ne peux t'assurer ta conquête,
Tu ne peux l'épouser qu'aux dépens de ma tête.
A la face des cieux, je lui donne ma foi ;
Je te fais de nos veux le témoin malgré toi.
Frappe, & qu'après ce coup ta cruauté jalouse

LE DUC DE FOIX,

Traîne aux pieds des autels ta sœur & mon épouse,
Frappe, dis-je ofes-tu ?

LE DUC.

Traître, c'en est assez
Qu'on l'ôte de mes yeux : soldats, obeissez.

AMELIE.

Non, demeurez. Cruel! ah prince, est-il possible
Que la nature en vous trouve une ame infléxible!
Seigneur !

VAMIR.

Vous, le prier ? plaignez-le plus que moi,
Plaignez-le il vous offense, il a trahi son roi.
Va, je suis dans ces lieux plus puissant que toi-même,
Je suis vengé de toi : l'on te hait, & l'on m'aime.

AMELIE.

Ah, cher prince ! ah, seigneur, voyez à vos genoux.

LE DUC.

Qu'on m'en réponde, allez. Madame, levez-vous,
Vos prières, vos pleurs en faveur d'un parjure
Sont un nouveau poison versé sur ma blessure :
Vous avez mis la mort dans ce cœur outragé.
Mais, perfide, croyez que je mourrai vengé.
Adieu, si vous voyez les effets de ma rage,
N'en accusez que vous; nos maux sont votre ouvrage.

AMELIE.

Je ne vous quitte pas ; écoutez-moi, seigneur.

LE DUC.

Eh bien ! achevez donc de déchirer mon cœur :
Parlez.

SCENE VI.

LE DUC, VAMIR, AMELIE, LISOIS.

LISOIS.

J'Allais partir : un peuple téméraire
Se souléve en tumulte au nom de votre frère;

TRAGEDIE.

Le désorde est par tout, vos soldats consternés
Désertent les drapeaux de leurs chefs étonnés;
Et pour comble de maux, vers la ville allarmée
L'ennemi rassemblé fait marcher son armée.

LE DUC.

Allez, cruelle, allez ; vous ne jouirez pas
Du fruit de votre haine & de vos attentats
Rentrez. Aux factieux je vais montrer leur maître,
Dangeste, suivez-la... (*A Lisois.*) Vous, veillez sur
   ce traître.

SCENE VIII.
VAMIR, LISOIS.

LISOIS.

LE feriez-vous ? seigneur ; auriez-vous démenti
  Le sang de ces héros dont vous êtes sorti ?
Auriez-vous violé, par cette lâche injure,
Et les droits de la guerre & ceux de la nature ?
Un prince à cet excès pourrait-il s'oublier ?

VAMIR.

Non : mais suis-je réduit à me justifier ?
Lisois, ce peuple est juste ; il t'aprend à connaître
Que mon frère est rebel, & qu'il trahit son maître.

LISOIS.

Ecoutez ; ce serait le comble de mes vœux
De pouvoir aujourd'hui vous réunir tous deux.
Je vois avec regret la France désolée,
A nos dissentions la nature immolée.
Sur nos communs débris l'Africain élevé,
Menaçant cet état pour nous-même énervé.
Si vous avez un cœur digne de votre race,
Faites au bien public servir votre disgrace.
Eh bien, raprochez-les, unissez-vous à moi
Pour calmer votre frère & fléchir votre roi,
Pour éteindre le feu de nos guerres civiles.

VAMIR.
Ne vous en flattez pas ; vos soins sont inutiles.
Si la discorde seule avait armé mon bras,
Si la guerre & la haine avaient conduit mes pas,
Vous pourriez espérer de réunir deux frères,
L'un de l'autre écartés dans des parties contraires.
Un obstacle plus grand s'oppose à ce retour.

LISOIS.
Et quel est-il, seigneur ?

VAMIR.
Ah ! reconnais l'amour.
Reconnais la fureur qui de nous deux s'empare,
Qui m'a fait téméraire, & qui le rend barbare.

LISOIS.
Ciel ! faut-il voir ainsi par des caprices vains
Anéantir le fruit des plus nobles desseins !
L'amour subjuguer tout ! ses cruelles faiblesses
Du sang qui se révolte étouffer les tendresses !
Des frères se haïr, & naître en tous climats
Des passions des grands, malheurs des états !
Prince, de vos amours laissons-là le mystère.
Je vous plains tous les deux, mais je sers votre frère.
Je vais le seconder ; je vais me joindre à lui,
Contre un peuple insolent qui se fait votre appui.
Le plus pressant danger est celui qui m'appelle.
Je vois qu'il peut avoir une fin bien cruelle;
Je vois les passions plus puissantes que moi:
Et l'amour seul ici me fait frémir d'effroi.
Je lui dois mon secours, je vous laisse, & j'y vole.
Soyez mon prisonnier, mais sur votre parole;
Elle me suffira.

VAMIR.
Je vous la donne.

LISOIS.
Et moi ;
Je voudrais de ce pas porter la sienne au roi ;
Je voudrais cimenter, dans l'ardeur de lui plaire,
Du sang de nos tyrans une union si chère.
Mais ces fiers ennemis sont bien moins dangereux
Que ce fatal amour qui vous perdra tous deux.

Fin du troisiéme Acte.

ACTE IV.

SCENE PREMIERE.

VAMIR, AMELIE, EMAR.

AMELIE.

QUelle fuite, grand dieu, d'affreufes deftinées!
Quel tiffu de douleurs l'une à l'autre enchaînées!
Un orage imprévu m'enlève à votre amour :
Un orage nous joint; & dans le même jour,
Quand je vous fuis rendue, une autre nous fépare;
Vamir, frère adoré d'un frère trop barbare,
Vous le voulez, Vamir; je pars, & vous reftez.

VAMIR.

Voyez par quels liens mes pas font arrêtés.
Au pouvoir d'un rival ma parole me livre :
Je peux mourir pour vous, & je ne peux vous fuivre.

AMELIE.

Vous l'ofâtes combattre, & vous n'ofez le fuir.

VAMIR.

L'honneur eft mon tyran : je lui dois obéir
Profitez du tumulte où la ville eft livrée.
La retraite à vos pas déja femble affurée.
On vous attend : le ciel a calmé fon courroux :
Efpérez....

AMELIE.
   Et que puis-je efpèrer loin de vous?
VAMIR.
Ce n'eft qu'un jour.
AMELIE.
   Ce jour eft un fiécle funefte.
Rendez vains mes foupçons, ciel, vengeur que j'at-
  tefte!
Seigneur, de votre fang le Maure eft altéré.

Ce sang à votre frère est-il donc si sacré?
Il aime en furieux, mais il hait plus encore.
Il est votre rival & l'allié du Maure.
Je crains....

VAMIR.
Il n'oserait....

AMELIE.
Son cœur n'a point de frein.
Il vous a menacé : menace-t-il en vain ?

VAMIR.
Il tremblera bientôt : le roi vient, & nous venge ;
La moitié de ce peuple à ses drapeaux se range.
Allez, si vous m'aimez, dérobez-vous aux coups
Des foudres allumés grondans autour de nous,
Au tumulte, au carnage, au désordre effroyable,
Dans des murs pris d'assaut, malheur inévitable.
Mais redoutez encor mon rival furieux :
Craignez l'amour jaloux qui veille dans ses yeux.
Cet amour méprisé se tournerait en rage.
Fuyez sa violence : evitez un outrage
Qu'il me faudrait laver de son sang & du mien.
Seul espoir de ma vie & mon unique bien,
Mettez en sûreté ce seul bien qui me reste :
Ne vous exposez pas à cet éclat funeste.
Cédez à mes douleurs. Qu'il vous perde : partez.

AMELIE.
Et vous vous exposez seul à ses cruautés !

VAMIR.
Ne craignant rien pour vous, je craindrai peu mon
    frère.
Que dis-je ? mon appui lui devient nécessaire.
Son captif aujourd'hui, demain son bienfaiteur,
Je pourrai de son roi lui rendre la faveur.
Protéger mon rival est la gloire où j'aspire.
Arrachez-vous sur-tout à son fatal empire.
Songez que ce matin vous quittiez ses états.

AMELIE.
Ah ! je quittais des lieux que vous n'habitiez pas.
Dans quelque azile affreux que mon destin m'en-
    traîne,

TRAGEDIE.

Vamir, j'y porterai mon amour & ma haine.
Je vous adorerai dans le fond des déserts,
Au milieu des combats, dans l'exil, dans les fers ;
Dans la mort que j'attends de votre seule absence.

VAMIR.

C'en est trop. vos douleurs ébranlent ma constance.
Vous avez trop tardé. Ciel ! quel tumulte affreux !

SCENE II.

AMELIE, VAMIR, LE DUC DE FOIX, GARDES.

LE DUC.

JE l'entends; c'est lui-même. Arrête, malheureux
Lâche qui me trahis, rival indigne, arrête.

VAMIR.

Il ne te trahit point ; mais il t'offre sa tête.
Porte à tous les excès ta haine & ta fureur.
Va, ne perds point de tems : le ciel arme un vengeur.
Tremble ; ton roi t'approche : il vient, il va paraitre.
Tu n'as vaincu que moi : redoute encor ton maître.

LE DUC.

Il pourra te venger, mais non te secourir ;
Et ton sang....

AMELIE.

Non, cruel ; c'est à moi de mourir.
J'ai tout fait ; c'est par moi que ta garde est séduite.
J'ai gagné tes soldats. J'ai préparé ma fuite.
Punis ces attentats & ces crimes si grands,
De sortir d'esclavage & de fuir ses tyrans :
Mais respecte ton frère, & sa femme, & toi-même.
Il ne t'a point trahi : c'est un frère qui t'aime.
Il voulait te servir, quand tu veux l'oprimer.
Quel crime a-t-il commis, cruel, que de m'aimer ?

L'amour n'est-il en toi qu'un juge inexorable ?
Plus vous le défendez, plus il devient coupable.
C'est vous qui le perdez, vous qui l'assassinez.
Vous, par qui tous nos jours étoient empoisonnés,
Vous, qui pour leur malheur armiez des mains si
  chères.
Puisse tomber sur vous tout le sang des deux frères !
Vous pleurez ; mais vos pleurs ne peuvent me tromper.
Je suis prêt à mourir, & prêt à le frapper.
Mon malheur est au comble, ainsi que ma faiblesse.
Oui, je vous aime encor : le tems, le péril presse.
Vous pouvez à l'instant parer le coup mortel.
Voilà ma main, venez : sa grace est à l'autel.

AMELIE,
Moi, seigneur ?

LE DUC.
C'est assez.

AMELIE.
Moi, que je le trahisse ?

LE DUC.
Hê.... répondez....

AMELIE.
Je ne puis.

LE DUC.
Qu'il périsse

VAMIR.
Ne vous laissez pas vaincre en ces affreux combats.
Osez m'aimer assez pour vouloir mon trépas.
Abandonnez mon sort au coup qu'il me prépare.
Je mourrai triomphant des mains de ce barbare :
Et si vous succombiez à son lâche courroux,
Je n'en mourrais pas moins, mais je mourrais pour
  vous.

LE DUC.
Qu'on l'entraîne à la tour ; allez, qu'on m'obéisse.

SCENE III.
LE DUC, AMELIE.
AMELIE.

Vous, cruel, vous feriez cet affreux sacrifice ?
De son vertueux sang vous pourriez vous couvrir
Quoi ! voulez-vous ?
LE DUC.
Je veux vous haïr & mourir,
Vous rendre malheureuse encor plus que moi-même;
Répandre devant vous tout le sang qui vous aime ;
Et vous laisser des jours plus cruels mille fois
Que le jour où l'amour nous a perdu tous trois.
Laissez-moi : votre vue augmente mon supplice

SCENE IV.
LE DUC, AMELIE, LISOIS.
AMELIE à Lisois.

Ah ! je n'attends plus rien que de votre justice :
Lisois, contre un cruel osez me secourir.
LE DUC.
Gardes-toi de l'entendre, ou tu vas me trahir.
AMELIE.
J'atteste ici le ciel.
LE DUC.
Eloignez de ma vue,
Amis, délivrez-moi de l'objet qui me tue.
AMELIE.
Va, tyran, c'en est trop ! va, dans mon désespoir,

J'ai combattu l'horreur que je sens à te voir.
J'ai cru, malgré ta rage à ce point emportée,
Qu'une femme du moins en serait respectée.
L'amour adoucit tout, hors ton barbare cœur;
Tygre, je t'abandonne à toute ta fureur.
Dans ton féroce amour immole tes victimes;
Compte dès ce moment ma mort parmi tes crimes;
Mais compte encor la tienne. Un vengeur va venir.
Par ton juste supplice il va tous nous unir.
Tombe avec tes remparts, tombe & péris sans gloire;
Meurs, & que l'avenir prodigue à ta mémoire,
A tes feux, à ton nom justement abhorrés,
La haine & le mépris que tu m'as inspirés.

SCENE V.
LE DUC DE FOIX, LISOIS.
LE DUC.

OUi, cruelle ennemie, & plus que moi farouche,
Oui, j'accepte l'arrêt prononcé par ta bouche.
Que la main de la haine, & que les mêmes coups
Dans l'horreur du tombeau nous réunissent tous.

LISOIS.
Il ne se connaît plus : il succombe à sa rage.

LE DUC.
Eh bien ! souffriras-tu ma honte & mon outrage ?
Le tems presse : veux-tu qu'un rival odieux
Enlève la perfide & l'épouse à mes yeux ?
Tu crains de me répondre. Attends-tu que le traître
Ait soulevé le peuple, & me livre à son maître ?

LISOIS.
Je vois trop en effet que le parti du roi
Des peuples fatigués fait chanceler la foi.
De la sédition la flamme réprimée
Vit encor dans les cœurs en secret rallumée.

LE DUC.
C'est Vamir qui l'allume : il nous a trahi tous.

TRAGEDIE.

LISOIS.
Je suis loin d'excuser ses crimes envers vous.
La suite en est funeste, & me remplit d'allarmes.
Dans la plaine déja les Français sont en armes;
Et vous êtes perdu si le peuple excité
Croit dans la trahison trouver sa sûreté.
Vos dangers sont accrus.

LE DUC.
     Eh bien ! que faut-il faire?

LISOIS.
Les prévenir, dompter l'amour & la colère.
Ayons encor, mon prince, en cette extrémité,
Pour prendre un parti sûr assez de fermeté.
Nous pouvons conjurer ou braver la tempête.
Quoi que vous décidiez, ma main est toute prête.
Vous vouliez ce matin par un heureux traité
Appaiser avec gloire un monarque irrité.
Ne vous rebutez pas; ordonnez, & j'espére
Seigneur, en votre nom cette paix salutaire.
Mais s'il vous faut combattre & courir au trépas,
Vous savez qu'un ami ne vous survivra pas,

LE DUC.
Ami, dans le tombeau laisses-moi seul descendre.
Vis, pour servir ma cause & pour venger ma cendre.
Mon destin s'accomplit, & je cours l'achever.
Qui ne veut que la mort est sûr de la trouver;
Mais je la veux terrible, & lorsque je succombe,
Je veux voir mon rival entraîné dans ma tombe.

LISOIS.
Comment? de quelle horreur vos sens sont possédés.

LE DUC.
Il est dans cette tour où vous seul commandez?
Et vous m'avez promis que contre un téméraire....

LISOIS.
De qui me parlez-vous, seigneur? de votre frère!

LE DUC.
Non : je parle d'un traître, & d'un lâche ennemi.
D'un rival qui m'abhorre & qui m'a tout ravi.
Le Maure attend de moi la tête du parjure.

LE DUC DE FOIX,

LISOIS.
Vous leur avez promis de trahir la nature ?
LE DUC.
Dès long-tems du perfide ils ont proscrit le sang.
LISOIS.
Et pour leur obéir vous lui percez le flanc ?
LE DUC.
Non, je n'obéis point à leur haine etrangère :
J'obéis à ma rage, & veux la satisfaire,
Que m'importent l'état & mes vains alliés ?
LISOIS.
Ainsi donc à l'amour vous le sacrifiez,
Et vous me chargez, moi, du soin de son supplice ?
LE DUC.
Je n'attends pas de vous cette prompte justice.
Je suis bien malheureux, bien digne de pitié ?
Trahi dans mon amour, trahi dans l'amitié.
Allez ; je puis encor dans le sort qui me presse
Trouver de vrais amis qui tiendront leur promesse.
D'autres me serviront & n'allégueront pas
Cette triste vertu ; l'excuse des ingrats.
LISOIS *après un long silence.*
Non ; j'ai pris mon parti : soit crime, soit justice,
Vous ne vous plaindrez plus qu'un ami vous trahisse.
Vamir est criminel : vous êtes malheureux.
Je vous aime ; il suffit : je me rends à vos vœux.
Je vois qu'il est des tems pour les partis extrêmes ;
Que les plus saints devoirs peuvent se taire eux-mê-
  mes.
Je ne souffrirai pas que d'un autre que moi
Dans de pareils momens vous éprouviez la foi ;
Et vous reconnaîtrez avec succès mon zèle,
Si Lisois vous aimait, & s'il vous fut fidèle.
LE DUC.
Je te retrouve enfin dans mon adversité :
L'univers m'abandonne, & toi seul m'es resté.
Tu ne souffriras pas que mon rival tranquile
Insulte impunément à ma rage inutile.
Qu'un ennemi vaincu, maître de mes états,
Dans les bras d'une ingrate insulte à mon trépas

TRAGEDIE.
LISOIS.
Non, mais en vous rendant ce malheureux service,
Prince, je vous demande un autre sacrifice.
LE DUC.
Parle.
LISOIS.
Je ne veux pas que le Maure en ces lieux
Protecteur insolent commande sous mes yeux :
Je ne veux pas servir un tyran qui nous brave.
Ne puis-je vous venger, sans être son esclave ?
Si vous voulez tomber, pourquoi prendre un appui
Pour mourir avec vous, ai-je besoin de lui ?
Du sort de ce grand jour laissez-moi la conduite :
Ce que je fais pour vous peut-être le mérite.
Les Maures avec moi pourraient mal s'accorder,
Jusqu'au dernier moment, je veux seul commander.
LE DUC.
Oui, pourvû qu'Amélie au desespoir réduite
Pleure en larmes de sang l'amant qui l'a séduite ;
Pourvu que de l'horreur de ses gémissemens
Ma douleur se repaisse à mes derniers momens ;
Tout le reste est égal, & je te l'abandonne.
Prépare le combat : agis, dispose, ordonne.
Ce n'est plus là victoire où ma fureur prétend :
Je ne cherche pas même un trépas éclatant.
Aux cœurs desesperés qu'importe un peu de gloire ?
Périsse ainsi que moi ma funeste mémoire !
Périsse avec mon nom le souvenir fatal
D'une indigne maîtresse & d'un lâche rival.
LISOIS.
Je l'avoue avec vous : une nuit éternelle
Doit couvrir, s'il se peut, une fin si cruelle.
C'était avant ce coup qu'il nous fallait mourir.
Mais je tiendrai parole, & je vais vous servir.

Fin du quatriéme Acte.

ACTE V.

SCENE PREMIERE.
LE DUC DE FOIX, UN OFFICIER DES GARDES.

LE DUC.

O Ciel ! me faudra-t-il de momens en momens
Voir & des trahisons & des soulevemens ?
Eh bien, de ces mutins l'audace est terrassée ?

L'OFFICIER.

Seigneur, ils vous ont vû : leur foule est dispersée.

LE DUC.

L'ingrat de tous côtés m'opprimait aujourd'hui,
Mon malheur est parfait, tous les cœurs sont à lui.
Que fait Lisois ?

L'OFFICIER.

Seigneur, sa prompte vigilance
A partout des remparts assuré la défence.

LE DUC.

Ce soldat qu'en secret vous m'avez amené
Va-t-il exécuter l'ordre que j'ai donné ?

L'OFFICIER.

Oui, Seigneur, & déja vers la tour il s'avance.

LE DUC.

Ce bras vulgaire & sûr va remplir ma vengeance,
Sur l'incertain Lisois mon cœur a trop compté :
Il a vû ma fureur avec tranquillité.
On ne soulage point dès douleurs qu'on méprise :
Il faut qu'en d'autres mains ma vengance soit mise.
Vous, que sur nos remparts on porte nos drapeaux.
Allez, qu'on se prépare à des périls nouveaux.
Vous sortez d'un combat, un autre vous appelle.

TRAGEDIE. 74

Ayez la même audace avec le même zèle,
Imitez votre maître, & s'il vous faut périr,
Vous recevrez de moi l'exemple de mourir.
Il reste seul.
Hé bien, c'en est donc fait : une femme perfide
Me conduit au tombeau chargé d'un parricide.
Quoi ? moi, je tremblerais des coups qu'on va porter ?
J'ai chéri la vengeance & ne puis la goûter.
Je frissonne : une voix gémissante & sévère
Crie au fond de mon cœur, arrête, il est ton frère.
Ah ! prince infortuné, dans ta haine affermi,
Songe à des droits plus saints : Vamir fut ton ami.
O jours de notre enfance ! ô tendresses passées !
Il fut le confident de toutes mes pensées.
Avec quelle innocence & quels épanchemens
Nos cœurs se sont appris leurs premiers sentimens !
Que de fois partageant mes naissantes allarmes,
D'une main fraternelle essuya-t-il mes larmes !
Et c'est moi qui l'immole, & cette même main
D'un frère que j'aimais déchirerait le sein ?
O passion funeste ! ô douleur qui m'égare !
Non je n'étais point né pour devenir barbare.
Je sens combien le crime est un fardeau cruel ;
Mais que dis-je ? Vamir est le seul criminel.
Je reconnais mon sang, mais c'est à sa furie :
Il m'enlève l'objet dont dépendait ma vie.
Ah ! de mon désespoir injuste & vain transport !
Il l'aime, est-ce un forfait qui mérite la mort ?
Hélas ! malgré le tems, & la guerre & l'absence,
Leur tranquille union craissait dans le silence.
Ils nourrissaient en paix leur innocente ardeur,
Avant qu'un fol amour empoisonnât mon cœur.
Mais lui-même il m'attaque, il brave ma colère
Il me trompe, il me hait, n'importe il est mon frere.
C'est à lui seul de vivre, on l'aime, il est heureux
C'est à moi de mourir ; mais mourons généreux,
La pitié m'ébranlait : la nature décide.
Il en est tems encor...

SCENE II.

LE DUC DE FOIX, L'OFFICIER.

LE DUC.

PRéviens un parricide,
Ami, vole à la tour. Que tout soit suspendu
Que mon frère....

L'OFFICIER.
Seigneur...

LE DUC.
De quoi t'allarmes-tu ?
Cours, obéis.

L'OFFICIER.
J'ai vû, non loin de cette porte,
Un corps souillé de sang qu'en secret on emporte:
C'est Lisois qui l'ordonne, & je crains que le sort...

LE DUC.
Qu'entends-je... malheureux! ah ciel, mon frère est
    mort:
Il est mort, & je vis, & la terre entr'ouverte,
Et la foudre en éclats n'ont point vengé sa perte?
Ennemi de l'état, factieux, inhumain,
Frère dénaturé, ravisseur assassin,
O ciel, autour de moi que j'ai creusé d'abîmes !
Que l'amour m'a changé ! qu'il me coûte de crimes!
Le voile est déchiré: je m'étais mal connu.
Au comble des forfaits je suis donc parvenu ?
Ah ! Vamir ! ah mon frère ! ah jour de ma ruine,
Je sens que je t'aimais, & mon bras t'assassine!
Quoi! mon frère !

L'OFFICIER.
Amélie avec empressement,
Veut, Seigneur, en secret vous parler un moment.

Le

TRAGEDIE.
LE DUC.

Chers amis, empêchez que la cruelle avance.
Je ne puis soutenir ni souffrir sa présence;
Mais non, d'un parricide elle doit se venger,
Dans mon coupable sang sa main doit se plonger.
Qu'elle entre : ah ! je succombe & je ne vis qu'à peine.

SCENE III.

LE DUC, AMELIE, TAISE.

AMELIE.

Vous l'emportez, seigneur; & puisque votre haine
(Comment puis-je autrement appeller en ce jour
Ces affreux sentimens que vous nommez amour)
Puisqu'à ravir ma foi votre haine obstinée
Veut, ou le sang d'un frère, ou ce triste hymenée;
Mon choix est fait, seigneur, & je me donne à vous.
A force de forfaits vous êtes mon époux.
Brisez les fers honteux dont vous chargez un frère.
De vos murs sous ses pas abaissez la barrière.
Que je ne tremble plus pour des jours si chéris:
Je trahis mon amant, je le perds à ce prix:
Je vous épargne un crime, & suis votre conquête.
Commandez, disposez, ma main est toute prête.
Sachez que cette main que vous tirannisez
Punira la faiblesse où vous me réduisez.
Sachez qu'au temple même où vous m'allez conduire,
Mais vous voulez ma foi : ma foi doit vous suffire.
Allons...eh quoi ! d'où vient ce silence affecté !
Quoi ! votre frère encor n'est point en liberté !

LE DUC.
Mon frère ?

AMELIE.
Dieu puissant, dissipez mes allarmes,

C

LE DUC DE FOIX,

Ciel ! de vos yeux cruels je vois tomber des larmes.

LE DUC.

Vous demandez sa vie !

AMELIE.

Ah ! qu'est-ce que j'entends ?
Vous qui m'aviez promis...

LE DUC.

Madame, il n'est plus tems.

AMELIE.

Il n'est plus tems ? Vamir !

LE DUC.

Il est trop vrai cruelle.
Oui : l'amour a conduit cette main criminelle :
Lisois pour mon malheur, a trop sçu m'obéïr.
Ah ! revenez à vous, vivez pour me punir.
Frappez : que votre main contre moi ranimée
Perce un cœur inhumain qui vous a trop aimée,
Un cœur dénaturé qui n'attend que vos coups,
Oui, j'ai tué mon frère, & l'ai tué pour vous.
Vengez sur un coupable indigne, de vous plaire,
Tous les crimes affreux que vous m'avez fait faire.

AMELIE.

Se jettant entre les bras de Taïse.

Vamir est mort, barbare ?

LE DUC.

Oui, mais c'est de ta main
Que son sang veut ici le sang de l'assassin.

AMELIE, *soutenue par Taïse & presque évanouie.*

Il est mort !

LE DUC.

Ton reproche...

AMELIE.

Epargne ma misére.
Laisse-moi, je n'ai plus de reproche à te faire.
Va, porte ailleurs ton crime & ton vain repentir.
Laisse-moi l'adorer, l'embrasser & mourir.

LE DUC.

Ton horreur est trop juste. Et bien, chère Amélie,
Par pitié, par vengeance arrache moi la vie.

TRAGEDIE.

Je ne mérite pas de mourir de tes coups.
Que ta main les conduise.....

SCENE IV.

LE DUC, AMELIE, LISOIS.

LISOIS | *On le désarme.*

Ah ! ciel, que faites-vous ?
LE DUC
Laissez-moi me punir, & me rendre justice.
AMELIE. *à Lisois.*
Vous, d'un assassinat vous êtes le complice ?
LE DUC.
Ministre de mon crime, as-tu pû m'obéir ?
LISOIS.
Je vous avais promis, seigneur, de vous servir.
LE DUC.
Malheureux que je suis ! ta sévère rudesse
A cent fois de mes sens combattu la faiblesse.
Ne devais-tu te rendre à mes tristes souhaits,
Que quand ma passion t'ordonnait des forfaits ?
Tu ne m'as obéi que pour perdre mon frère.
LISOIS.
Lorsque j'ai refusé ce sanglant ministère,
Votre aveugle courroux n'allait-il pas soudain
Du soin de vous venger charger une autre main ?
LE DUC.
L'amour, le seul amour de mes sens toujours maître,
En m'ôtant la raison, m'eût excusé peut-être ;
Mais toi, dont la sagesse & les réflexions
Ont calmé dans ton sein toutes les passions,
Toi, dont j'avais tant craint l'esprit ferme & rigide,
Avec tranquillité permettre un parricide ?
LISOIS.
Eh bien, puisque la honte avec le repentir,

LE DUC DE FOIX,

Par qui la vertu parle à qui peut la trahir.
D'un si juste remords ont pénétré votre ame;
Puisque malgré l'excès de votre aveugle flamme,
Au prix de votre sang vous voudriez sauver
Le sang dont vos fureurs ont voulu vous priver.
Je peux donc m'expliquer : je peux dont vous ap-
    prendre,
Que de vous-même enfin Lisois sait vous défendre.
Connaissez-moi, madame, & calmez vos douleurs,
  Au Duc,   *A Amélie.*
Vous, gardez vos remords; & vous séchez vos pleurs.
Que ce jour à tous trois soit un jour salutaire,
Venez paraissez, prince, embrassez votre frère.
    Le théâtre s'ouvre, Vamir paraît.

SCENE DERNIERE.

LE DUC, AMELIE, VAMIR, LISOIS.

AMELIE.

Qui ? vous !

LE DUC.

Mon frère ?

AMELIE.

Ah ciel !

LE DUC.

                Qui l'aurait pû penser ?

VAMIR *s'avançant du fond du théâtre*
J'ose encor te revoir, te plaindre & t'embrasser

LE DUC.

Mon crime en est plus grand, puisque ton cœur
    l'oublie.

AMELIE

Lisois; digne héros qui me donnez la vie !...

LE DUC.

Il la donne à tous trois.

LISOIS.

               Un indigne assassin

TRAGEDIE.

Sur Vamir à mes yeux avait levé la main.
J'ai frappé le barbare, & prevenant encore
Les aveugles fureurs du feu qui vous dévore
J'ai feint d'avoir versé ce sang si précieux,
Sûr que le repentir vous ouvrirait les yeux.
LE DUC.
Après ce grand exemple & ce service insigne,
Le prix que je t'en dois, c'est de m'en rendre digne.
Le fardeau de mon crime est trop pésant pour moi,
Mes yeux couverts d'un voile & baissés devant toi
Craignent de rencontrer & les regards d'un frère,
Et la beauté fatale à tous les deux trop chère.
VAMIR.
Tous deux auprès du roi nous voulions te servir.
Quel est donc ton dessein? parle.
LE DUC.
     De me punir;
De nous rendre à tous trois une égale justice?
D'expier devant vous par le plus grand supplice?
Le plus grand des forfaits, où la fatalité,
L'amour & le courroux m'avaient précipité.
J'adorais Amélie, & ma flamme cruelle
Dans mon cœur desolé s'irrite encor pour elle.
Lisois sait à quel point j'adorais ces appas,
Quand ma jalouse rage ordonnait ton trépas.
Dévoré malgré moi du feu qui me posséde,
Je l'adore encor plus, & mon amour la céde.
Je m'arrache le cœur en vous rendant heureux.
Aimez vous; mais au moins pardonnez moi tous deux.
VAMIR.
Ah! ton frère à tes pieds digne de ta clémence
Egale tes bienfaits par sa reconnaissance.
AMELIE.
Oui, Seigneur avec lui j'embrasse vos genoux.
La plus tendre amitié va me joindre à vous.
Vous me payez trop bien de mes douleurs souffertes.
LE DUC.
Ah! c'est trop me montrer mes malheurs & mes pertes.
Mais vous m'apprenez tous à suivre la vertu.

Ce n'est point à demi que mon cœur est rendu.
A Vamir.
Je suis en tout ton frère & mon ame attendrie
Imite votre exemple & chérit sa patrie.
Allons apprendre au roi pour qui vous combattez,
Mon crime, mes remords & vos félicités.
Oui : je veux égaler votre foi, votre zèle,
Au sang, à la patrie, à l'amitié fidèle ;
Et vous faire oublier, après tant de tourmens,
A force de vertus, tous mes égaremens.

Fin du cinquiéme & dernier acte.

L'ORPHELIN
DE
LA CHINE,
TRAGEDIE.

Repréſentée pour la première fois à Paris, le 20 Août 1755.

ACTEURS.

GENGIS-KAN, empereur Tartare.

OCTAR, } guerriers Tartares.
OSMAN,

ZAMTI, Mandarin Lettré.

IDAMÉ, femme de Zamti.

ASSELI, attachée à Idamé.

ETAN, attaché à Zamti.

La scène est dans un palais des Mandarins qui tient au palais impérial, dans la ville de Cambalu, aujourd'hui Pékin.

A MONSEIGNEUR.
LE MARECHAL
DUC DE RICHELIEU,
PAIR DE FRANCE.

Premier Gentilhomme de la Chambre du Roi, Commandant en Languedoc, l'un des Quarante de l'Académie.

JE voudrais, Monseigneur, vous présenter de beau marbre comme les Génois, & je n'ai que des figures chinoises à vous offrir. Ce petit ouvrage ne paraît pas fait pour vous. Il n'y a aucun héros dans cette piéce qui ait réuni tous les suffrages par les agrémens de son esprit, ni qui ait soutenu une république prête à succomber, ni qui ait imaginé de renverser une colonne anglaise avec quatre canons. Je sens mieux que personne le peu que je vous offre; mais tout se pardonne à un attachement de quarante années. On dira peut-être, qu'au pied des Alpes, & vis-à-vis des neiges éternelles, où je me suis retiré, & où je devais n'être que philosophe, j'ai succombé à la vanité d'imprimer; que ce qu'il y a eu de plus brillant sur les bords de la Seine ne m'a jamais oublié; cependant je n'ai consulté que mon cœur; il me conduit seul; il a toujours inspiré mes actions & mes paroles ; il se trompe quelquefois, vous le savez; mais ce n'est pas après des épreuves si longues. Permettez donc que si cette faible tragédie peut durer quelque tems après moi, on sache que l'auteur ne vous a pas été indifférent ; permettez qu'on apprenne que si votre oncle fonda les beaux arts en France, vous les avez soutenus dans leur décadence.

L'idée de cette tragédie me vint il y a quelque tems, à la lecture de l'*Orphelin de Tchao*, tragédie chinoise traduite par le père *Brémare*, qu'on trouve dans le recueil que le père *du Halde* a donné au public. Cette piéce chinoise fut composée au quatorziéme siécle, sous la dynastie même de *Gengis-kan*. C'est une nouvelle preuve que les vainqueurs Tartares ne changèrent point les mœurs de la nation vaincue ; ils protégèrent tous les arts établis à la Chine ; ils adoptèrent toutes ses loix.

Voilà un grand exemple de la supériorité naturelle que donnent la raison & le génie sur la force aveugle & barbare : & les Tartares ont deux fois donné cet exemple. Car lorsqu'ils ont conquis encore ce grand empire au commencement du siécle passé, ils se sont soumis une seconde fois à la sagesse des vaincus ; & les deux peuples n'ont formé qu'une nation gouvernée par les plus anciennes loix du monde : évenement frappant, qui a été le premier but de mon ouvrage.

La tragédie chinoise qui porte le nom de l'*Orphelin*, est tirée d'un recueil immense des piéces de théâtre de cette nation. Elle cultivait depuis plus de trois mille ans cet art, inventé un peu plus tard par les Grecs, de faire des portraits vivans des actions des hommes, & d'établir de ces écoles de morale, où l'on enseigne la vertu en action & en dialogue. Le poëme dramatique ne fut donc long-tems en honneur que dans ce vaste pays de la Chine, séparé & ignoré du reste du monde, & dans la seule ville d'Athênes. Romme ne le cultiva qu'au bout de quatre cens années. Si vous le cherchez chez les Perses, chez les Indiens, qui passent pour des peuples inventeurs, vous ne l'y trouvez pas ; il n'y est jamais parvenu. L'Asie se contentait des fables de *Pilpay* & de *Lokman*, qui renferment toute la morale, & qui instruisent en allégorie toutes les nations & tous les siécles.

Il semble qu'après avoir fait parler les animaux il n'y eût qu'un pas à faire pour faire parler les

EPITRE.

hommes, pour les introduire sur la scène, pour former l'art Dramatique: cependant ces peuples ingénieux ne s'en avisèrent jamais. On doit inférer de-là, que les Chinois, les Grecs & les romains sont les seuls peuples anciens qui ayent connu le véritable esprit de la Société. Rien, en effet, ne rend les hommes plus sociables, n'adoucit plus leurs mœurs, ne perfectionne plus leur raison, que de les rassembler, pour leur faire goûter ensemble les plaisirs purs de l'esprit. Aussi nous voyons qu'à peine *Pierre le Grand* eut policé la Russie, & bâti Petersbourg, que les théâtres s'y sont établis. Plus l'Allemagne s'est perfectionnée, & plus nous l'avons vue adopter nos spectacles. Le peu de pays où ils n'étaient pas reçus dans le siécle passé, n'étaient pas mis au rang des pays civilisés.

L'Orphelin de Tchao est un monument précieux, qui sert plus à faire connaître l'esprit de la Chine, que toutes les relations qu'on a faites, & qu'on fera jamais de ce vaste empire. Il est vrai que cette pièce est toute barbare, en comparaison des bons ouvrages de nos jours; mais aussi c'est un chef-d'œuvre, si on la compare à nos pièces du quatorziéme siécle. Certainement nos *Troubadours*, notre *Bazoche* la société des *Enfans sans souci*, & de la *Mére-sotte*, n'approchaient pas de l'auteur Chinois. Il faut encore remarquer que cette pièce est écrite dans la langue des Mandarins, qui n'a point changé & qu'à peine entendons-nous la langue qu'on parlait du tems de *Louis XII.* & de *Charles VIII.*

On ne peut comparer l'*Orphelin de Tchao* qu'aux tragédies anglaises & espagnoles du dix-septiéme siécle, qui ne laissent pas encore de plaire au-delà des Pirénées & de la mer. L'action de la piéce chinoise dure vingt-cinq ans, comme dans les farces monstrueuses de *Shakespéar* & de *Lope de Véga*, qu'on a nommé tragédies; c'est un entassement d'événemens incroyables. L'ennemi de la maison de *Tchao* veut d'abord en faire périr le chef, en lâchant sur lui un gros dogue, qu'il fait croire être doué de l'insvint de découvrir les criminels ; comme *Jacques Aimar* parmi nous devinait les voleurs par sa baguette. Ensuite il suppose un ordre de l'empereur, & envoye à son ennemi *Tchao* une corde, du poison, & un poignard ; *Tchao* chante, selon l'usage, & se coupe la gorge ; en vertu de l'obéissance que tout homme sur la terre doit de droit divin à un empereur de la Chine. Le persécuteur fait mourir trois cens personnes de la maison de *Tchao*. La princesse veuve accouche de l'Orphelin. On dérobe cet enfant à la fureur de celui qui a exterminé toute la maison, & qui veut encore faire périr au berceau le seul qui reste. Cet exterminateur ordonne qu'on égorge dans les villages d'alentour tous les enfans, afin que de l'Orphelin soit enveloppé dans la destruction générale.

On croit lire les mille & une nuit en action & en scènes : mais malgré l'incroyable, il y regne de l'intérêt ; & malgré la foule des événemens, tout est de la clarté la plus lumineuse : ce sont là deux grands mérites en tout tems & chez toutes les nations ; & ce mérite manque à beaucoup de nos piéces modernes. Il est vrai que la piéce chinoise n'a pas d'autres beautés : unité de tems & d'action, développement de sentimens, peinture des mœurs, éloquence, raison, passion, tout lui manque ; & cependant, comme je l'ai déja dit, l'ouvrage est supérieur à tout ce que nous faisions alors.

Comment les Chinois, qui au quatorziéme siécle, & si long-tems auparavant, savaient faire de meilleurs poëmes dramatiques que tous le Européans*, sont-ils restés toujours dans l'enfance grossière de l'art, tandis qu'à force de soins & de tems notre nation est parvenue à produire environ une douzaine de piéces, qui, si elles ne sont pas par-

---

* Le père *du Halde*, tous les auteurs des lettres édifiantes, tous les voyageurs, ont toujours écrit *Européans*, & ce n'est que depuis quelques années qu'on s'est avisé d'imprimer *Européens*.

EPITRE.

faites, sont pourtant fort au-dessus de tout ce que le reste de la terre a jamais produit en ce genre. Les Chinois, comme les autres Asiatiques, sont demeurés aux premiers élémens de la poësie, de l'éloquence, de la physique, de l'astronomie, de la peinture, connus par eux si long-tems avant nous. Il leur a été donné de commencer en tout plutôt que les autres peuples, pour ne faire ensuite aucun progrès. Ils ont ressemblé aux anciens Egyptiens, qui ayant d'abord enseigné les Grecs, finirent par n'être pas capables d'être leurs disciples.

Ces Chinois chez qui nous avons voyagé à travers tant de périls, ces peuples de qui nous avons obtenu avec tant de peine la permission de leur apporter l'argent de l'Europe, & de venir les instruire, ne savent pas encore à quel point nous leur sommes supérieurs ; ils ne sont pas assez avancés, pour oser seulement vouloir nous imiter. Nous avons puisé dans leur histoire des sujets de tragédie, & ils ignorent si nous avons une histoire.

Le célébre abbé *Métastasio* a pris pour sujet d'un de ses poëmes dramatiques le même sujet à peu près que moi ; c'est-à dire, un Orphelin échappé au carnage de sa maison, & il a puisé cette aventure dans une Dynastie qui regnait neuf cens ans avant notre ère.

La tragédie chinoise de l'*Orphelin de Tchao* est tout un autre sujet. J'en ai choisi un tout différent encore des deux autres, & qui ne leur ressemble que par le nom. Je me suis arrêté à la grande époque de *Gengis-Kan*, & j'ai voulu peindre les mœurs des Tartares & des Chinois. Les aventures les plus intéressantes ne sont rien, quand elles ne peignent pas les mœurs ; & cette peinture, qui est un des grands secrets de l'art, n'est encore qu'un amusement frivole, quand elle n'inspire pas la vertu.

J'ose dire, que depuis la *Henriade* jusqu'à *Zaïre*, & jusqu'à cette piéce chinoise, bonne, ou mauvaise, tel a été toujours le principe qui m'a inspiré, & que dans l'histoire du siécle de *Louis XIV*. j'ai célebré mon roi & ma patrie fans flatter ni l'un ni l'autre. C'eſt dans un tel travail que j'ai conſumé plus de quarante années. Mais voici ce que dit un auteur chinois, traduit en eſpagnol par le célèbre *Navarette*.

» Si tu compoſes quelque ouvrage, ne le montre
» qu'à tes amis ; crains le public & tes confrères ;
» car on falſifiera, on empoiſonnera ce que tu au-
» ras fait, & on t'imputera ce que tu n'aura pas
» fait. La calomnie, qui a cent trompettes, les
» fera ſonner pour te perdre, tandis que la vérité
» qui eſt muette reſtera auprès de toi. Le célèbre
» *Ming* fut accuſé d'avoir mal penſé du *Tien* & du
» *Li*, & de l'empereur *Vang*. On trouva le vieillard
» moribond qui achevait le panégyrique de *Vang*
» & un hymne au *Tien*, & au *Li*, &c.

L'ORPHELIN DE LA CHINE,

TRAGEDIE.

ACTE PREMIER.

SCENE PREMIERE
IDAMÉ, ASSELI.

IDAMÉ.

SE peut-il qu'en ce tems de désolation,
En ce jour de carnage & de destruction,
Quand ce palais sanglant, ouvert à des Tartares
Tombe avec l'univers sous ces peuples barbares ;
Dans cet amas affreux de publiques horreurs,
Il soit encor pour moi de nouvelles douleurs ?
ASSELI.
Eh, qui n'éprouve, hélas ! dans la perte commune,
Les tristes sentimens de sa propre infortune ?

Qui de nous vers le ciel n'élève pas ses cris
Pour les jours d'un époux, ou d'un père ou d'un fils?
Dans cette vaste enceinte, au Tartare inconnue,
Où le roi dérobait à la publique vue
Ce peuple désarmé de paisibles mortels,
Interprètes des loix, ministres des autels,
Vieillards, femmes, enfans, troupeau faible & ti-
 mide,
Dont n'a point approché cette guerre homicide,
Nous ignorons encore à quelle atrocité
Le vainqueur insolent porte sa cruauté.
Nous entendons gronder la foudre & les tempêtes.
Le dernier coup approche, & vient frapper nos têtes.

IDAMÉ.

O fortune! ô pouvoir au-dessus de l'humain!
Chère & triste Asséli, sais-tu quelle est la main
Qui du Catai sanglant presse le vaste empire,
Et qui s'appesantit sur tout ce qui respire?

ASSELI.

On nomme ce tyran du nom de roi des rois.
C'est ce fier Gengis-Kan, dont les affreux exploits
Font un vaste tombeau de la superbe Asie.
Octar son lieutenant, déja dans sa furie,
Porte au palais, dit-on, le fer & les flambeaux.
Le Catai passe enfin sous des maîtres nouveaux.
Cette ville, autrefois souveraine du monde,
Nage de tous côtés dans le sang qui l'inonde.
Voilà ce que cent voix, en sanglots superflus,
Ont appris dans ces lieux à mes sens éperdus.

IDAMÉ.

Sais-tu que ce tyran de la terre interdite,
Sous qui de cet état la fin se précipite,
Ce destructeur des rois, de leur sang abreuvé,
Est un Scythe, un soldat, dans la poudre élevé,
Un guerrier vagabond de ces déserts sauvages,
Climats qu'un ciel épais ne couvre que d'orages?
C'est lui qui sur les siens briguant l'autorité,
Tantôt fort & puissant, tantôt persécuté,
Vint jadis à tes yeux, dans cette auguste ville,
Aux portes du palais demander un azile.

TRAGEDIE.

Son nom est Témugin ; c'est t'en apprendre assez.
ASSELI.
Quoi ! c'est lui dont les vœux vous furent adressés !
Quoi ! c'est ce fugitif, dont l'amour & l'hommage
A vos parens surpris parurent un outrage !
Lui, qui traîne après lui tant de rois ses suivans,
Dont le nom seul impose au reste des vivans !
IDAMÉ.
C'est lui-même, Asséli : son superbe courage,
Sa future grandeur brillaient sur son visage.
Tout semblait, je l'avoue, esclave auprès de lui ;
Et lorsque de la cour il mendiait l'appui,
Inconnu, fugitif, il ne parlait qu'en maître,
Il m'aimait ; & mon cœur s'en applaudit peut-être:
Peut-être qu'en secret je tirais vanité
D'adoucir ce lion dans mes fers arrêté,
De plier à nos mœurs cette grandeur sauvage,
D'instruire à nos vertus son féroce courage,
Et de le rendre enfin, graces à ces liens,
Digne un jour d'être admis parmi nos citoyens.
Il eût servi l'état, qu'il détruit par la guerre :
Un refus a produit les malheurs de la terre.
De nos peuples jaloux tu connais la fierté,
De nos arts, de nos loix l'auguste antiquité,
Une religion de tout tems épurée,
De cent siécles de gloire une suite avérée,
Tout nous interdisait dans nos préventions
Une indigne alliance avec les nations.
Enfin un autre hymen, un plus saint nœud m'engage;
Le vertueux Zamti mérita mon suffrage.
Qui l'eût cru, dans ces tems de paix & de bonheur,
Qu'un Scythe méprisé serait notre vainqueur ?
Voilà ce qui m'allarme, & qui me désespére ;
J'ai refusé sa main ; je suis épouse & mère :
Il ne pardonne pas ; il se vit outrager,
Et l'univers fait trop s'il aime à se venger.
Etrange destinée, & revers incroyables !
Est-il possible, ô dieu ! que ce peuple innombrable
Sous le glaive de Scythe expire sans combats,
Comme de vils troupeaux que l'on mène au trépas !

ASSELI.

Les Coréens, dit-on, rassemblaient une armée ;
Mais nous ne savons rien que par la renommée,
Et tout nous abandonne aux mains des destructeurs.

IDAMÉ.

Que cette incertitude augmente mes douleurs !
J'ignore à quel excès parviennent nos misères ;
Si l'empereur encore au palais de ses pères
A trouvé quelque azile, ou quelque défenseur ;
Si la reine est tombée aux mains de l'oppresseur ;
Si l'un & l'autre touche à son heure fatale.
Hélas ! ce dernier fruit de leur foi conjugale,
Ce malheureux enfant à nos soins confié,
Excite encor ma crainte, ainsi que ma pitié.
Mon époux au palais porte un pied téméraire.
Une ombre de respect pour son saint ministère
Peut-être adoucira ces vainqueurs forcenés.
On dit que ces brigands aux meurtres acharnés,
Qui remplissent de sang la terre intimidée,
Ont d'un dieu cependant conservé quelque idée ;
Tant la nature même en toute nation
Grava l'être suprême & la religion.
Mais je me flatte envain qu'aucun respect les touche.
La crainte est dans mon cœur, & l'espoir dans ma
      bouche.
Je me meurs....

SCENE II.

IDAMÉ, ZAMTI, ASSELI.

IDAMÉ.

Est-ce vous, époux infortuné ?
Notre sort sans retour est-il déterminé ?
Hélas ! qu'avez-vous vu ?

ZAMTI.

Ce que je tremble à dire,

TRAGEDIE. 67

Le malheur est au comble ; il n'est plus, cet empire,
Sous le glaive étranger j'ai vu tout abattu.
De quoi nous a servi d'adorer la vertu !
Nous étions vainement, dans une paix profonde,
Et les législateurs & l'exemple du monde.
Vainement par nos loix l'univers fut istruit ?
La sagesse n'est rien, la force a tout détruit.
J'ai vu de ces brigands la horde hyperborée
Par des fleuves de sang se frayant une entrée,
Sur les corps entassés de nos frères mourans,
Portant par tout le glaive & les feux dévorans.
Ils pénètrent en foule à la demeure auguste,
Où de tous les humains le plus grand, le plus juste,
D'un front majestueux attendait le trépas ;
La reine évanouie était entre ses bras.
De leurs nombreux enfans ceux en qui le courage
Commençait vainement à croître avec leur âge,
Et qui pouvaint mourir les armes à la main,
Etaient déja tombés sous le fer inhumain.
Il restait près de lui ceux dont la tendre enfance
N'avait que la faiblesse & des pleurs pour défence.
On les voyait encore autour de lui pressés,
Tremblans à ses genoux qu'ils tenaient embrassés,
J'entre par des détours inconnus au vulgaire ;
J'approche en frémissant de ce malheureux père ;
Je vois ces vils humains, ces monstres des déserts,
A notre auguste maître osant donner des fers,
Traîner dans son palais d'une main sanguinaire,
Le père, les enfans, & leur mourante mère.

IDAMÉ.
C'est donc là leur destin ! Quel changement, ô cieux !

ZAMTI.
Ce prince infortuné tourne vers moi les yeux ;
Il m'appelle, il me dit, dans la langue sacrée,
Du conquérant Tartare & du peuple ignorée ;
Conserve au moins le jour au dernier de mes fils.
Jugez si mes sermens & mon cœur l'ont promis ;
Jugez de mon devoir quelle est la voix pressante.
J'ai senti ranimer ma force languissante ;
J'ai revolé vers vous. Les ravisseurs sanglans

Ont laissé le passage à mes pas chancelans ;
Soit que dans les fureurs de leur horrible joie,
Au pillage acharnés, occupés de leur proye,
Leur superbe mépris ait détourné les yeux ;
Soit que cet ornement d'un ministre des cieux,
Ce symbole sacré du grand dieu que j'adore,
A la férocité puisse imposer encore ?
Soit qu'enfin ce grand Dieu, dans ses profonds desseins,
Pour sauver cet enfant, qu'il a mis dans mes mains,
Sur leurs yeux vigilans répandant un nuage,
Ait égaré leur vue, ou suspendu leur rage.

IDAMÉ.

Seigneur, il serait tems encor de le sauver
Qu'il parte avec mon fils ; je les peux enlever.
Ne désespérons point, & préparons leur fuite.
De notre prompt départ qu'Etan ait la conduite :
Allons vers la Corée, au rivage des mers,
Aux lieux où l'océan ceint ce triste univers ;
La terre a des déserts & des antres sauvages,
Portons-y ces enfans, tandis que les ravages
N'inondent point encor ces aziles sacrés,
Eloignés des vainqueurs, & peut-être ignorés.
Allons, le tems est cher, & la plainte inutile.

ZAMTI.

Hélas ! le fils des rois n'a pas même un azile !
J'attends les Coréens ; ils viendront, mais trop tard.
Cependant la mort vole au pied de ce rempart.
Saisissons, s'il se peut, le moment favorable.
De mettre en sûreté ce gage inviolable.

SCENE III.

ZAMTI, IDAME', ASSELI, ETAN.

ZAMTI.

Etan, où courez-vous, interdit, consterné ?

TRAGEDIE.

IDAMÉ.
Fuyons de ce séjour au Scythe abandonné.
ETAN.
Vous êtes observés, la fuite est impossible.
Autour de notre enceinte une garde terrible,
Aux peuples consternés offre de toutes parts
Un rempart hérissé de piques & de dards.
Les vainqueurs ont parlé. L'esclavage en silence
Obéit à leurs voix dans cette ville immense.
Chacun reste immobile & de crainte & d'horreur,
Depuis que sous le glaive est tombé l'Empereur.
ZAMTI.
Il n'est donc plus ?
IDAMÉ.
O cieux !
ETAN.
De ce nouveau carnage
Qui pourra retracer l'épouvantable image,
Son épouse, ses fils sanglans & déchirés....
O famille de dieux sur la terre adorés !
Que vous dirai-je ? hélas ! leurs têtes exposées
Du vainqueur insolent excitent les risées ;
Tandis que leurs sujets tremblans de murmurer
Baissent des yeux mourans qui craignent de pleurer.
De nos honteux soldats les alfanges errantes
A genoux ont jetté leurs armes impuissantes.
Les vainqueurs fatigués dans nos murs asservis,
Lassés de leur victoire & de sang assouvis,
Publiant à la fin le terme du carnage,
Ont au lieu de la mort annoncé l'esclavage.
Mais d'un plus grand désastre on nous menace encor :
On prétend que ce roi des fiers enfans du Nord,
Gengis-Kan, que le ciel envoya pour détruire,
Dont les seuls Lieutenans oppriment cet empire,
Dans nos murs autrefois inconnu, dédaigné,
Vient toujours implacable, & toujours indigné,
Consommer sa colère, & venger son injure.
Sa Nation farouche est d'une autre nature
Que les tristes humains qu'enferment nos remparts.
Ils habitent des champs, des tentes & des chars ;

Ils se croiraient gênés dans cette ville immense.
De nos arts, de nos loix la beauté les offense.
Ces brigands vont changer en d'éternels déserts
Les murs que si long-tems admira l'univers.
IDAMÉ.
Le vainqueur vient sans doute armé de la vengeance;
Dans mon obscurité j'avais quelque espérance ;
Je n'en ai plus. Les cieux, à nous nuire attachés,
Ont éclairés la nuit où nous étions cachés.
Trop heureux les mortels inconnus à leur maître.
ZAMTI.
Les nôtres sont tombés : le juste ciel peut-être
Voudra pour l'Orphelin signaler son pouvoir,
Veillons sur lui, voilà notre premier devoir.
Que nous veut ce Tartare ?
IDAMÉ.
O ciel ! prends ma défence !

SCENE IV.

ZAMTI, IDAMÉ, ASSELI, OCTAR, GARDES.

OCTAR.

Esclaves, écoutez ; que votre obéissance
Soit l'unique réponse aux ordres de ma voix.
Il reste encore un fils du dernier de vos rois ;
C'est vous qui l'élevez : votre soin téméraire
Nourrit un ennemi dont il faut se défaire.
Je vous ordonne, au nom du vainqueur des humains,
De remettre aujourd'hui cet enfant dans mes mains.
Je vais l'attendre : allez, qu'on m'apporte ce gage.
Pour peu que vous tardiez, le sang & le carnage
Vont de mon maître encor signaler le courroux,
Et la destruction commencera par vous.
La nuit vient, le jour fuit ; vous, avant qu'il finisse,
Si vous aimez la vie, allez, qu'on m'obéisse.

SCENE V.
ZAMTI, IDAMÉ.

IDAMÉ.

Où sommes-nous réduits ? ô monstres ! ô terreur!
Chaque instant fait éclore une nouvelle horreur,
Et produit des forfaits dont l'ame intimidée
Jusqu'à ce jour de sang n'avait point eu d'idée.
Vous ne répondez rien ; vos soupirs élancés
Au ciel qui nous accable en vain sont adressés.
Enfant de tant de rois, faut-il qu'on sacrifie
Aux ordres d'un soldat ton innocente vie !

ZAMTI.
J'ai promis, j'ai juré de conserver ses jours.

IDAMÉ.
De quoi lui serviront vos malheureux secours ?
Qu'importent vos sermens, vos stériles tendresses ?
Etes-vous en état de tenir vos promesses ?
N'espérons plus.

ZAMTI.
Ah ! ciel ! & quoi, vous voudriez
Voir du fils de mes rois les jours sacrifiés ?

IDAMÉ.
Non, je n'y puis penser sans des torrens de larmes ;
Et si je n'étais mère, & si dans mes allarmes,
Le ciel me permettait d'abréger un destin
Nécessaire à mon fils élevé dans mon sein,
Je vous dirais, mourons ; & lorsque tout succombe,
Sur les pas de nos rois, descendons dans la tombe.

ZAMTI.
Après l'atrocité de leur indigne sort,
Qui pourrait redouter & refuser la mort ?
Le coupable la craint, le malheureux l'appelle,
Le brave la défie, & marche au-devant d'elle,

Le sage, qui l'attend, la reçoit sans regrets.
IDAMÉ.
Quels sont en me parlant vos sentimens secrets?
Vous baissez vos regards, vos cheveux se hérissent
Vous pâlissez, vos yeux de larmes se remplissent;
Mon cœur répond au vôtre, il sent tous vos tour-
    mens !
Mais, que résolvez-vous ?
ZAMTI.
             De garder mes sermens,
Auprès de cet enfant, allez, daignez m'attendre.
IDAMÉ.
Mes prières, mes cris pourront-ils le défendre ?

SCENE VI.
ZAMTI, ETAN.
ETAN.

Seigneur, votre pitié ne peut le conserver.
Ne songez qu'à l'état que sa mort peut sauver:
Pour le salut du peuple, il faut bien qu'il périsse.
ZAMTI.
Oui.... je vois qu'il faut faire un triste sacrifice.
Ecoute : cet empire est-il cher à tes yeux ?
Reconnais-tu ce Dieu de la terre & des cieux,
Ce Dieu que sans mélange annonçaient nos ancêtres,
Méconnu par le Bonze, insulté par nos maîtres ?
ETAN.
Dans nos communs malheurs il est mon seul appui;
Je pleure la patrie, & n'espére qu'en lui.
ZAMTI.
Jure ici par son nom, par sa toute puissance,
Que tu conserveras dans l'éternel silence
Le secret qu'en ton sein je dois ensevelir.
Jure-moi que tes mains oseront accomplir
Ce que les intérêts, & les loix de l'empire,

Mon

TRAGEDIE.

Mon devoir & mon Dieu, vont par moi te prescrire.
ETAN.
Je le jure; & je veux, dans ces murs désolés,
Voir nos malheurs communs sur moi seul assemblés,
Si trahissant vos vœux, & démentant mon zéle,
Ou ma bouche, ou ma main, vous était infidèle.
ZAMTI.
Allons, il ne m'est plus permis de reculer.
ETAN.
De vos yeux attendris je vois des pleurs couler.
Hélas! de tant de maux les atteintes cruelles
Laissent donc place encore à des larmes nouvelles ?
ZAMTI.
On a porté l'arrêt, rien ne peut le changer.
ETAN.
On presse, & cet enfant qui vous est étranger...
ZAMTI.
Etranger ! lui, mon roi !
ETAN.
     Notre roi fut son père,
Je le sai, j'en frémis : parlez, que dois-je faire ?
ZAMTI.
On compte ici mes pas ; j'ai peu de liberté.
Sers-toi de la faveur de ton obscurité.
De ce dépôt sacré tu sais quel est l'azile ;
Tu n'es point observé ; l'accès t'en est facile.
Cachons pour quelque tems cet enfant précieux
Dans le sein des tombeaux bâtis par nos ayeux.
Nous remettrons bientôt au chef de la Corée
Ce tendre rejetton d'une tige adorée.
Il peut ravir du moins à nos cruels vainqueurs
Ce malheureux enfant, l'objet de leurs terreurs.
Il peut sauver mon roi. Je prends sur moi le reste.
ETAN.
Et que deviendrez-vous sans ce gage funeste ?
Que pourrez-vous répondre au vainqueur irrité ?
ZAMTI.
J'ai dequoi satisfaire à sa férocité.
ETAN.
Vous, seigneur ?

D

L'ORPHELIN DE LA CHINE.

ZAMTI.
O nature ! ô devoir tyrannique.

ETAN.
Eh bien !

ZAMTI.
Dans son berceau saisis mon fils unique.

ETAN.
Votre fils !

ZAMTI.
Songe au roi que tu dois conserver.
Prends mon fils.... que son sang.... je ne puis achever.

ETAN.
Ah ! que m'ordonnez-vous ?

ZAMTI.
Respecte ma tendresse,
Respecte mon malheur, & sur-tout ma faiblesse.
N'oppose aucun obstacle à cet ordre sacré ;
Et remplit ton devoir après l'avoir juré.

ETAN.
Vous m'avez arraché ce serment téméraire.
A quel devoir affreux me faut-il satisfaire ?
J'admire avec horreur ce dessein généreux :
Mais si mon amitié....

ZAMTI.
C'en est trop, je le veux.
Je suis père ; & ce cœur, qu'un tel arrêt déchire,
S'en est dit cent fois plus que tu ne peux m'en dire.
J'ai fait taire le sang ; fais taire l'amitié.
Part.

ETAN.
Il faut obéir.

ZAMTI.
Laisse-moi par pitié.

SCENE VII.
ZAMTI seul.

J'Ai fait taire le sang, ah, trop malheureux père !
J'entends trop cette voix si fatale & si chère,

TRAGEDIE.

Ciel, impose silence aux cris de ma douleur !
Mon épouse, mon fils, me déchirent le cœur,
De ce cœur effrayé cache-moi la blessure !
L'homme est trop faible, hélas, pour dompter la
    nature !
Que peut-il par lui-même ? Acheves, soutiens-moi,
Affermis la vertu prête à tomber sans toi.

Fin du premier Acte.

ACTE II.

SCENE PREMIERE.

ZAMTI *seul.*

Etan, auprès de moi tarde trop à se rendre.
  Il faut que je lui parle, & je crains de l'entendre.
Je tremble malgré moi de son fatal retour.
O mon fils, mon cher fils ! as-tu perdu le jour ?
Aura-t-on consommé ce fatal sacrifice ?
Je n'ai pu de ma main te conduire au supplice ;
Je n'en eus pas la force. En ai-je assez au moins
Pour apprendre l'effet de mes funestes soins ?
En ai-je encore assez pour cacher mes alarmes ?

SCENE II.

ZAMTI, ETAN.

ZAMTI.

Viens, ami.... je t'entends.... je sai tout par
  tes larmes.

L'ORPHELIN DE LA CHINE,

ETAN.

Votre malheureux fils....

ZAMTI.

      Arrête ; parle-moi
De l'espoir de l'empire, & du fils de mon roi :
Est-il en sûreté ?

ETAN.

      Les tombeaux de ses pères
Cachent à nos tyrans sa vie & ses misères.
Il vous devra des jours pour souffrir commencés,
Présent fatal peut-être.

ZAMTI.

      Il vit : c'en est assez.
O vous, à qui je rends ces services fidelles !
O mes rois, pardonnez mes larmes paternelles !

ETAN.

Osez-vous en ces lieux gémir en liberté ?

ZAMTI.

Où porter ma douleur, & ma calamité ?
Et comment désormais soutenir les approches,
Le désespoir, les cris, les éternels reproches,
Les imprécations d'une mère en fureur ?
Encor si nous pouvions prolonger son erreur !

ETAN.

On a ravi son fils dans sa fatale absence :
A nos cruels vainqueurs on conduit son enfance ;
Et soudain j'ai volé pour donner mes secours
Au fatal Orphelin, dont on poursuit les jours.

ZAMTI.

Ah ! du moins, cher Etan, si tu pouvais lui dire
Que nous avons livré l'héritier de l'empire ;
Que j'ai caché mon fils, qu'il est en sûreté.
Imposons quelque tems à sa crédulité.
Hélas ! la vérité si souvent est cruelle,
On l'aime & les humains sont malheureux par elle !
Allons... ciel ! elle-même approche de ces lieux ;
La douleur & la mort sont peintes dans ses yeux.

TRAGEDIE.

SCENE III.
ZAMTI, IDAMÉ.

IDAMÉ.

Qu'ai-je vu ? Qu'a-t-on fait ? Barbare, est-il possible ?
L'avez-vous commandé, ce sacrifice horrible ?
Non, je ne puis le croire ; & le ciel irrité
N'a pas dans votre sein mis tant de cruauté ;
Non, vous ne serez point plus dur & plus barbare
Que la loi du vainqueur, & le fer du Tartare.
Vous pleurez, malheureux !

ZAMTI.
Ah ! pleurez avec moi ;
Mais avec moi songez à sauver votre roi.

IDAMÉ.
Que j'immole mon fils !

ZAMTI.
Telle est notre misère :
Vous êtes citoyenne avant que d'être mère.

IDAMÉ.
Quoi, sur toi la nature a si peu de pouvoir !

ZAMTI.
Elle n'en a que trop ; mais moins que mon devoir :
Et je dois plus au sang de mon malheureux maître,
Qu'à cet enfant obscur à qui j'ai donné l'être.

IDAMÉ.
Non, je ne connais point cette horrible vertu.
J'ai vu nos murs en cendre, & ce trône abattu ;
J'ai pleuré de nos rois les disgrâces affreuses ;
Mais par quelles fureurs encor plus douloureuses,
Veux-tu, de ton épouse avançant le trépas,
Livrer le sang d'un fils qu'on ne demande pas ?
Ces rois ensevelis, disparus dans la poudre,
Sont-ils pour toi des dieux dont tu craignes la foudre ?

D 3

A ces dieux impuissans, dans la tombe endormis,
As-tu fait le serment d'assassiner ton fils ?
Hélas ! grands & petits, & sujets, & monarques,
Distingués un moment par de frivoles marques,
Egaux par la nature, égaux par le malheur,
Tout mortel est chargé de sa propre douleur :
Sa peine lui suffit, & dans ce grand naufrage,
Rassembler nos débris, voilà notre partage.
Où serais-je, grand Dieu ! si ma crédulité
Eût tombé dans le piége à mes pas présenté ;
Auprès du fils des rois si j'étais demeurée !
La victime aux bourreaux allait être livrée ;
Je cessais d'être mère ; & le même couteau
Sur le corps de mon fils me plongeait au tombeau.
Graces à mon amour, inquiette, troublée,
A ce fatal berceau l'instinct m'a rappellée ;
J'ai vu porter mon fils à nos cruels vainqueurs ;
Mes mains l'ont arraché des mains des ravisseurs.
Barbare, ils n'ont point eu ta fermeté cruelle !
J'en ai chargé soudain cette esclave fidelle,
Qui soutient de son lait ses misérables jours,
Ces jours qui périssaient sans moi, sans mon secours ;
J'ai conservé le sang du fils & de la mère,
Et j'ose dire encor, de son malheureux père.

ZAMTI.

Quoi, mon fils est vivant !

IDAMÉ.

     Oui, rends graces au ciel,
Malgré toi favorable à ton cœur paternel.
Repens-toi.

ZAMTI.

   Dieux des cieux, pardonnez cette joye,
Qui se mêle un moment aux pleurs où je me noye !
O ma chère Idamé, ces momens seront courts !
Vainement de mon fils vous prolongiez les jours ;
Vainement vous cachiez cette fatale offrande.
Si nous ne donnons pas le sang qu'on nous demande,
Nos tyrans soupçonneux seront bientôt vengés ;
Nos citoyens tremblans avec nous égorgés,
Vont payer de vos soins les efforts inutiles ;

TRAGEDIE.

De soldats entourés, nous n'avons plus d'aziles.
Et mon fils qu'au trépas vous croyez arracher,
A l'œil qui le poursuit ne peut plus se cacher.
Il faut subir son sort.

IDAMÉ.

Ah ! cher époux, demeure ;
Ecoute-moi, du moins.

ZAMTI.

Hélas !... il faut qu'il meure.

IDAMÉ.

Qu'il meure ! arrête, tremble, & crains mon desespoir,
Crains sa mère.

ZAMTI.

Je crains de trahir mon devoir.
Abandonnez-le vôtre ; abandonnez ma vie
Aux détestables mains d'un conquérant impie.
C'est mon sang qu'à Gengis il vous faut demander.
Allez, il n'aura pas de peine à l'accorder.
Dans le sang d'un époux trempez vos mains perfides.
Allez, ce jour n'est fait que pour des parricides.
Rendez vains mes sermens, sacrifiez nos loix,
Immolez votre époux & le sang de vos rois.

IDAMÉ.

De mes rois ! va, te dis-je, ils n'ont rien à prétendre.
Je ne dois point mon sang en tribut à leur cendre.
Va ; le nom de sujet n'est pas plus saint pour nous,
Que ces noms si sacrés & de père & d'époux.
La nature & l'hymen, voilà les loix premières,
Les devoirs, les liens des nations entières :
Ces loix viennent des dieux ; le reste est des humains.
Ne me fais point haïr le sang des souverains :
Oui, sauvons l'Orphelin d'un vainqueur homicide :
Mais ne le sauvons pas au prix d'un parricide.
Que les jours de mon fils n'achetent point ses jours.
Loin de l'abandonner, je vole à son secours.
Je prends pitié de lui ; prends pitié de toi-même,
De ton fils innocent, de sa mère qui t'aime.
Je ne menace plus : je tombe à tes genoux.
O père infortuné, cher & cruel époux,
Pour qui j'ai méprisé, tu t'en souviens peut-être ;

D 4

L'ORPHELIN DE LA CHINE,

Ce mortel qu'aujourd'hui le fort a fait ton maître;
Accorde-moi mon fils, accorde-moi ce sang
Que le plus pur amour a formé dans mon flanc :
Et ne résiste point au cri terrible & tendre
Qu'à tes sens desolés l'amour a fait entendre !

ZAMTI.

Ah ! c'est trop abuser du charme & du pouvoir
Dont la nature & vous combattent mon devoir.
Trop faible épouse hélas ! si vous pouviez connaître.

IDAMÉ.

Je suis faible, pardonne ; une mère doit l'être.
Je n'aurai point de toi ce reproche à souffrir,
Quand il faudra te suivre, & qu'il faudra mourir.
Cher époux, si tu peux au vainqueur sanguinaire
A la place du fils sacrifier la mère,
Je suis prête : Idamé ne se plaindra de rien :
Et mon cœur est encor aussi grand que le tien.

ZAMTI.

Oui, j'en crois ta vertu.

SCENE IV.

ZAMTI, IDAMÉ, OCTAR, GARDES.

OCTAR.

Quoi vous osez reprendre
Ce dépôt que ma voix vous ordonna de rendre ?
Soldats, suivez leurs pas, & me répondez d'eux :
Saisissez cet enfant qu'ils cachent à mes yeux.
Allez : votre empereur en ces lieux va paraître.
Apportez la victime aux pieds de votre maître.
Soldats, veillez sur eux.

ZAMTI.

Je suis prêt d'obéir.
Vous aurez cet enfant.

IDAMÉ.

Je ne le puis souffrir.

TRAGEDIE. 81

Non, vous ne l'obtiendrez, cruels, qu'avec ma vie.
OCTAR.
Qu'on fasse retirer cette femme hardie.
Voici votre empereur : ayez soin d'empêcher
Que tous ces vils captifs osent en approcher.

SCENE V.
GENGIS, OCTAR, OSMAN,
Troupe de guerriers.
GENGIS.

ON a poussé trop loin le droit de ma conquête.
Que le glaive se cache, & que la mort s'arrête.
Je veux que les vaincus respirent desormais.
J'envoyai la terreur, & j'apporte la paix.
La mort du fils des rois suffit à ma vengeance :
Etouffons dans son sang la fatale semence
Des complots éternels, & des rébellions
Qu'un fantôme de prince inspire aux nations.
Sa famille est éteinte, il vit ; il doit la suivre.
Je n'en veux qu'à des rois, mes sujets doivent vivre.

Cessez de mutiler tous ces grands monumens,
Ces prodiges des arts consacrés par les tems,
Respectez-les : ils sont le prix de mon courage.
Qu'on cesse de livrer aux flammes, au pillage,
Ces archives des loix, ce vaste amas d'écrits,
Tous ces fruits du génie, objets de vos mépris.
Si l'erreur les dicta, cette erreur m'est utile ;
Elle occupe ce peuple, & le rend plus docile.
Octar, je vous destine à porter mes drapeaux
Aux lieux où le soleil renaît du sein des eaux.

A un de ses suivans.

Vous dans l'Inde soumise, humble dans sa défaite,
Soyez de mes décrets le fidèle interprête ;
Tandis qu'en Occident je fais voler mes fils,
Des murs de Samarcande aux bords du Tanaïs.
Sortez : demeure Octar.

D 5

SCENE VI.

GENGIS, OCTAR.

GENGIS.

EH bien ! pouvais-tu croire,
Que le sort m'élevât à ce comble de gloire ?
Je foule aux pieds ce trône ; & je regne en des lieux,
Où mon front avili n'osa lever les yeux.
Voici dont ce palais, cette superbe ville,
Où, caché dans la foule, & cherchant un azile,
J'essuyai les mépris, qu'à l'abri du danger,
L'orgueilleux citoyen prodigue à l'étranger.
On dédaignait un Scythe ; & la honte & l'outrage
De mes vœux mal conçus devinrent le partage.
Une femme ici même a refusé la main
Sous qui depuis cinq ans tremble le genre humain.

OCTAR.

Quoi, dans ce haut degré de gloire & de puissance,
Quand le monde à vos pieds se prosterne en silence,
D'un tel ressouvenir vous seriez occupé !

GENGIS.

Mon esprit, je l'avoue, en fut toujours frappé.
Des affronts attachés à mon humble fortune,
C'est le seul dont je garde une idée importune.
Je n'eus que ce moment de faiblesse & d'erreur :
Je crus trouver ici le repos de mon cœur.
Il n'est point dans l'éclat dont le sort m'environne :
La gloire le promet, l'amour, dit-on, le donne.
J'en conserve un dépit trop indigne de moi :
Mais au moins je voudrais qu'elle connût son roi,
Que son œil entrevît, du sein de la bassesse,
De qui son imprudence outragea la tendresse ;
Qu'à l'aspect des grandeurs qu'elle eût pû partager,
Son desespoir secret servît à me venger.

TRAGEDIE.

OCTAR.

Mon oreille, seigneur, était accoutumée
Aux cris de la victoire & de la renommée,
Au bruit des murs fumans renversés sous vos pas ;
Et non à ces discours que je ne conçois pas.

GENGIS.

Non depuis qu'en ces lieux mon ame fut vaincue,
Depuis que ma fierté fut ainsi confondue,
Mon cœur s'est désormais défendu sans retour
Tous ces vils sentimens qu'ici l'on nomme amour ;
Idamé, je l'avoue, en cette ame égarée,
Fit une impression que j'avais ignorée.
Dans nos antres du nord, dans nos stériles champs,
Il n'est point de beauté qui subjugue nos sens.
De nos travaux grossiers les compagnes sauvages
Partageaient l'âpreté de nos mâles courages.
Un poison tout nouveau me surprit en ces lieux :
La tranquille Idamé le portait dans ses yeux :
Ses paroles, ses traits respiraient l'art de plaire :
Je rends grace au refus qui nourrît ma colère ;
Son mépris dissipa ce charme suborneur,
Ce charme inconcevable & souverain du cœur.
Mon bonheur m'eût perdu ; mon ame toute entière
Se doit aux grands objets de ma vaste carrière.
J'ai subjugué le monde, & j'aurais soupiré !
Ce trait injurieux, dont je fus déchiré,
Ne rentrera jamais dans mon ame offensée.
Je bannis sans regret cette lâche pensée.
Une femme sur moi n'aura point ce pouvoir ;
Je la veux oublier : je ne veux point la voir,
Qu'elle pleure à loisir sa fierté trop rebelle ;
Octar, je vous défends que l'on s'informe d'elle.

OCTAR.

Vous avez en ces lieux des soins plus importans.

GENGIS.

Oui, je me souviens trop de tant d'égaremens.

SCENE VII.
GENGIS, OCTAR, OSMAN.
OSMAN.

La victime, seigneur, allait être égorgée;
Une garde autour d'elle était déja rangée.
Mais un événement, que je n'attendais pas,
Demande un nouvel ordre, & suspend son trépas:
Une femme éperdue, & de larmes baignée,
Arrive, tend les bras à la garde indignée;
Et nous surprenant tous par ses cris forcenés,
Arrêtez, c'est mon fils que vous assassinez.
C'est mon fils, on vous trompe au choix de la victime.
Le désespoir affreux, qui parle & qui l'anime,
Ses yeux, son front, sa voix, ses sanglots, ses cla-
       meurs,
Sa fureur intrépide au milieu de ses pleurs,
Tout semblait annoncer, par ce grand caractère,
Le cri de la nature, & le cœur d'une mère.
Cependant son époux devant nous appellé,
Non moins éperdu qu'elle, & non moins accablé,
Mais sombre & recueilli dans sa douleur funeste,
De nos rois, a-t-il dit, voilà ce qui nous reste;
Frappez; voilà le sang que vous me demandez.
De larmes en parlant ses yeux sont inondés.
Cette femme à ces mots d'un froid mortel saisie,
Long-tems sans mouvement, sans couleur & sans vie,
Ouvrant enfin les yeux d'horreur appesantis,
Dès qu'elle a pu parler a réclamé son fils.
Le mensonge n'a point des douleurs si sincères;
On ne versa jamais de larmes plus amères.
On doute, on examine, & je reviens confus
Demander à vos pieds vos ordres absolus.
GENGIS.
Je saurai démêler un pareil artifice.

TRAGEDIE.

Et qui m'a pu tromper est sûr de son supplice.
Ce peuple de vaincus prétend-il m'aveugler ?
Et veut-on que le sang recommence à couler ?

OCTAR.

Cette femme ne peut tromper votre prudence.
Du fils de l'empereur elle a conduit l'enfance.
Aux enfans de son maître on s'attache aisément.
Le danger, le malheur ajoûte au sentiment.
Le fanatisme alors égale la nature ;
Et sa douleur si vraie ajoûte à l'imposture.
Bientôt de son secret perçant l'obscurité.
Vos yeux dans cette nuit répandront la clarté.

GENGIS.

Quelle est donc cette femme ?

OCTAR.

On dit qu'elle est unie
A l'un de ces lettrés que respectait l'Asie,
Qui trop énorgueillis du faste de leurs loix,
Sur leur vain tribunal osaient braver cent rois.
Leur foule est innombrable ; ils sont tous dans les chaînes ;
Ils connaîtront enfin des loix plus souveraines.
Zamti, c'est-là le nom de cet esclave altier,
Qui veillait sur l'enfant qu'on doit sacrifier.

GENGIS.

Allez intérroger ce couple condamnable ;
Tirez la vérité de leur bouche coupable ;
Que nos guerriers sur-tout, à leur poste fixés,
Veillent dans tous les lieux où je les ai placés ;
Qu'aucun d'eux ne s'écarte : on parle de surprise ;
Les Coréens, dit-on, tentent quelque entreprise :
Vers les rives du fleuve on a vu des soldats.
Nous saurons qu'els mortels s'avancent au trépas,
Et si l'on veut forcer les enfans de la guerre
A porter le carnage aux bornes de la terre.

Fin du second Acte.

ACTE III.

SCENE PREMIERE

GENGIS, OSMAN.

troupes de guerriers.

GENGIS.

A-T-on de ces captifs éclairci l'imposture ?
A-t-on connu leur crime, & vengé mon injure?
Le reste de leur rois, à leur garde commis,
Entre les mains d'Octar est-il enfin remis ?

OSMAN.

Il cherche à pénétrer dans ce sombre mystère.
A l'aspect des tourmens ce Mandarin sévère
Persiste en sa réponse avec tranquillité.
Il semble sur son front porter la vérité.
Son épouse en tremblant nous répond par des larmes.
Sa plainte, sa douleur augmente encor ses charmes,
De pitié, malgré nous, nos cœurs étaient surpris,
Et nous nous étonnions de nous voir attendris.
Jamais rien de si beau ne frappa notre vue.
Seigneur, le croiriez-vous ? cette femme éperdue
A vos sacrés genoux demande à se jetter.
Que le vainqueur des rois daigne enfin m'écouter.
Il pourra d'un enfant protéger l'innocence.
Malgré ses cruautés j'espère en sa clémence ;
Puisqu'il est tout-puissant il sera généreux ;
Pourrait-il rebuter les pleurs des malheureux ?
C'est ainsi qu'elle parle ; & j'ai dû lui promettre

TRAGEDIE.

Qu'à vos pieds en ces lieux vous daignerez l'admettre.
GENGIS.
De ce myſtère enfin je dois être éclairci.

A ſa ſuite.

Oui, qu'elle vienne; allez, & qu'on l'amene ici.
Qu'elle ne penſe pas que par de vaines plaintes,
Des ſoupirs affectés, & quelques larmes feintes,
Aux yeux d'un conquérant on puiſſe en impoſer.
Les femmes de ces lieux ne peuvent m'abuſer.
Je n'ai que trop connu leurs larmes infidelles,
Et mon cœur dès long-tems s'eſt affermi contre elles.
Elle cherche un honneur dont dépendra ſon ſort,
Et vouloir me tromper, c'eſt demander la mort.
OSMAN.
Voilà cette captive à vos pieds amenée.
GENGIS.
Que vois-je ! eſt-il poſſible ? ô ciel ! ô deſtinée !
Ne me trompai-je point ? eſt-ce un ſonge, une erreur ?
C'eſt Idamé ; c'eſt-elle, & mes ſens.....

SCENE II.

GENGIS, IDAMÉ, OCTAR, OSMAN, GARDES.

IDAMÉ.

AH ! ſeigneur,
Tranchez les triſtes jours d'une femme éperdue ;
Vous devez vous venger, je m'y ſuis attendue ;
Mais, ſeigneur, épargnez une enfant innocent.
GENGIS.
Raſſurez-vous ; ſortez de cet effroi preſſant...
Ma ſurpriſe, madame, eſt égale à la vôtre.

Le destin qui fait tout, nous trompa l'un & l'autre;
Les tems sont bien changés : mais si l'ordre des cieux,
D'un habitant du Nord méprisable à vos yeux,
A fait un conquérant, sous qui tremble l'Asie,
Ne craignez rien pour vous ; votre Empereur oublie
Les affronts qu'en ces lieux essuya Témugin.
J'immole à ma victoire, à mon trône, au destin,
Le dernier rejetton d'une race ennemie.
Le repos de l'état me demande sa vie.
Il faut qu'entre mes mains ce dépôt soit livré.
Votre cœur sur un fils doit être rassuré.
Je le prend sous ma garde.

IDAMÉ.

      A peine je respire.

GENGIS.

Mais de la vérité, madame, il faut m'instruire.
Quel indigne artifice ose-t-on m'opposer ?
De vous, de votre époux, qui prétend m'imposer?

IDAMÉ

Ah ! des infortunés épargnez la misère !

GENGIS.

Vous savez si je dois haïr ce téméraire.

IDAMÉ.

Vous seigneur !

GENGIS.

    J'en dis trop, & plus que je ne veux

IDAMÉ.

Ah, rendez-moi, seigneur, un enfant malheureux.
Vous me l'avez promis, sa grace est prononcée.

GENGIS.

Sa grace est dans vos mains : ma gloire est offensée,
Mes ordres méprisés, mon pouvoir avilit ;
En un mot vous savez jusqu'où je suis trahi ;
C'est peu de m'enlever le sang que je demande,
De me désobéir alors que je commande,
Vous êtes dès long-tems instruite à m'outrager ;
Ce n'est pas d'aujourd'hui que je dois me venger.
Votre époux !... ce seul nom le rend assez coupable
Quel est donc ce mortel pour vous si respectable,
Qui sous ses loix, madame, a pu vous captiver ?

TRAGEDIE.

Quel est cet insolent qui pense me braver?
Qu'il vienne.
IDAMÉ.
Mon époux vertueux & fidelle?
Objet infortuné de ma douleur mortelle,
Servit son Dieu, son roi, rendit mes jours heureux.
GENGIS.
Qui?...lui?.... mais depuis quand formâtes-
vous ces nœuds?
IDAMÉ.
Depuis que loin de nous le sort qui vous seconde
Eut entraîné vos pas pour le malheur du monde.
GENGIS.
J'entends, depuis le jour que je fus outragé;
Depuis que de vous deux je dus être vengé;
Depuis que vos climats ont mérité ma haine.

SCENE II.

GENGIS, OCTAR, OSMAN *d'un côté.*
IDAMÉ, ZAMTI *de l'autre*, **GARDES.**

GENGIS.

Parle; as-tu satisfait à ma loi souveraine?
As-tu mis dans mes mains le fils de l'Empereur.
ZAMTI.
J'ai rempli mon devoir, c'en est fait; oui, seigneur.
GENGIS.
Tu sais si je punis la fraude & l'insolence;
Tu sais que rien n'échappe aux coups de ma ven-
geance,
Que si le fils des rois par toi m'est enlevé,
Malgré ton imposture il sera retrouvé,
Que son trépas certain va suivre ton supplice.
A ses gardes.
Mais je le veux bien croire. Allez, & qu'on saisisse.

L'enfant que cet esclave a remis en vos mains.
Frappez.

ZAMTI.
Malheureux père !

IDAMÉ.
Arrêtez, inhumains.
Ah, seigneur, est-ce ainsi que la pitié vous presse ?
Est-ce ainsi qu'un vainqueur sait tenir sa promesse ?

GENGIS.
Est-ce ainsi qu'on m'abuse, & qu'on croit me jouer ;
C'en est trop ; écoutez, il faut tout m'avouer.
Sur cet enfant, madame expliquez-vous sur l'heure.
Instruisez-moi de tout, répondez, ou qu'il meure.

IDAMÉ.
Eh bien, mon fils l'emporte ; & si dans mon malheur
L'aveu que la nature arrache à ma douleur
Est encore à vos yeux une offense nouvelle ;
S'il faut toujours du sang à votre ame cruelle,
Frappez ce triste cœur qui céde à son effroi,
Et sauvez un mortel plus généreux que moi.
Seigneur, il est trop vrai que notre auguste maître,
Qui sans vos seuls exploits n'eut point cessé de l'être,
A remis en mes mains, aux mains de mon époux,
Ce dépôt respectable à tout autre qu'à vous.
Seigneur, assez d'horreurs suivaient votre victoire,
Assez de cruautés ternissaient tant de gloire
Dans des fleuves de sang tant d'innocens plongés.
L'Empereur & sa femme, & cinq fils égorgés,
Le fer de tous côtés dévastant cet empire,
Tous ces champs de carnage auraient dû vous suffire.
Un barbare en ces lieux est venu demander
Ce dépôt précieux que j'aurais dû garder,
Ce fils de tant de rois, notre unique espérance,
A cette ordre terrible, à cette violence,
Mom époux, infléxible en sa fidélité,
N'a vu que son devoir, & n'a point hésité.
Il a livré son fils. La nature outragée
Vainement déchirait son ame partagée ;
Il imposait silence à ses cris douloureux.
Vous deviez ignorer ce sacrifice affreux.

TRAGEDIE.

J'ai dû plus respecter sa fermeté sévère.
Je devais l'imiter ; mais enfin je suis mère.
Mon ame est au-dessous d'un si cruel effort.
Je n'ai pu de mon fils consentir à la mort.
Hélas ! au désespoir que j'ai trop fait paraître,
Une mère aisément pouvait se reconnaître.
Voyez de cet enfant le père confondu,
Qui ne vous a trahi qu'à force de vertu.
L'un n'attend son salut que de son innocence,
Et l'autre est respectable alors qu'il vous offense.
Ne punissez que moi, qui trahis à la fois
Et l'époux que j'admire, & le sang de mes rois.
Digne époux, digne objet de toute ma tendresse !
La pitié maternelle est ma seule faiblesse ;
Mon sort suivra le tien, je meurs si tu péris.
Pardonne-moi du moins d'avoir sauvé ton fils.

ZAMTI.
Je t'ai tout pardonné ; je n'ai plus à me plaindre ;
Pour le sang de mon roi je n'ai plus rien à craindre,
Ses jours sont assurés.

GENGIS.
    Traître, ils ne le sont pas;
Va réparer ton crime, ou subir ton trépas.

ZAMTI.
Le crime est d'obéir à des ordres injustes.
La souveraine voix de mes maîtres augustes
Du sein de leurs tombeaux parle plus haut que toi.
Tu fus notre vainqueur, & tu n'es pas mon roi.
Si j'étais ton sujet, je te serais fidèle.
Arrache-moi la vie, & respecte mon zèle.
Je t'ai livré mon fils, j'ai pu te l'immoler ;
Penses-tu que pour moi je puisse encor trembler ?

GENGIS.
Qu'on l'ôte de mes yeux.

IDAMÉ.
   Ah ! daignez....

GENGIS.
     Qu'on l'entraîne,

IDAMÉ.
Non, n'accablez que moi des traits de votre haine.

L'ORPHELIN DE LA CHINE,

Cruel! qui m'aurait dit que j'aurais par vos coups
Perdu mon Empereur, mon fils & mon époux?
Quoi! votre ame jamais ne peut être amollie!

GENGIS.

Allez, suivez l'époux à qui le sort vous lie.
Est-ce à vous de prétendre encore à me toucher?
Et quel droit avez-vous de me rien reprocher?

IDAMÉ.

Ah! je l'avais prévu; je n'ai plus d'espérance.

GENGIS.

Allez, dis-je, Idamé, si jamais la clémence
Dans mon cœur malgré moi pouvait encore entrer,
Vous sentez quels affronts il faudrait réparer.

SCENE IV.

GENGIS, OCTAR.

GENGIS.

D'Où vient que je gémis? d'où vient que je balance?
Quel Dieu parlait en elle & prenait sa défense?
Est-il dans les vertus, est-il dans la beauté
Un pouvoir au-dessus de mon autorité?
Ah! demeurez, Octar, je me crains, je m'ignore:
Il me faut un ami; je n'en eus point encore;
Mon cœur en a besoin.

OCTAR.
              Puisqu'il faut vous parler,
S'il est des ennemis qu'on vous doive immoler,
Si vous voulez couper d'une race odieuse,
Dans ses derniers rameaux, la tige dangereuse,
Précipitez sa perte; il faut que la rigueur,
Trop nécessaire appui du trône d'un vainqueur,
Frappe sans intervalle un coup sûr & rapide.
C'est un torrent qui passe en son cours homicide;
Le tems ramène l'ordre & la tranquillité;

TRAGEDIE.

Le peuple se façonne à la docilité ;
De ses premiers malheurs l'image est affaiblie ;
Bientôt il les pardonne, & même il les oublie.
Mais lorsque goutte à goutte on fait couler le sang,
Qu'on ferme avec lenteur & qu'on r'ouvre le flanc,
Que les jours renaissans ramènent le carnage,
Le désespoir tient lieu de force & de courage,
Et fait d'un peuple faible un peuple d'ennemis,
D'autant plus dangereux qu'ils étaient plus soumis.

GENGIS.

Quoi ! c'est cette Idamé : quoi ! c'est-là cette esclave !
Quoi ! l'hymen l'a soumise au mortel qui me brave !

OCTAR.

Je conçois que pour elle il n'est point de pitié ;
Vous ne lui devez plus que votre inimitié.
Cet amour, dites-vous qui vous toucha pour elle,
Fut d'un feu passager la légère étincelle.
Ses imprudens refus, la colere & le tems
En ont éteint dans vous les restes languissans.
Elle n'est à vos yeux qu'une femme coupable,
D'un criminel obscur épouse méprisable.

GENGIS.

Il en sera puni ; je le dois, je le veux :
Ce n'est pas avec lui que je suis généreux.
Moi, laisser respirer un vaincu que j'abhorre !
Un esclave ! un rival !

OCTAR.
    Pourquoi vit-il encore ?
Vous êtes tout-puissant, & n'êtes point vengé !

GENGIS.

Juste ciel ! à ce point mon cœur serait changé !
C'est ici que ce cœur connaîtrait les allarmes,
Vaincu par la beauté, désarmé par les larmes,
Dévorant mon dépit, & mes soupirs honteux !
Moi, rival d'un esclave, & d'un esclave heureux !
Je souffre qu'il respire, & cependant on l'aime ;
Je respecte Idamé jusqu'en son époux même :
Je crains de la blesser en enfonçant mes coups
Dans le cœur détesté de cet indigne époux.
Est-il bien vrai que j'aime ? Est-ce moi qui soupire ?

Q'est-ce donc que l'amour ? A-t-il donc tant d'em-
pire ?
OCTAR.
Je n'appris qu'à combattre, à marcher sous vos loix.
Mes chars & mes coursiers, mes fléches, mon carquois,
Voilà mes passions, & ma seule science.
Des caprices du cœur j'ai peu d'intelligence.
Je connais seulement la victoire & nos mœurs ;
Les captives toujours ont suivi leurs vainqueurs.
Cette délicatesse importune, étrangère,
Dément votre fortune & votre caractère.
Et qu'importe pour vous qu'une esclave de plus
Attende en gémissant vos ordres absolus ?
GENGIS.
Qui connaît mieux que moi jusqu'où va ma puissance!
Je puis, je le sai trop, user de violence.
Mais quel bonheur honteux, cruel, empoisonné,
D'assujettir un cœur qui ne s'est point donné,
De ne voir en des yeux, dont on sent les atteintes,
Qu'un nuage de pleurs & d'éternelles craintes,
Et de ne posséder dans sa funeste ardeur
Qu'une esclave tremblante à qui l'on fait horreur!
Les monstres des forêts qu'habitent nos Tartares,
Ont des jours plus sereins, des amours moins barbares.
Enfin, il faut tout dire ; Idamé prit sur moi
Un secret ascendant, qui m'imposait la loi.
Je tremble que mon cœur aujourd'hui s'en souvienne.
J'en étais indigné ; son ame eut sur la mienne,
Et sur mon caractère, & sur ma volonté,
Un empire plus sûr & plus illimité,
Que je n'en ai reçu des mains de la victoire
Sur cent rois détrônés, accablés de ma gloire.
Voilà ce qui tantôt excitait mon dépit.
Je la veux pour jamais chasser de mon esprit ;
Je me rends tout entier à ma grandeur suprême
Je l'oublie, elle arrive, elle triomphe, & j'aime.

SCENE V.

GENGIS, OCTAR, OSMAN.

GENGIS.

EH bien, que résoud-t-elle ? & que m'apprenez-
vous ?
OSMAN.
Elle est prête à périr auprès de son époux,
Plutôt que découvrir l'asile impénétrable
Où leurs soins ont caché cet enfant misérable.
Ils jurent d'affronter le plus cruel trépas.
Son époux la retient tremblante entre ses bras.
Il soutient sa constance, il l'exhorte au supplice.
Ils demandent tous deux que la mort les unisse.
Tout un peuple autour d'eux pleure & frémit d'effroi.
GENGIS.
Idamé, dites-vous, attend la mort de moi ?
Ah ! rassurez son ame, & faites-lui connaître
Que ses jours sont sacrés, qu'ils sont chers à son
maître.
C'en est assez : volez.

SCENE VI.

GENGIS, OCTAR.

OCTAR.

Quels ordres donnez-vous
Sur cet enfant des rois qu'on dérobe à nos coups ?
GENGIS.
Aucun.

L'ORPHELIN DE LA CHINE,

OCTAR.

Vous commandiez que notre vigilance
Aux mains d'Idamé même enlevât son enfance.

GENGIS.

Qu'on attende.

OCTAR.

On pourrait....

GENGIS.

Il ne peut m'échapper.

OCTAR.

Peut-être elle vous trompe.

GENGIS.

Elle ne peut tromper.

OCTAR.

Voulez-vous de ces rois conserver ce qui reste?

GENGIS.

Je veux qu'Idamé vive, ordonne tout le reste.
Va la trouver ; mais non, cher Octar, hâte-toi
De forcer son époux à fléchir sous ma loi.
C'est peu de cet enfant, c'est peu de son supplice ;
Il faut bien qu'il me fasse un plus grand sacrifice.

OCTAR.

Lui ?

GENGIS.

Sans doute, oui, lui-même.

OCTAR.

Et quel est votre espoir ?

GENGIS.

De dompter Idamé, de l'aimer, de la voir,
D'être aimé de l'ingrate, ou de me venger d'elle;
De la punir ; tu vois ma faiblesse nouvelle.
Emporté, malgré moi, par de contraires vœux,
Je frémis, & j'ignore encor ce que je veux.

Fin du troisiéme Acte.

ACTE IV.

SCENE PREMIERE.

GENGIS, Troupe de guerriers Tartares.

Ainsi la liberté, le repos & la paix,
Ce but de mes travaux me fuira pour jamais ?
Je ne puis être à moi ! d'aujourd'hui je commence
A sentir tout le poids de ma triste puissance.
Je cherchais Idamé : je ne vois près de moi
Que ces chefs importuns qui fatiguent leur roi.
A sa suite.
Allez ; au pied des murs hâtez-vous de vous rendre;
L'insolent Coréen ne pourra nous surprendre.
Ils ont proclamé roi cet enfant malheureux :
Et sa tête à la main je marcherai contr'eux.
Pour la dernière fois que Zamti m'obéisse ;
J'ai trop de cet enfant différé le supplice.
Il reste seul.
Allez. Ces soins cruels à mon sort attachés
Gènent trop mes esprits d'un autre soin touchés.
Ce peuple à contenir, ces vainqueurs à conduire,
Des périls à prévoir, des complots à détruire,
Que tout pése à mon cœur en secret tourmenté !
Ah ! je fus plus heureux dans mon obscurité.

SCENE II.

GENCIS OCTAR.

GENGIS.

EH bien, avez-vous vû ce Mandari farouche?

E

OCTAR.

Nul péril ne l'émeut, nul respect ne le touche,
Seigneur; en votre nom j'ai rougi de parler
A ce vil ennemi qu'il fallait immoler.
D'un œil d'indifférence il a vû le supplice;
Il répéte les noms de devoir, de justice;
Il brave la victoire : on dirait que sa voix
Du haut d'un tribunal nous dicte ici des loix.
Confondez avec lui son épouse rebelle.
Ne vous abaissez point à soupirer pour elle;
Et détournez les yeux de ce couple proscrit,
Qui vous ose braver quand la terre obéit.

GENGIS.

Non, je ne reviens point encor de ma surprise.
Quels sont donc ces humains que mon bonheur
    maîtrise ?
Quels sont ces sentimens qu'au fond de nos climats
Nous ignorions encore, & ne soupçonnions pas?
A son roi, qu'il n'est plus, immolant la nature,
L'un voit périr son fils sans crainte & sans murmure,
L'autre pour son époux & prête à s'immoler ;
Rien ne peut les fléchir, rien ne les fait trembler.
Que dis-je ? si j'arrête une vue attentive
Sur cette nation désolée & captive,
Malgré moi je l'admire en lui donnant des fers.
Je vois que ses travaux ont instruit l'univers ;
Je vois un peuple antique, industrieux, immense;
Ses rois sur la sagesse ont fondé leur puissance;
De leurs voisins soumis heureux Législateurs,
Gouvernant sans conquête, & regnant par les mœurs.
Le ciel ne nous donna que la force en partage.
Nos arts sont les combats, détruire est notre ouvrage.
Ah ! de quoi m'ont servi tant de succès divers ?
Quel fruit me revient-il des pleurs de l'univers ?
Nous rougissons de sang le char de la victoire;
Peut-être qu'en effet il est une autre gloire.
Mon cœur est en secret jaloux de leurs vertus,
Et vainqueur je voudrais égaler les vaincus.

OCTAR.

Pouvez-vous de ce peuple admirer la faiblesse?

TRAGEDIE.

Quel mérite ont des arts enfans de la molleſſe,
Qui n'ont pû les ſauver des fers & de la mort?
Le faible eſt deſtiné pour ſervir le plus fort.
Tout céde ſur la terre aux travaux, au courage,
Mais c'eſt vous qui cédez, qui ſouffrez un outrage
Vous qui tendez les mains, malgré votre courroux,
A je ne ſais quels fers inconnus parmi nous;
Vous qui vous expoſez à la plainte importune
De ceux dont la valeur a fait votre fortune.
Ces braves compagnons de vos travaux paſſés
Verront-ils tant d'honneurs par l'amour effacés?
Leur grand cœur s'en indigne, & leurs fronts en
  rougiſſent.
Leurs clameurs juſqu'à vous par ma voix retentiſſent.
Je vous parle en leur nom, comme au nom de l'état
Excuſez un Tartare, excuſez un ſoldat
Blanchi ſous le harnois & dans votre ſervice,
Qui ne peut ſupporter un amoureux caprice,
Et qui montre la gloire à vos yeux éblouis.

GENGIS.
Que l'on cherche Idamé.

OCTAR.
                    Vous voulez....

GENGIS.
                              Obéis.
De ton zèle hardi reprime la rudeſſe;
Je veux que mes ſujets reſpectent ma faibleſſe:

SCENE III.

GENGIS ſeul.

A Mon ſort à la fin je ne puis réſiſter:
  Le ciel me la deſtine, il n'en faut point douter.
Qu'ai-je fait, après tout, dans ma grandeur ſuprême?
J'ai fait des malheureux, & je le ſuis moi-même.
Et de tous ces mortels attachés à mon rang,
Avides de combats, prodigues de leur ſang,
Un ſeul a-t-il jamais, arrêtant ma penſée,

Diſſipé les chagrins de mon ame oppreſſée ?
Tant d'états ſubjugués ont-ils rempli mon cœur ?
Le cœur laſſé de tout demandait une erreur
Qui pût de mes ennuis chaſſer la nuit profonde,
Et qui me conſolât ſur le trône du monde.
Par ſes triſtes conſeils Octar m'a révolté.
Je ne vois près de moi qu'un tas enſanglanté
De monſtres affamés, & d'aſſaſſins ſauvages,
Diſciplinés au meurtre & formés aux ravages.
Ils ſont nés pour la guerre, & non pas pour la Cour ;
Je les prends en horreur, en connaiſſant l'amour.
Qu'ils combattent ſous moi, qu'ils meurent à ma
  ſuite,
Mais qu'ils n'oſent jamais juger de ma conduite.
Idamé ne vient point .... c'eſt elle, je la voi.

SCENE VI.

GENGIS IDAMÉ.

IDAMÉ.

Quoi ! vous voulez jouir encor de mon effroi ?
Ah ! Seigneur, épargnez une femme, une mère
Ne rougiſſez-vous pas d'accabler ma miſère ?
GENGIS.
Ceſſez à vos frayeurs de vous abandonner.
Votre époux peut ſe rendre ; on peut lui pardonner.
J'ai déja ſuſpendu l'effet de ma vengeance,
Et mon cœur pour vous ſeule a connu la clemence.
Peut-être ce n'eſt pas ſans un ordre des cieux,
Que mes proſpérités m'ont conduit à vos yeux.
Peut-être le deſtin voulut vous faire naître
Pour fléchir un vainqueur, pour captiver un maître,
Pour adoucir en moi cet âpre dureté
Des climats où mon ſort en naiſſant m'a jetté.
Vous m'entendez ; je regne, & vous pourriez re-
  prendre

TRAGEDIE.

Un pouvoir que fur moi vous deviez peu prétendre.
Le divorce en un mot par mes loix eft permis;
Et le vainqueur du monde à vous feule eft foumis.
S'il vous fut odieux, le trône a quelques charmes;
Et le bandeau des rois peut effuyer des larmes.
L'intérêt de l'état & de vos citoyens
Vous preffe autant que moi de former ces liens.
Ce langage fans doute a de quoi vous furprendre.
Sur les débris fumans des trônes mis en cendre,
Le deftructeur des rois dans la poudre oubliés;
Semblait n'être plus fait pour fe voir à vos pieds
Mais fachez qu'en ces lieux votre foi fut trompée
Par un rival indigne elle fut ufurpée,
Vous la devez, madame, au vainqueur des humains.
Témugin vient à vous vingt fceptres dans les mains.
Vous baiffez vos regards; & je ne puis comprendre,
Dans vos yeux interdits, ce que je dois attendre.
Oubliez mon pouvoir, oubliez ma fierté;
Pefez vos intérêts, parlez en liberté.

IDAMÉ.

A tant de changemens tour à tour condamnée,
Je ne le céle point, vous m'avez étonnée.
Je vais, fi je le peux, reprendre mes efprits;
Et quand je répondrai, vous ferez plus furpris.
Il vous fouvient du tems & de la vie obfcure,
Où le ciel enfermait votre grandeur future.
L'effroi des nations n'était que Témugin;
L'univers n'était pas, feigneur, en votre main:
Elle était pure alors, & me fut préfentée.
Apprenez qu'en ce tems je l'aurais acceptée.

GENGIS.

Ciel! que m'avez-vous dit! ô ciel! vous m'aimeriez?
Vous!

IDAMÉ.

J'ai dit que ces vœux que vous me préfentiez,
N'auraient point révolté mon ame affujettie,
Si les fages mortels, à qui j'ai dû la vie,
N'avaient fait à mon cœur un contraire devoir.
De nos parens fur nous vous favez le pouvoir:
Du Dieu que nous fervons ils font la vive image;

E 3

Nous leur obéissons en tout tems, à tout âge.
Cet empire détruit, qui dût être immortel,
Seigneur, était fondé sur le droit paternel,
Sur la foi de l'hymen, sur l'honneur, la justice,
Le respect des sermens ; & s'il faut qu'il périsse,
Si le sort l'abandonne à vos heureux forfaits,
L'esprit qui l'anima ne perira jamais.
Vos destins sont changés, mais le mien ne peut l'être.

GENGIS.

Quoi ! vous m'auriez aimé !

IDAMÉ.

C'est à vous de connaître,
Que ce serait encore une raison de plus.
Pour n'attendre de moi qu'un éternel refus.
Mon hymen est un nœud formé par le ciel même ;
Mom époux m'est sacré ; je dirai plus, je l'aime.
Je le préfère à vous, au trône, à vos grandeurs.
Pardonnez mon aveu, mais respectez nos mœurs.
Ne pensez pas non plus que je mette ma gloire
A remporter sur vous cet illustre victoire,
A braver un vainqueur, à tirer vanité
De ces justes refus qui ne m'ont point coûté.
Je remplis mon devoir, & je me rends justice ;
Je ne fais point valoir un pareil sacrifice.
Portez ailleurs les dons que vous me proposez,
Détachez-vous d'un cœur qui les a méprisés ;
Et puisqu'il faut toujours qu'Idamé vous implore,
Permettez qu'à jamais mon époux les ignore.
De ce faible triomphe il serait moins flatté,
Qu'indigné de l'outrage à ma fidélité.

GENGIS.

Il sait mes sentimens ; madame, il faut les suivre ;
Il s'y conformera, s'il aime encore à vivre.

IDAMÉ.

Il en est incapable ; & si dans les tourmens
La douleur égarait ses nobles sentimens,
Si son ame vaincue avait quelque mollesse,
Mon devoir & ma foi soutiendraient sa faiblesse.
De son cœur chancelant je deviendrais l'appui,
En atteftant des nœuds deshonorés par lui.

TRAGEDIE.

GENGIS.
Ce que je viens d'entendre, ô dieux ! est-il croyable !
Quoi ! lorsqu'en vers vous même il s'est rendu coupable,
Lorsque sa cruauté, par un barbare effort,
Vous arrachant un fils, l'a conduit à la mort !

IDAMÉ.
Il eut une vertu, seigneur, que je revère ;
Il pensait en héros, je n'agissais qu'en mère.
Et si j'étais injuste assez pour le haïr,
Je me respecte assez pour ne le point trahir.

GENGIS.
Tout m'étonne dans vous ; mais aussi tout m'outrage
J'adore avec dépit cet excès de courage.
Je vous aime encor plus quand vous me résistez,
Vous subjuguez mon cœur, & vous le révoltez.
Redoutez-moi ; sachez que malgré ma faiblesse,
Ma fureur peut aller plus loin que ma tendresse.

IDAMÉ.
Je sais qu'ici tout tremble, ou périt sous vos coups.
Les loix vivent encore, & l'emportent sur vous.

GENGIS.
Les loix ! il n'en est plus : quelle erreur obstinée
Ose les alléguer contre ma destinée ?
Il n'est ici de loix que celles de mon cœur,
Celles d'un souverain, d'un Scythe, d'un vainqueur.
Les loix que vous suivez m'ont été trop fatales.
Oui, lorsque dans ces lieux nos fortunes égales,
Nos sentimens, nos cœurs l'un vers l'autre emportés
(Car je le crois ainsi malgré vos cruautés)
Quand tout nous unissait, vos loix, que je déteste,
Ordonnèrent ma honte & votre hymen funeste.
Je les anéantis ; je parle ; c'est assez ;
Imitez l'univers, madame, obéissez.
Vos mœurs que vous vantez, vos usages austères,
Sont un crime à mes yeux quand ils me sont contraires.
Mes ordres sont donnés ; & votre indigne époux
Doit remettre en mes mains votre empereur & vous
Leurs jours me repondront de votre obéissance.

E 4

Pensez-y, vous savez jusqu'où va ma vengeance
Et songez à quel prix vous pouvez désarmer
Un maître qui vous aime, & qui rougit d'aimer.

SCENE V.

IDAMÉ, ASSÉLI.

IDAMÉ.

IL me faut donc choisir leur perte ou l'infamie
O pur sang de mes rois ! ô moitié de ma vie !
Cher époux, dans mes mains quand je tiens votre sort,
Ma voix sans balancer vous condamne à la mort.

ASSÉLI.

Ah ! reprenez plutôt cet empire suprême
Qu'aux beautés, aux vertus attache le ciel même;
Ce pouvoir qui soumit ce Scythe furieux
Aux loix de la raison qu'il lisait dans vos yeux;
Un seul mot quelquefois désarme la colère.
Que ne pouvez-vous point, puisque vous savez plaire ?

IDAMÉ.

Dans l'état où je suis, c'est un malheur de plus.

ASSÉLI.

Vous seule adouciriez le destin des vaincus.
Dans nos calamités, le ciel, qui vous seconde,
veut vous opposer seule à ce tyran du monde.
Vous avez vû tantôt son courage irrité
Se dépouiller pour vous de sa férocité.
Il aurait dû cent fois, il devrait même encore
Perdre dans votre époux un rival qu'il abhorre.
Zamti pourtant respire après l'avoir bravé;
A son épouse encore il n'est point enlevé;
On vous respecte en lui ; ce vainqueur sanguinaire
Sur les débris du monde a craint de vous déplaire;

Enfin souvenez-vous que dans ces mêmes lieux
Il sentit le premier le pouvoir de vos yeux;
Son amour autrefois fut pur & légitime.
IDAMÉ.
Arrête ; il ne l'est plus ; y penser est un crime.

SCENE VI.

ZAMTI, IDAMÉ, ASSELI.

IDAMÉ

AH! dans ton infortune, & dans mon désespoir,
Suis-je encor ton épouse, & peux-tu me revoir?
ZAMTI.
On le veut : du tyran tel est l'ordre funeste;
Je dois a ses fureurs ce moment qui me reste.
IDAMÉ
On t'a dit à quel prix ce tyran daigne enfin
Sauver tes tristes jours & ceux de l'Orphelin?
ZAMTI.
Ne parlons pas des miens, laissons notre infortune.
Un citoyen n'est rien dans la perte commune :
Il doit s'anéantir. Idamé, souviens-toi
Que mon devoir unique est de sauver mon roi ;
Nous lui devions nos jours, nos service, notre être,
Tout jusqu'au sang d'un fils qui nâquit pour son maître ;
Mais l'honneur est un bien que nous ne devons pas.
Cependant l'Orphelin n'attend que le trépas ;
Mes soins l'ont enfermé dans ces aziles sombres,
Où des rois ses ayeux on révère les ombres;
La mort, si nous tardons, l'y dévore avec eux.
En vain des Coréens le prince généreux
Attend ce cher dépôt que lui promit mon zèle,
Etan de son salut ce ministre fidèle.

E 5

L'ORPHELIN DE LA CHINE,

Etan, ainsi que moi, se voit chargé de fers.
Toi seule à l'Orphelin restes dans l'univers.
C'est à toi maintenant de conserver sa vie,
Et ton fils, & ta gloire à mon honneur unie.

IDAMÉ.
Ordonne, que veux-tu ? que faut-il ?

ZAMTI.
m'oublier,
Vivre pour ton pays, lui tout sacrifier.
Ma mort en éteignant les flambeaux d'hymenée
Est un arrêt des cieux qui fait ta destinée;
Il n'est plus d'autres soins, ni d'autres loix pour
    nous.
L'honneur d'être fidèle aux cendres d'un époux
Ne saurait balancer une gloire plus belle;
C'est au prince, à l'état qu'il faut être fidèle.
Remplissons de nos rois les ordres absolus.
Je leur donnai mon fils, je leur donne encor plus.
Libre par mon trépas, enchaîne ce tartare;
Eteins sur mon tombeau les foudres du barbare.
Je commence à sentir la mort avec horreur,
Quand ma mort t'abandonne à cet usurpateur.
Je fais en frémissant ce sacrifice impie,
Mais mon devoir l'épure, & mon trépas l'expie;
Il était nécessaire autant qu'il est affreux.
Idamé, sers de mère à ton roi malheureux.
Regne, que ton roi vive, & que ton époux meure.
Regne, dis-je, à ce prix : oui, je le veux...

IDAMÉ.
demeure,
Me connais-tu ? veux-tu que ce funeste rang
Soit le prix de ma honte, & le prix de ton sang ?
Penses-tu que je sois moins épouse que mère ?
Tu t'abuses, cruel, & ta vertu sévére
A commis contre toi deux crimes en un jour,
Qui font frémir tous deux la nature & l'amour.
Barbare envers ton fils & plus envers moi-même,
Ne te souvient-il plus qui je suis, & qui t'aime ?
Crois-moi ; dans nos malheurs il est un sort plus
    beau,

TRAGEDIE. 107

Un plus noble chemin pour descendre au tombeau.
Soit amour, soit mépris, le tyran qui m'offense,
Sur moi, sur mes desseins, n'est pas en défiance.
Dans ces ramparts fumans & de sang abreuvés,
Je suis libre, & mes pas ne sont point observés,
Le chef de Coréens s'ouvre un secret passage
Non loin de ces tombeaux, où ce précieux gage
A l'œil qui le poursuit fut caché par tes mains.
De ces tombeaux sacrés je sais tous les chemins;
Je cours y ranimer sa languissante vie.
Le rendre aux défenseurs armés pour la patrie,
Le porter en mes bras dans leur rangs belliqueux,
Comme un présent d'un dieu qui combat avec eux.
Nous mourrons, je le sais; mais tout couverts de
    gloire.
Nous laisserons de nous une illustre mémoire,
Mettons nos noms obscurs au rang des plus grands
    noms,
Et juges si mon cœur a suivi tes leçons.

ZAMTI.

Tu l'inspires, grand dieu; que ton bras la sou-
   tienne !
Idamé, ta vertu l'emporte sur la mienne.
Toi seule as mérité que les cieux attendris
Daignent sauver par toi ton prince & ton pays.

Fin du quatriéme acte.

ACTE V.

SCENE PREMIERE
IDAMÉ, ASSELI.

ASSELI.

Quoi ! rien n'a résisté ! tout a fui sans retour !
Quoi, je vous vois deux fois sa captive en un
   jour !

E 6

Fallait-il affronter ce conquérant sauvage ?
Sur les faibles mortels il a trop d'avantage.
Une femme, un enfant, des guerriers sans vertu,
Que pouviez-vous ? hélas !

IDAMÉ.

J'ai fait ce que j'ai dû ;
Tremblante pour mon fils, sans force, inanimée,
J'ai porté dans mes bras l'Empereur à l'armée.
Son aspect a d'abord animé les soldats,
Mais Gengis a marché, la mort suivait ses pas,
Et des enfans du Nord la horde ensanglantée,
Aux fers, dont je sortais, soudain m'a rejettée.
C'en est fait.

ASSELI.

Ainsi donc ce malheureux enfant
Retombe entre ses mains ; & meurt presque en naissant :
Votre époux avec lui termine sa carrière.

IDAMÉ

L'un & l'autre bientôt voit son heure dernière.
Si l'arrêt de la mort n'est point porté contre eux,
C'est pour leur préparer des tourmens plus affreux.
Mon fils, ce fils si cher, va les suivre peut-être.
Devant ce fier vainqueur il m'a fallu paraître,
Tout fumant de carnage, il m'a fait appeler
Pour jouir de mon trouble & pour mieux m'acabler.
Ses regards inspiraient l'horreur & l'épouvante.
Vingt fois il a levé sa main toute sanglante
Sur le fils de mes rois, sur mon fils malheureux.
Je me suis en tremblant jettée au-devant d'eux.
Toute en pleurs à ses pieds je me suis prosternée ;
Mais lui me repoussant d'une main forcenée,
La menace à la bouche, & détournant les yeux,
Il est sorti pensif, & rentré furieux ;
Et s'adressant aux siens d'une voix oppressée,
Il leur criait vengeance, & changeait de pensée ;
Tandis qu'autour de lui ses barbares soldats
Semblaient lui demander l'ordre de mon trépas.

ASSELI.

Pensez-vous qu'il donnât un ordre si funeste ?

TRAGEDIE.

Il laisse vivre encor votre époux qu'il déteste;
L'Orphelin aux bourreaux n'est point abandonné.
Daignez demander grace, & tout est pardonné.

IDAMÉ.
Non, ce féroce amour est tourné tout en rage.
Ah! si tu l'avais vu redoubler mon outrage,
M'assurer de sa haine, insulter à mes pleurs!

ASSELI.
Et vous doutez encor d'asservir ses fureurs!
Ce lion subjugué, qui rugit dans sa chaîne,
S'il ne vous aimait pas, parlerait moins de haine.

IDAMÉ.
Qu'il m'aime ou me haïsse, il est tems d'achever
Des jours que sans horreur je ne puis conserver.

ASSELI.
Ah! que résolvez-vous?

IDAMÉ.
    Quand le ciel en colère
De ceux qu'il persécute a comblé la misére,
Il les soutient souvent dans le sein des douleurs,
Et leur donne un courage égal à leurs malheurs.
J'ai pris dans l'horreur même où je suis parvenue,
Une force nouvelle à mon cœur inconnue.
Va, je ne craindrai plus ce vainqueur des humains;
Je dépendrai de moi, mon sort est dans mes mains.

ASSELI.
Mais ce fils, cet objet de crainte & de tendresse,
L'abandonnerez-vous?

IDAMÉ.
    Tu me rends ma faiblesse,
Tu me perces le cœur. Ah! sacrifice affreux!
Que n'avais je point fait pour ce fils malheureux!
Mais Gengis, après tout, dans sa grandeur altiére,
Environné de rois couchés dans la poussière,
Ne recherchera point un enfant ignoré,
Parmi les malheureux dans la foule égaré;
Ou peut-être il verra d'un regard moins sévère
Cet enfant innocent dont il aima la mère.
A cet espoir au moins mon triste cœur se rend;
C'est une illusion que j'embrasse en mourant.

Haïra-t-il ma cendre après m'avoir aimée ?
Dans la nuit de la tombe en serai-je opprimée ?
Poursuivra-t-il mon fils ?

SCENE II.
IDAMÉ, ASSELI, OCTAR.
OCTAR.

Idamé, demeurez:
Attendez l'Empereur en ces lieux retirés.
A sa suite.
Veillez sur ces enfans ; & vous à cette porte,
Tartares, empêchez qu'aucun n'entre & ne sorte.
A Asseli.
Eloignez-vous.

IDAMÉ.
Seigneur, il veut encor me voir.
J'obéis, il le faut, je céde à son pouvoir.
Si j'obtenais du moins, avant de voir mon maître,
Qu'un moment à mes yeux mon époux pût paraître,
Peut-être du vainqueur les esprits ramenés
Rendraient enfin justice à deux infortunés.
Je sens que je hasarde une prière vaine.
La victoire est chez vous implacable, inhumaine.
Mais enfin la pitié, seigneur, en vos climats,
Est-elle un sentiment qu'on ne connaisse pas ?
Et ne puis-je implorer votre voix favorable ?

OCTAR.
Quand l'arrêt est porté, qui conseille est coupable.
Vous n'êtes plus ici sous vos antiques rois,
Qui laissent désarmer la rigueur de leurs loix.
D'autres tems, d'autres mœurs : ici regnent les armes ;
Nous ne connaissons point les prières, les larmes,
On commande, & la terre écoute avec terreur.
Demeurez, attendez l'ordre de l'Empereur.

SCENE III.
IDAMÉ *seule.*

Dieu des infortunés, qui voyez mon outrage,
Dans ces extrémités soutenez mon courage.
Versez du haut des cieux, dans ce cœur consterné,
Les vertus de l'époux que vous m'avez donné.

SCENE IV.
GENGIS-KAN, IDAMÉ, OCTAR, GARDES.
GENGIS.

Non, je n'ai point assez déployé ma colère,
Assez humilié votre orgueil téméraire,
Assez fait de reproche aux infidélités
Dont votre ingratitude a payé mes bontés.
Vous n'avez pas conçu l'excès de votre crime,
Ni tout votre danger, ni l'horreur qui m'anime ;
Vous que j'avais aimée, & que je dus haïr ;
Vous qui me trahissiez, & que je dois punir.
IDAMÉ.
Ne punissez que moi ; c'est la grace dernière
Que j'ose demander à la main meurtrière
Dont j'espérais en vain fléchir la cruauté.
Eteignez dans mon sang votre inhumanité.
Vengez-vous d'une femme à son devoir fidelle :
Finissez ses tourmens.
GENGIS.
     Je ne le puis, cruelle :
Les miens sont plus affreux : je les veux terminer.
Je viens pour vous punir ; je puis tout pardonner.
Moi pardonner ?... à vous !.... non, craignez ma
  vengeance.

Je tiens le fils des rois, le vôtre en ma puissance.
De votre indigne époux je ne vous parle pas ;
Depuis que vous l'aimez, je lui dois le trépas.
Il me trahit, me brave, il ose être rebelle.
Mille morts punissaient sa fraude criminelle ;
Vous retenez mon bras, & j'en suis indigné.
Oui, jusqu'à ce moment le traître est épargné.
Mais je ne prétends plus supplier ma captive.
Il le faut oublier, si vous voulez qu'il vive.
Rien n'excuse à présent votre cœur obstiné :
Il n'est plus votre époux puisqu'il est condamné.
Il a péri pour vous ; votre chaîne odieuse
Va se rompre à jamais par une mort honteuse.
C'est vous qui m'y forcez ; & je ne conçois pas
Le scrupule insensé qui le livre au trépas.
Tout couvert de son sang, je devrais sur sa cendre,
A mes vœux absolus vous forcer de vous rendre.
Mais sachez qu'un barbare, un Scythe, un destruc-
    teur,
A quelques sentimens dignes de votre cœur.
Le destin, croyez-moi, nous devait l'un à l'autre ;
Et mon ame a l'orgueil de regner sur la vôtre.
Abjurez votre hymen ; & dans le même tems
Je place votre fils au rang de mes enfans.
Vous tenez dans vos mains plus d'une destinée ;
Du rejetton des rois l'enfance condamnée,
Votre époux qu'à la mort un mot peut arracher,
Les honneurs les plus hauts tout prêts à le chercher,
Le destin de son fils, le vôtre, le mien même :
Tout dépendra de vous, puisqu'enfin je vous aime.
Oui je vous aime encor ; mais ne présumez pas
D'armer contre mes vœux l'orgueil de vos appas.
Gardez-vous d'insulter à l'excès de faiblesse
Que déja mon courroux reproche à ma tendresse ;
C'est un danger pour vous que l'aveu que je fais.
Tremblez de mon amour, tremblez de mes bienfaits.
Mon ame à la vengeance est trop accoutumée ;
Et je vous punirais de vous avoir aimée.
Pardonnez : je menace encore en soupirant.
Achevez d'adoucir ce courroux qui se rend.

TRAGEDIE.

Vous ferez d'un seul mot le sort de cet empire :
Mais ce mot important, madame, il faut le dire.
Prononcez sans tarder, sans feinte, sans détour,
Si je vous dois enfin ma haine ou mon amour.

IDAMÉ.

L'une & l'autre aujourd'hui serait trop condamnable ;
Votre haine est injuste, & votre amour coupable.
Cet amour est indigne & de vous & de moi ;
Vous me devez justice ; & si vous êtes roi,
Je la veux, je l'attends pour moi contre vous-même.
Je suis loin de braver votre grandeur suprême ;
Je la rappelle en vous lorsque vous l'oubliez :
Et vous-même en secret vous me justifiez.

GENGIS.

Eh bien, vous le voulez ; vous choisissez ma haine :
Vous l'aurez ; & déja je la retiens à peine.
Je ne vous connais plus ; & mon juste courroux
Me rend la cruauté que j'oubliais pour vous.
Votre époux, votre prince, & votre fils, cruelle ;
Vont payer de leur sang votre fierté rebelle.
Ce mot que je voulais les a tous condamnés.
C'en est fait, & c'est vous qui les assassinez.

IDAMÉ.

Barbare !

GENGIS.

Je le suis ; j'allais cesser de l'être.
Vous aviez un amant, vous n'avez plus qu'un maître
Un ennemi sanglant, féroce, sans pitié,
Dont la haine est égale à votre inimitié.

IDAMÉ.

Eh bien, je tombe aux pieds de ce maître sévère.
Le ciel l'a fait mon roi ; seigneur, je le révère ;
Je demande à genoux une grace de lui.

GENGIS.

Inhumaine, est-ce à vous d'en attendre aujourd'hui ?
Levez-vous : je suis prêt encore à vous entendre.
Pourrai-je me flatter d'un sentiment plus tendre ?
Que voulez-vous : parlez.

IDAMÉ

Seigneur, qu'il soit permis

Qu'en secret mon époux près de moi soit admis,
Que je lui parle.
GENGIS.
Vous !
IDAMÉ.
Ecoutez ma prière.
Cet entretien sera ma ressource dernière.
Vous jugerez après si j'ai dû résister.
GENGIS.
Non, ce n'était pas lui qu'il fallait consulter :
Mais je veux bien encor souffrir cette entrevue.
Je crois qu'à la raison son ame afin rendue,
N'osera plus prétendre à cet honneur fatal
De me désobéir, & d'être mon rival.
Il m'enleva son prince, il vous a possédée.
Que de crimes ! sa grace est encore accordée ;
Qu'il la tienne de vous : qu'il vous doive son sort :
Présentez à ses yeux le divorce ou la mort.
Oui, j'y consens. Octar, veillez à cette porte.
Vous, suivez-moi. Quel soin m'abaisse & me transporte !
Faut-il encore aimer ? est-ce là mon destin ?

Il sort.

IDAMÉ *seule*.
Je renais, & je sens s'affermir dans mon sein
Cette intrépidité dont je doutais encore.

SCENE V.
ZAMTI, IDAMÉ.
IDAMÉ.

O Toi, qui me tiens lieu de ce ciel que j'implore,
Mortel plus respectable, & plus grand à mes yeux
Que tous ces conquérans dont l'homme a fait des dieux :
L'horreur de nos destins ne t'est que trop connue ;
La mesure est comblée, & notre heure est venue.

TRAGEDIE.

ZAMTI.

Je le sai.

IDAME.

C'est en vain que tu voulus deux fois
Sauver le rejetton de nos malheureux rois.

ZAMTI.

Il n'y faut plus penser, l'espérance est perdue.
De tes devoirs sacrés tu remplis l'étendue.
Je mourrai consolé.

IDAME.

Que deviendra mon fils ?
Pardonne encor ce mot à mes sens attendris :
Pardonne à ces soupirs ; ne vois que mon courage.

ZAMTI.

Nos rois sont au tombeau, tout est dans l'esclavage.
Va, crois-moi, ne plaignons que les infortunés,
Qu'à respirer encor le ciel a condamnés.

IDAME.

La mort la plus honteuse est ce qu'on te prépare.

ZAMTI.

Sans doute : & j'attendais les ordres du barbare.
Ils ont tardé long-tems.

IDAME.

Eh bien, écoute-moi !
Ne saurons-nous mourir que par l'ordre d'un roi !
Les taureaux aux autels tombent en sacrifice ;
Les criminels tremblans sont traînés au supplice ;
Les mortels généreux disposent de leur sort.
Pourquoi des mains d'un maître attendre ici la mort.
L'homme était-il donc né pour tant de dépendance.
De nos voisins altiers imitons la constance.
De la nature humaine ils soutiennent les droits,
Vivent libres chez eux, & meurent à leur choix.
Un affront leur suffit pour sortir de la vie,
Et plus que le néant ils craignent l'infamie.
Le hardi Japonnois n'attend pas qu'au cercueil
Un Despote insolent le plonge d'un coup d'œil,
Nous avons enseigné ces braves insulaires :
Apprenons d'eux enfin des vertus nécessaires ;
Sachons mourir comme eux.

ZAMTI.

Je t'approuve ; & je crois
Que le malheur extrême est au-dessus des loix.
J'avais déja conçu tes desseins magnanimes ;
Mais seuls & désarmés, esclaves & victimes,
Courbés sous nos tyrans, nous attendons leurs coups.

IDAMÉ *en tirant un poignard.*

Tiens, sois libre avec moi ; frappe, & délivre-nous.

ZAMTI.

Ciel !

IDAMÉ.

Déchire ce sein, ce cœur qu'on deshonore.
J'ai tremblé que ma main, mal affermie encore,
Ne portât sur moi-même un coup mal assuré.
Enfonce dans ce cœur un bras moins égaré ;
Immole avec courage une épouse fidelle ;
Tout couvert de mon sang, tombe, & meurs auprès
d'elle.
Qu'à mes derniers momens j'embrasse mon époux ;
Que le tyran le voye, & qu'il en soit jaloux.

ZAMTI.

Grace au ciel jusqu'au bout ta vertu persévère.
Voilà de ton amour la marque la plus chère.
Digne épouse, reçois mes éternels adieux ;
Donne ce glaive, donne, & détourne les yeux.

IDAMÉ *en lui donnant le poignard.*

Tiens, commence par moi : tu le dois, tu balances !

ZAMTI.

Je ne puis.

IDAMÉ.

Je le veux.

ZAMTI.

Je frémis.

IDAMÉ.

Tu m'offenses,
Frappe, & tourne sur toi tes bras ensanglantés.

ZAMTI.

Eh bien, imite-moi.

IDAMÉ *lui saisissant le bras.*

Frappe, dis-je....

TRAGEDIE.

SCENE VI.
GENGIS, OCTAR. IDAMÉ, ZAMTI GARDES.

GENGIS *accompagné de ses gardes, & désarmant Zamti.*

Arrêtez.
Arrêtez, malheureux ! ô ciel ! qu'alliez-vous faire ?
IDAMÉ.
Nous délivrer de toi, finir notre misère,
A tant d'atrocités dérober notre sort.
ZAMTI.
Veux-tu nous envier jusques à notre mort ?
GENGIS.
Oui.... Dieu, maître des rois, à qui mon cœur
    s'adresse,
Témoin de mes affronss, témoin de ma faiblesse,
Toi, qui mis à mes pieds tant d'états, tant de rois,
Deviendrai-je à la fin digne de mes exploits !
Tu m'outrages, Zamti, tu l'emportes encore
Dans un cœur né pour moi, dans un cœur que j'adore;
Ton épouse à mes yeux, victime de sa foi,
Veut mourir de ta main plutôt que d'être à moi.
Vous apprendrez tous deux à souffrir mon empire,
Peut-être à faire plus.
IDAMÉ.
    Que prétends-tu nous dire ?
ZAMTI.
Quel-est ce nouveau trait de l'inhumanité ?
IDAMÉ.
D'où vient que notre arrêt n'est pas encore porté ?
GENGIS.
Il va l'être, madame, & vous allez l'apprendre.
Vous me rendiez justice, & je vais vous la rendre;

A peine dans ces lieux je crois ce que j'ai vu.
Tous deux je vous admire, & vous m'avez vaincu.
Je rougis sur le trône, où m'a mis la victoire,
D'être au-dessous de vous au milieu de ma gloire.
En vain par mes exploits j'ai su me signaler :
Vous m'avez avili ; je veux vous égaler.
J'ignorais qu'un mortel pût se dompter lui-même ;
Je l'apprends ; je vous dois cette gloire suprême.
Jouissez donc de l'honneur d'avoir pu me changer.
Je viens vous réunir ; je viens vous protéger.
Veillez, heureux époux, sur l'innocente vie
De l'enfant de vos rois, que ma main vous confie.
Par le droit des combats j'en pouvais disposer :
Je vous remets ce droit dont j'allais abuser.
Croyez qu'à cet enfant heureux dans sa misère,
Ainsi qu'à votre fils, je tiendrai lieu de père.
Vous verrez si l'on peut se fier à ma foi.
Je fus un conquérant, vous m'avez fait un roi.

A Zamti.

Soyez ici des loix l'interprète suprême ;
Rendez leur ministère aussi saint que vous même ;
Enseignez la raison, la justice & les mœurs.
Que les peuples vaincus gouvernent les vainqueurs.
Que la sagesse regne & préside au courage.
Triomphez de la force ; elle vous doit hommage.
J'en donnerai l'exemple, & votre souverain
Se soumet à vos loix les armes à la main.

IDAME.
Ciel ! que viens-je d'entendre ? hélas ! puis-je vous croire ?

ZAMTI.
Etes-vous digne enfin, seigneur, de votre gloire ?
Ah ! vous ferez aimer votre joug aux vaincus.

IDAME.
Qui put vous inspirer ce dessein ?

GENGIS.
Vos vertus.

Fin du cinquiéme & dernier Acte.

LETTRE
A M. J. J. R. C. D. G.

J'AI reçû, monsieur, votre nouveau livre contre le genre humain ; je vous en remercie. Vous plairez aux hommes à qui vous dites leurs vérités, & vous ne les corrigerez pas. On ne peut peindre avec des couleurs plus fortes les horreurs de la société humaine, dont notre ignorance & notre faiblesse se promettent tant de consolations. On n'a jamais tant employé d'esprit à vouloir nous rendre bêtes. Il prend envie de marcher à quatre pattes quand on lit votre ouvrage. Cependant, comme il y a plus de soixante ans que j'en ai perdu l'habitude, je sens malheureusement qu'il m'est impossible de la reprendre ; & je laisse cette allure naturelle à ceux qui en sont plus dignes que vous & moi. Je ne peux non plus m'embarquer pour aller trouver les Sauvages du Canada ; premièrement, parce que les maladies dont je suis accablé me retiennent auprès du plus grand médecin de l'Europe, & que je ne trouverais pas les mêmes secours chez les Missouris : secondement, parce que la guerre est portée dans ces pays-là, & que les exemples de nos nations ont rendu les Sauvages presque aussi méchans que nous. Je me borne à être un Sauvage paisible dans la solitude que j'ai choisie auprès de votre patrie, où vous êtes tant desiré.

Je conviens avec vous que les belles-lettres & les sciences ont causé quelquefois beaucoup de mal. Les ennemis du *Tasse* firent de sa vie un tissu de malheurs, ceux de *Galilée* le firent gémir dans les prisons à soixante & dix ans, pour avoir connu le mouvement de la terre ; & ce qu'il y a de plus honteux, c'est qu'ils l'obligèrent à se retracter. Vous savez quelles traverses vos amis essuyèrent quand ils commencèrent cet ouvrage, aussi utile qu'immense, de l'Enciclopédie, auquel vous avez tant contribué.

Si j'osais me compter parmi ceux dont les travaux n'ont eu que la persécution pour récompense, je vous ferais voir des gens acharnés à me perdre, du jour que je donnai la Tragédie d'*Œdipe*; une bibliothéque de calomnies imprimées contre moi; un homme qui m'avait des obligations assez connues, me payant de mon service par vingt libelles; un autre, beaucoup plus coupable encore, faisant imprimer mon propre ouvrage du *Siécle de Louis XIV*. avec des notes dans lesquelles la plus crasse ignorance vomit les plus infâmes impostures : un autre qui vend à un Libraire quelques chapitres d'une prétendue *Histoire universelle* sous mon nom, le Libraire assez avide pour imprimer ce tissu informe de bévues, de fausses dattes, de faits & de noms estropiés; & enfin des hommes assez injustes pour m'imputer la publication de cette rapsodie. Je vous ferais voir la Société infectée de ce nouveau genre d'hommes inconnus à toute l'antiquité, qui ne pouvant embrasser une profession honnête, soit de manœuvre, soit de laquais, & sachant malheureusement lire & écrire, se font courtiers de Littérature, vivent de nos ouvrages, volent des manuscrits, les défigurent & les vendent. Je pourrais me plaindre que des fragmens d'une plaisanterie faite il y a près de trente ans, sur le même sujet que *Chapelin* eut la bétise de traiter sérieusement, courent aujourd'hui le monde par l'infidélité & l'avarice de ces malheureux qui ont mêlé leurs grossiertés à ce badinage, qui en ont rempli les vuides avec autant de sottise que de malice, & qui enfin au bout de trente ans vendent par tout en manuscrit, ce qui n'appartient qu'à eux, & qui n'est digne que d'eux. J'ajouterais qu'en dernier lieu on a volé une partie des matériaux que j'avais rassemblés dans les archives publiques,

pour

pour servir à l'histoire de la guerre de 1741. lorsque j'étois Historiographe de France qu'on a vendu à un Libraire ce fruit de mon travail ; qu'on se saisit à l'envi de mon bien, comme si j'étais déja mort, & qu'on le dénature pour le mettre à l'encan. Je vous peindrais l'ingratitude, l'imposture & la rapine me poursuivant depuis quarante ans jusqu'au pied des Alpes, & jusqu'au bord de mon tombeau. Mais que conclurai-je de toutes ces tribulations ? Que je ne dois pas me plaindre, que *Pope*, *Descartes*, *Bayle*, *le Camouens*, & cent autres, ont essuyé les mêmes injustices & de plus grandes ; que cette destinée est celle de presque tous ceux que l'amour des Lettres a trop séduits.

Avouez, en effet, monsieur, que ce sont là de ces petits malheurs particuliers, dont à peine la société s'apperçoit. Qu'importe au genre humain que quelques frêlons pillent le miel de quelques abeilles ? Les gens de lettres font grand bruit de toutes ces petites querelles ; le reste du monde ou les ignore, ou en rit.

De toutes les amertumes répandues sur la vie humaine, ce sont là les moins funestes. Les épines attachées à la littérature, & à un peu de réputation, ne sont que des fleurs en comparaison des autres maux qui de tout tems ont inondé la terre. Avouez que ni *Cicéron*, ni *Varron*, ni *Lucrèce*, ni *Virgile*, ni *Horace*, n'eurent la moindre part aux proscriptions. *Marius* était un ignorant. Le barbare *Sylla*, le crapuleux *Antoine*, l'imbécille *Lépide*, lisaient peu *Platon* & *Sophocle* ; & pour ce tyran sans courage, *Octave Cépias*, surnommé si lâchement *Auguste*, il ne fut un détestable assassin, que dans le tems où il fut privé de la société des gens de Lettres.

Avouez que *Pétrarque* & *Bocace* ne firent pas naître les troubles de l'Italie. Avouez que le badinage de *Marot* n'a pas produit la *St. Barthelemi*, & que la tragédie du *Cid* ne causa pas les troubles de la Fronde. Les grands crimes n'ont guère été commis que par de célèbres ignorans. Ce qui fait, &

fera toujours de ce monde une vallée de larmes, c'est l'insatiable cupidité, & l'indomptable orgueil des hommes depuis *Thamas Kouli-Kan*, qui ne savait pas lire, jusqu'à un commis de la Douane qui ne fait que chiffrer. Les lettres nourissent l'ame, la rectifient, la consolent; elles vous servent, monsieur, dans le tems que vous écrivez contre elles; vous êtes comme *Achiles* qui s'emporte contre la gloire, & comme le père *Mallebranche*, dont l'imagination brillante écrivait contre l'imagination.

Si quelqu'un doit se plaindre des lettres, c'est moi, puisque dans tous les tems, & dans tous les lieux, elles ont servi à me persécuter. Mais il faut les aimer malgré l'abus qu'on en fait, comme il faut aimer la société, dont tant d'hommes méchans corrompent les douceurs; comme il faut aimer sa patrie, quelques injustices qu'on y essuye.

F I N.

LA FEMME
QUI A RAISON,
COMÉDIE
EN TROIS ACTES, EN VERS.

Par M. DE VOLTAIRE.

Donnée sur le Théâtre de Caronge, près de Genève, en 1758.

ACTEURS.

M. DURU.

Made DURU.

Le Marquis d'OUTREMONT.

DAMIS, *fils de M. Duru.*

ERISE, *fille de M. Duru.*

M. GRIPON, *Correspondant de M. Duru.*

MARTHE, *Suivante de Mad. Duru.*

La Scène est chez Madame Duru.

LA FEMME QUI A RAISON
COMÉDIE.

ACTE PREMIER.

SCENE PREMIERE.

Madame DURU, le MARQUIS.

Mad. DURU.

MAIS, mon très-cher Marquis, comment en conscience,
Puis-je accorder ma fille à votre impatience,
Sans l'aveu d'un époux? Le cas est inouï.
LE MARQUIS.
Comment? Avec trois mots, un bon contrat, un oui?
Rien de plus agréable & rien de plus facile.
A vos commandemens votre fille est docile;
Vos bontés m'ont permis de lui faire ma cour;

F 3

Elle a quelque indulgence, & moi beaucoup d'amour ;
Pour votre intime ami dès long-tems je m'affiche ;
Je me crois honnête homme, & je suis assez riche.
Nous vivons fort gaiment, nous vivrons encor mieux,
Et nos jours, croyez-moi, seront délicieux.

Mad. DURU.

D'accord, mais mon mari ?

LE MARQUIS.

Votre mari m'assomme.
Quel besoin avons-nous de conseils d'un tel homme?

Mad. DURU.

Quoi ! pendant son abscence ?...

LE MARQUIS.

Ah ! les absens ont tort.
Absent depuis douze ans, c'est comme à-peu-près
   mort.
Si dans le fond de l'Inde il prétend être en vie,
C'est pour vous amasser, avec sa ladrerie,
Un bien que vous sçavez dépenser noblement :
Je consens qu'à ce prix il soit encor vivant ;
Mais je le tiens pour mort aussi-tôt qu'il s'avise
De vouloir disposer de la charmante Erise.
Celle qui la forma doit en prendre le soin ;
Et l'on n'arrange pas les filles d'aussi loin.
Pardonnez...

Mad. DURU.

Je suis bonne, & vous devez connaître
Que pour Monsieur Duru, mon Seigneur & mon
   Maître,
Je n'ai pas un amour aveugle & violent.
Je l'aime... comme il faut... pas trop fort.... sen-
   sément ;
Mais je lui dois respect & quelque obéissance.

LE MARQUIS.

Eh ! mon Dieu, point du tout ; vous vous moquez,
   je pense.
Qui, vous ? Vous, du respect pour un Monsieur Duru ?
Fort bien. Nous vous verrions, si nous l'en avions cru,
Dans un habit de serge ; en un second étage,
Tenir, sans domestique, un fort plaisant ménage.

Vous êtes Demoiselle; & quand l'adversité,
Malgré votre mérite & votre qualité,
Avec Monsieur Duru vous fit en biens commune
Alors qu'il commençait à bâtir sa fortune,
C'était à ce Monsieur faire beaucoup d'honneur;
Et vous aviez, je crois, un peu trop de douceur,
De souffrir qu'il joignît avec rude manière
A vos tendres appas sa personne grossière.
Voulez-vous pas encore aller sacrifier
Votre charmante Erise au fils d'un usurier?
De ce Monsieur Gripon, son très-digne compere?
Monsieur Duru, je pense, a voulu cette affaire;
Il l'avait fort à cœur, &, par respect pour lui,
Vous devriez, ma foi, la conclure aujourd'hui.

Mad. DURU.

Ne plaisantez pas tant, il m'en écrit encore,
Et de son plein pouvoir dans sa Lettre il m'honore.

LE MARQUIS.

Eh! de ce plein pouvoir que ne vous servez-vous
Pour faire un heureux choix d'un plus honnête époux?

Mad. DURU.

Hélas! à vos desirs je voudrais condescendre,
Ce serait mon bonheur de vous avoir pour gendre:
J'avais, dans cette idée, écrit plus d'une fois;
J'ai prié mon mari de laisser à mon choix
Cet établissement de deux enfans que j'aime.
Monsieur Gripon me cause une frayeur extrême;
Mais, tout Gripon qu'il est, il le faut ménager,
Écrire encor dans l'Inde, examiner, songer.

LE MARQUIS.

Oui, voilà des raisons, des mesures commodes,
Envoyer publier des bans aux Antipodes
Pour avoir dans trois ans un refus clair & net.
De votre cher mari je ne suis pas le fait.
Du seul nom de Marquis sa grosse ame étonnée,
Croirait voir sa Maison au pillage donnée.
Il aime fort l'argent, il connaît peu l'amour.
Au nom du cher objet qui de vous tient le jour,
De la vive amitié qui m'attache à sa mere,
De cet amour ardent qu'elle voit sans colère,

Daignez former, Madame, un si tendre lien;
Ordonnez mon bonheur, j'ose dire le sien.
Qu'à jamais à vos pieds je passe ici ma vie.
   Mad. DURU.
Oh, çà, vous aimez donc ma fille à la folie?
   LE MARQUIS.
Si je l'adore, ô Ciel! pour croître mon bonheur
Je compte à votre fils donner aussi ma sœur.
Vous aurez quatre enfans, qui d'une ame soumise,
D'un cœur toujours à vous...

SCENE II.

Mad. DURU, Le MARQUIS, ERISE.

LE MARQUIS.

AH! venez belle Erise,
Fléchissez votre mere, & daignez la toucher,
Je ne la connais plus, c'est un cœur de rocher.
   Mad. DURU.
Quel rocher! Vous voyez un homme ici, ma fille,
Qui veut obstinément être de la famille.
Il est pressant ; je crains que l'ardeur de ce feu,
Le rendant importun, ne vous déplaise un peu.
   ERISE, *vivement*.
Oh! non, ne craignez rien, s'il n'a pû vous déplaire,
Croyez que contre lui je n'ai point de colère :
J'aime à vous obéir. Comment ne pas vouloir
Ce que vous commandez, ce qui fait mon devoir,
Ce qui de mon respect est la preuve si claire?
   Mad. DURU.
Je ne commande point.
   ERISE.
     Pardonnez-moi, ma mere;
Vous l'avez commandé, mon cœur en est témoin.

COMEDIE.
LE MARQUIS.
De me juſtifier elle-même prend ſoin.
Nous ſommes deux ici contre vous. Ah Madame !
Soyez ſenſible aux feux d'une ſi pure flamme;
Vous l'avez allumée, & vous ne voudrez point
Voir mourir ſans s'unir ce que vous avez joint.
(à Eriſe)
Parlez donc, aidez-moi. Qu'avez-vous à ſourire ?
ERISE.
Mais vous parlez ſi bien que je n'ai rien à dire;
J'aurais peur d'être trop de votre ſentiment,
Et j'en ai dit, me ſemble, aſſez honnêtement.
Mad. DURU.
Je vois, mes chers enfans, qu'il eſt fort néceſſaire
De conclure au plutôt cette importante affaire.
C'eſt pitié de vous voir ainſi ſécher tous deux,
Et mon bonheur dépend du ſuccès de vos vœux.
Mais mon mari !
LE MARQUIS.
Toujours ſon mari ! ſa faibleſſe
De cet épouventail s'inquiéte ſans ceſſe.
ERISE.
Il eſt mon Pere.

SCENE III.

Madame DURU, le MARQUIS, ERISE, DAMIS.

DAMIS.

AH ah ! l'on parle donc ici
D'hymenée & d'amour ? Je veux m'y joindre auſſi.
Votre bonté pour moi ne s'eſt point démentie ;
Ma mere me mettra, je crois, de la partie.
Monſieur a la bonté de m'accorder ſa ſœur,

F 5

Je compte absolument jouir de cet honneur.
Non point par vanité, mais par tendresse pure,
Je l'aime éperdument, & mon cœur vous conjure
De voir avec pitié ma vive passion.
Voyez-vous, je suis homme à perdre la raison ;
Enfin, c'est un parti qu'on ne peut plus combattre.
Une nôce après tout suffira pour nous quatre.
Il n'est pas trop commun de sçavoir en un jour
Rendre deux cœurs heureux par les mains de l'amour.
Mais faire quatre heureux par un seul coup de plume,
Par un seul mot, ma mere, & contre la coutume,
C'est un plaisir divin qui n'appartient qu'à vous,
Et vous serez, ma mere, heureuse autant que nous.

LE MARQUIS.

Je réponds de ma sœur, je réponds de moi-même ;
Mais Madame balance, & c'est en vain qu'on aime.

ERISE.

Ah ! vous êtes si bonne ! auriez-vous la rigueur
De maltraiter un fils si cher à votre cœur ?
Son amour est si vrai, si pur, si raisonnable !
Vous l'aimez, voulez-vous le rendre misérable ?

DAMIS.

Désespérerez-vous par tant de cruautés,
Une fille toujours souple à vos volontés ?
Elle aime tout de bon, & je me persuade
Que le moindre refus va la rendre malade.

ERISE.

Je connais bien mon frere, & j'ai lû dans son cœur ;
Un refus le ferait expirer de douleur.
Pour moi, j'obéirai sans réplique à mere.

DAMIS.

Je parle pour ma sœur.

ERISE.

Je parle pour mon frere.

LE MARQUIS.

Moi, je parle pour tous.

Mad. DURU.

Ecoutez donc tous trois.

Vos amours sont charmans & vos goûts sont mon
 choix ;

COMÉDIE.

Je sens combien m'honore une telle alliance;
Mon cœur à vos plaisirs se livre par avance.
Nous serons tous contens, ou bien je ne pourrai:
J'ai donné ma parole & je vous la tiendrai.

Damis, Erise, le Marquis, *ensemble*.

Ah!

Mad. Duru.

Mais...

Le Marquis.

Toujors des mais? vous allez encor dire,
Mais mon mari.

Mad. Duru.

Sans doute.

Erise.

Ah! quels coups!

Damis.

Quel martyre!

Mad. Duru.

Oh! laissez-moi parler. Vous sçaurez, mes enfans,
Que quand on m'épousa j'avais près de quinze ans.
Je dois tout aux bons soins de votre honoré pere:
Sa fortune déja commençait à se faire;
Il eut l'art d'amasser & de garder du bien
En travaillant beaucoup & ne dépensant rien.
Il me recommanda, quand il quitta la France,
De fuir toujours le monde, & sur-tout la dépense.
J'ai dépensé beaucoup à vous bien élever;
Malgré moi le beau monde est venu me trouver.
Au fond d'un galetas il reléguait ma vie,
Et plus honnêtement je me suis établie.
Il voulait que son fils, en bonnet, en rabat,
Traînât dans le Palais la robe d'Avocat;
Au Régiment du Roi je le fis Capitaine.
Il prétend aujourd'hui, sous peine de sa haine,
Que de Monsieur Gripon, & la fille & le fils,
Par un beau mariage avec nous soient unis.
Je l'empêcherai bien, j'y suis fort résolue.

Damis.

Et nous aussi.

Mad. DURU.
Je crains quelque déconvenue,
Je crains de mon mari le courroux véhément.
LE MARQUIS.
Ne craignez rien de loin.
Mad. DURU.
Son cher Correspondant,
Maître Isaac Gripon, d'une ame fort rebourse,
Ferme depuis un an les cordons de sa bourse.
DAMIS.
Il vous en reste assez.
Mad. DURU.
Oui, mais j'ai consulté...
LE MARQUIS.
Hélas! consultez-nous.
Mad. DURU.
Sur la validité
D'une telle démarche; & l'on dit qu'à votre âge
On ne peut sûrement contracter mariage
Contre la volonté d'un propre pere.
DAMIS. Non
Lorsque ce propre pere, étant dans la maison,
Sur son droit de présence obstinément se fonde.
Mais quand ce propre pere est dans un bout du
monde,
On peut à l'autre bout se marier sans lui.
LE MARQUIS.
Oui, c'est ce qu'il faut faire, & quand? Dès aujourd'hui.

SCENE IV.
Mad. DURU, le MARQUIS, ERISE, DAMIS, MARTHE.
MARTHE.

VOILA monsieur Gripon qui veut forcer la porte;

COMÉDIE.

Il vient pour un grand cas, dit-il, qui vous importe
Ce sont ses propres mots, faut-il qu'il entre ?
Mad. DURU.
Hélas!
Il le faut bien souffrir. Voyons quel est ce cas.

SCENE V.

Mad. DURU, le MARQUIS, ERISE, DAMIS, M. GRIPON, MARTHE.

Mad. DURU.

SI tard, Monsieur Gripon ! quel sujet vous attire?
M. GRIPON.
Un bon sujet.
Mad. DURU.
Comment ?
M. GRIPON.
Je m'en vais vous le dire.
DAMIS.
Quelque présent de l'Inde ?
M. GRIPON.
Oh! vraiment oui. Voici
L'ordre de votre pere, que je vous porte ici.
Ma fille est votre bru mon fils est votre gendre ;
Ils le seront du moins, & sans beaucoup attendre.
Lisez. (*Il lui donne une Lettre*).
Mad. DURU.
L'ordre est très-net, que faire ?
M. GRIPON.
A votre chef
Obéir sans réplique & tout bâcler en bref
Il reviendra bientôt, & même, par avance,
Son commis vient régler des comptes d'importance,
J'ai peu de tems à perdre ; ayez la charité

LA FEMME QUI A RAISON,

De dépêcher la chose avec célérité.

Mad. DURU *ironiquement*.

La proposition, mes enfans, doit vous plaire.
Comment la trouvez-vous ?

DAMIS, ERISE *ensemble*.

Tout comme vous, ma mere.

LE MARQUIS.

De nos communs desirs il faut presser l'effet.
Ah ! que de cet hymen mon cœur est satisfait !

M. GRIPON *brusquement*.

Que ça vous satisfasse, ou que ça vous déplaise,
Ça doit importer peu.

LE MARQIS.

Je ne me sens pas d'aise.

M. GRIPON.

Pourquoi tant d'aise ?

LE MARQUIS.

Mais ... j'ai cette affaire à cœur.

M. GRIPON.

Vous, à cœur mon affaire ?

LE MARUIS.

Oui, je suis serviteur
De votre ami Duru, de toute la famille,
De Madame sa femme, & sur-tout de sa fille.
Cet hymen est si cher, si précieux pour moi ...
Je suis le bon ami du logis.

M. GRIPON.

Par ma foi,
Ces amis du logis sont de mauvaise augure.
Madame, sans amis, hâtons-nous de conclure.

ERISE.

Quoi, si-tôt ?

Mad. DURU.

Sans donner le tems de consulter,
De voir ma bru, mon gendre, & sans les présenter ?
C'est pousser avec nous vivement votre pointe.

M. GRIPON.

Pour se bien marier il faut que la conjointe
N'ait jamais entrevu son conjoint.

COMÉDIE.

Mad. DURU.
　　　　　　　Oui, d'accord,
On s'en aime bien mieux ; mais je voudrais d'abord,
Moi, mere, & qui dois voir le parti qu'il faut prendre,
Embrasser votre fille & voir un peu mon gendre.

M. GRIPON.
Vous les voyez en moi, corps pour corps, trait pour trait.
Et ma fille Phlipotte est en tout mon portrait.

Mad. DURU.
Les aimables enfans !

DAMIS.
　　　　　　　O ! Monsieur, je vous jure
Qu'on ne sentit jamais une flamme plus pure.

M. GRIPON.
Pour ma Phlipotte ?

DAMIS.
　　　　　　　Hélas ! pour cet objet vainqueur
Qui regne sur mes sens, & m'a donné son cœur

M. GRIPON.
On ne t'a rien donné, je ne puis te comprendre ;
Ma fille, ainsi que moi, n'a point l'ame si tendre.
　　　　　(à Erise)
Et vous, qui souriez, vous ne me dites rien ?

ERISE.
Je dis la même chose, & je vous promets bien
De placer les devoirs, les plaisirs de ma vie
A plaire au tendre amant à qui mon cœur me lie.

M. GRIPON.
Il n'est point tendre Amant, vous répondez fort mal.

LE MARQUIS.
Je vous jure qu'il l'est.

M. GRIPON
　　　　　　　Oh ! quel original !
L'ami de la maison, mêlez-vous, je vous prie,
Un peu moins de la fête & des gens qu'on marie.
　　Le Marquis lui fait de grandes révérences.
　　　　　(A Mad. Duru.)
Oh, ça, j'ai réussi dans ma commission.

136 LA FEMME QUI A RAISON,

Je vois pour votre époux votre soumission :
Il ne faut à présent qu'un peu de signature,
J'amenerai demain le Futur, la Future.
Vous aurez des enfans, souples, respectueux ;
Grands ménagers, enfin on sera content d'eux.
Il est vrai qu'ils n'ont pas les grands airs du beau
   monde.

Mad. D U R U.

C'est une bagatelle, & mon espoir se fonde
Sur les leçons d'un pere, & sur leurs sentimens,
Qui vallent cent fois mieux que les dehors charmans.

D A M I S.

J'aime deja leur grace, & simple, & naturelle.

E R I S E.

Leur bon sens dont leur pere est le parfait modéle.

L E M A R Q U I S.

Je leur crois bien du goût.

M. G R I P O N.

   (à part.)
       Ils n'ont rien de cela.
Que diable ici fait-on de ce beau Monsieur là ?
   (à Mad. Duru.)
A demain donc, Madame; une nôce frugale
Préparera sans bruit l'union conjugale.
Il est tard, & le soir jamais nous ne sortons.

D A M I S.

Eh ! que faites-vous donc vers le soir ?

M. G R I P O N.

        Nous dormons;
On se lève avant jour ; ainsi fait votre pere,
Imitez-le dans tout pour vivre heureux sur terre.
Soyez sobre, attentif à placer votre argent ;
Ne donnez jamais rien, & prêtez rarement.
Demain de grand matin, je reviendrai, Madame.

Mad. D U R U.

Pas si matin.

L E M A R Q U I S.

  Allez, vous nous ravissez l'ame.

COMÉDIE.

M. GRIPON.
Cet homme me déplait. Dès demain je prétends
Que l'ami du logis déniche de céans.
Adieu.
    MARTHE *l'arrêtant par le bras.*
    Monsieur, un mot.
    M. GRIPON.
    Eh quoi ?
    MARTHE.
        sans vous déplaire,
Peut-on vous proposer une excellente affaire ?
    M. GRIPON.
Proposez.
    MARTHE.
    Vous donnez aux enfans du logis
Phlipotte, votre fille, & Phlipot votre fils ?
    M. GRIPON.
Oui.
    MARTHE
    L'on donne un dot en pareille aventure ?
    M. GRIPON.
Pas toujours.
    MARTHE.
    Vous pourriez, je vous en conjure,
Partager par moitié vos généreux présens.
    M. GRIPON.
Comment ?
    MARTHE.
    Payez la dot, & gardez vos enfans.
    M. GRIPON *à Mad. Duru.*
Madame, il nous faudra chasser cette Donzelle ;
Et l'ami du logis ne me plaît pas plus qu'elle.
  (*Il s'en va, & tout le monde lui fait la révérence.*)

SCENE VI.

Mad. DURU, ERISE, DAMIS, le MARQUIS, MARTHE.

MARTHE.

EH bien! vous laissez-vous tous les quatre ef-
frayer
Par le malheureux cas de ce maitre usurier?
DAMIS.
Madame, vous voyez qu'il est indispensabe
De prévenir soudain ce marché détestable.
LE MARQUIS.
Contre nos ennemis formons vîte un traité
Qui mette pour jamais nos droits en sûreté.
Madame, on vous y force, & tous vous autorise,
Et c'est le sentiment de la charmante Erise.
ERISE.
Je me flatte toujours d'être de votre avis.
DAMIS.
Hélas! de vos bienfaits mon cœur s'est tout promis,
Il faut que le vilain, qui tous nous inquiette,
En revenant demain trouve la nôce faite.
Mad. DURU.
Mais...
LE MARQUIS.
    Les mais à présent deviennent superflus.
Résolvez-vous, Madame, ou nous sommes perdus
Mad. DURU.
Le péril est pressant, & je suis bonne mere;
Mais... à qui pourrons nous recourir?
MARTHE.
Au Notaire.
A la nôce, à l'hymen. Je prends sur moi le soin
D'amener à l'instant le Notaire du coin,
D'ordonner le souper, de mander la musique;

COMÉDIE.

S'il est quelqu'autre usage admis dans la pratique,
Je ne m'en mêle pas.

DAMIS.

Elle a grande raison;
Et je veux que demain Maître Isaac Gripon
Trouve en venant ici peu de chose à faire.

ERISE.

J'admire vos conseils & celui de mon frere.

Mad. DURU.

C'est votre avis à tous?

DAMIS, ERISE, le MARQUIS, *ensemble.*

Oui, ma mere.

Mad. DURU.

Fort bien.
Je peux vous assurer que c'est aussi le mien.

Fin du premier Acte.

ACTE II.

SCENE PREMIERE

M. GRIPON, DAMIS.

M. GRIPON.

COMMENT! Dans ce logis est-on fou, mon
  Garçon?
Quel tapage a-t-on fait la nuit dans la maison?
Quoi! deux tables encor impudemment dressées!
Des débris d'un festin: des chaises renversées,
Des laquais étendus ronflans sur le plancher,
Et quatre violens, qui ne pouvant marcher,
S'en vont en fredonnant à tâtons dans la rue!
N'es-tu pas tout honteux?

DAMIS.

Non; mon ame est émue
D'un sentiment si doux, d'un si charmant plaisir,

LA FEMME QUI A RAISON,

Que devant vous encor je n'en sçaurais rougir.

M. GRIPON.

D'un sentiment si doux! que diable veux-tu dire?

DAMIS.

Je dis que notre hymen à la famille inspire
Un délire de joie, un transport inoui.
A peine hier au soir sortîtes-vous d'ici,
Que livrés par avance au lien qui nous presse,
Après un long souper, la joie & la tendresse
Préparant à l'envi le lien conjugal,
Nous avons cette nuit ici donné le bal.

M. GRIPON.

Voilà trop de fracas avec trop de dépense.
Je n'aime point qu'on ait du plaisir par avance.
Cette vie à ton pere à coup sûr déplaira.
Et que feras-tu donc quand on te mariera?

DAMIS.

Ah! si vous connaissiez cet ardeur vive & pure,
Ces traits, ces feux sacrés, l'ame de la nature;
Cette délicatesse & ces ravissemens,
Qui ne sont bien connus que des heureux amans;
Si vous sçaviez...

M. GRIPON.

Je sçais que je ne puis comprendre
Rien de ce que tu dis.

DAMIS.

Votre cœur n'est point tendre.
Vous ignorez les feux dont je suis consumé.
Mon cher monsieur Gripon, vous n'avez point aimé.

M. GRIPON.

Sifait, sifait.

DAMIS.

Comment? Vous aussi, vous?

M. GRIPON.

Moi-même.

DAMIS.

Vous concevez donc bien l'emportement extrême;
Les douceurs?...

M. GRIPON.

Et oui, oui. J'ai fait, à ma façon,

COMÉDIE.

L'amour un jour ou deux à Madame Gripon ;
Mais cela n'était pas comme ta belle flamme,
Ni tes discours de fou que tu tiens sur ta femme.
DAMIS.
Je le vois bien ; enfin, vous me le pardonnez ?
M. GRIPON.
Oui da, quand les contrats seront faits & signés,
Allons, avec ta mere il faut que je m'abouche ;
Finissons tout.
DAMIS.
   Ma mere en ce moment se couche.
M. GRIPON.
Quoi ? Ta Mere ?
DAMIS.
   Approuvant le goût qui nous conduit,
Elle a dans notre bal dansé toute la nuit.
M. GRIPON.
Ta mere est folle.
DAMIS.
   Non, elle est très-respectable,
Magnifique, avec goût, douce, tendre, adorable.
M. GRIPON.
Ecoute ; il faut ici te parler clairement.
Nous attendons ton pere, il viendra promptement ;
Et déja son Commis arrive en diligence
Pour régler sa recette ainsi que la dépense.
Il sera très-fâché du train qu'on fait ici ;
Et tu comprends fort bien que je le suis aussi.
C'est dans une autre esprit que Phlipotte est nourrie ;
Elle a trente-sept ans, fille honnête, accomplie,
Qui, seule avec mon fils, compose ma maison ;
L'été sans éventail, & l'hiver sans manchon ;
Blanchit, repasse, coud, compte comme Barême,
Et sçait manquer de tout aussi bien que moi-même.
Prends exemple sur elle afin de vivre heureux.
Je reviendrai ce soir vous marier tous deux.
Tu parais bon enfant, & ma fille est bien née.
Mais, crois-moi, ta cervelle est un peu mal tournée,
Il faut que la maison soit sur un autre pied.
Dis-moi. Ce grand flandrin, qui m'a tant ennuyé

Qui toujours de côté me fait la révérence,
Vient-il ici souvent ?
Damis.
Oh ! fort souvent.
M. Gripon.
Je pense
Que pour cause il est bon qu'il n'y revienne plus.
Damis.
Nous suivrons sur cela vos ordres absolus.
M. Gripon.
C'est très-bien dit. Mon gendre a du bon, & j'espere
Moriginer bientôt cette tête légere ;
Mais sur-tout plus de bal : je ne prétends plus voir
Changer la nuit en jour, & le matin en soir.
Damis.
Ne craignez rien.
M. Gripon.
Eh bien, où vas-tu ?
Damis.
satisfaire
Le plus doux des devoirs & l'ardeur la plus chère.
M. Gripon.
Il brûle pour Phlipotte.
Damis.
Après avoir dansé,
Plein des traits amoureux dont mon cœur est blessé
Je vais, Monsieur je vais... me coucher... Je me flatte
Que ma passion vive, autant que délicate,
Me fera peu dormir en ce fortuné jour,
Et je serai long-tems éveillé par l'amour.
(Il l'embrasse.)

SCENE II.
M. GRIPON *seul.*

Les Romans l'ont gâté, sa tête est attaquée;

Mais celle de de son pere est aussi détraquée,
De prétendre chez lui se rendre incognito.
Quel profit à cela ? C'est un vrai vertigo.
Ce n'est qu'en fait d'argent que j'aime le mystère;
Mais je fais ce qu'il veut; ma foi, c'est son affaire.
Mari qui veut surprendre est souvent fort surpris
Et... mais voici Monsieur qui vient dans son logis.

SCENE III.
M. DURU, M. GRIPON.

M. DURU.

Quelle réception ! après douze ans d'absence
Comme tout se corrompt, comme tout
change en France !

M. GRIPON.

Bon jour, compere.

M. DURU.

O Ciel !

M. GRIPON.

Il ne me répond point;
Il rêve.

M. DURU.

Quoi ! ma femme infidelle à ce point
A quel horrible luxe elle s'est emportée !
Cette maison, je crois, du diable est habitée,
Et j'y mettrais le feu sans les dépens maudits
Qu'à brûler les maisons il en coûte à Paris.

M. GRIPON.

Il parle long-tems seul, c'est signe de démence.

M. DURU.

Je l'ai bien mérité par ma sotte imprudence.
A votre femme un mois confiez votre bien,
Au bout de trente jours vous ne retrouvez rien.
Je m'étais noblement privé du nécessaire :
M'en voilà bien payé ; que résoudre, que faire ;

Je suis assassiné, confondu, ruiné.

M. GRIPON.

Bon jour, compere. Eh bien, vous avez terminé
Assez heureusement un assez long voyage.
Je vous trouve un peu vieux.

M. DURU.

    Je vous dis que j'enrage.

M. GRIPON.

Oui, je le crois, il est fort triste de vieillir;
On a bien moins de tems pour pouvoir s'enrichir.

M. DURU.

Plus d'honneur, plus de régle, & les loix violées.

M. GRIPON.

Je n'ai violé rien, les choses sont réglées.
J'ai pour vous dans mes mains, en beaux & bons
  papiers,
Trois cens deux mille francs, dix-huit sols neuf
  deniers
Revenez-vous bien riche!

M. DURU.

 Oui.

M. GRIPON.

    Moquez-vous du monde.

M. DURU.

Oh! j'ai le cœur nâvré d'une douleur profonde,
J'apporte un million tout au plus; le voilà.
   (*Il montre son Porte-feuille.*)
Je suis outré, perdu.

M. GRIPON.

    Quoi! n'est-ce que cela?
Il faut se consoler.

M. DURU.

    Ma femme me ruine.
Vous voyez quel logis & quel train. La coquine!...

M. GRIPON.

Sois le maître chez toi, mets-la dans un Couvent.

M. DURU.

Je n'y manquerai pas. Je trouve en arrivant
Des laquais de six pieds, tous ivres de la veille,
Un portier à moustaches, armé d'une bouteille,

Qui

Qui, me voyant passer, m'invite en bégayant,
A venir déjeûner dans son appartement.
M. GRIPON.
Chasse tous ces coquins.
M. DURU.
    C'est ce que je veux faire.
M. GRIPON.
C'est un profit tout clair. Tous ces gens-là, compere
Sont nos vrais ennemis, dévorent notre bien;
Et pour vivre à son aise, il faut vivre de rien.
M. DURU.
Ils m'auront ruiné, cela me perce l'ame.
Me conseillerais-tu de surprendre ma femme?
M. GRIPON.
Tout comme tu voudras.
M. DURU.
    me conseillerais-tu
D'attendre encor un peu, de rester inconnu?
M. GRIPON.
Selon ta fantaisie.
M. DURU.
    Ah, le maudit ménage!
Comment a-t-on reçu l'ordre du mariage?
M. GRIPON.
Oh! fort bien: sur ce point nous serons tous contens
On aime avec transport déja mes deux enfans.
M. DURU.
Passe. On n'a donc point eu de peine à satisfaire
A mes ordres précis?
M. GRIPON.
    De la peine, au contraire;
Ils ont avec plaisir conclu soudainement.
Ton fils a pour ma fille un amour véhément,
Et ta fille déja brûle, sur ma parole,
Pour mon petit Gripon.
M. DURU.
    Du moins cela console.
Nous mettrons ordre au reste.
M. GRIPON.
    Oh! tout est résolu,

G

Et cet après-midi l'hymen sera conclu.
M. DURU.
Mais, ma femme ?
M. GRIPON.
Oh ! Parbleu, ta femme est ton affaire.
Je te donne une bru charmante & ménagère ;
J'ai toujours à ton fils destiné ce bijou ;
Et nous les marierons sans leur donner un sou.
M. DURU.
Fort bien.
M. GRIPON.
L'argent corrompt la jeunesse volage.
Point d'argent ; c'est un point capital en ménage.
M. DURU.
Mais ma femme ?
M. GRIPON.
Fais-en tout ce qu'il te plaira.
M. DURU.
Je voudrais voir un peu comme on me recevra
Quel air aura ma femme ?
M. GRIPON.
Et pourquoi ? que t'importe ?
M. DURU.
Voir... là... Si la nature est au moins assez forte
Si le sang parle assez dans ma fille & mon fils,
Pour reconnaître en moi le maître du logis.
M. GRIPON.
Quand tu te nommeras, tu te feras connaître.
Est-ce que le sang parle ? & ne dois-tu pas être
Honnêtement content, quand, pour comble de biens
Tes dociles enfans vont épouser les miens ?
Adieu ; j'ai quelque dette active & d'importance,
Qui devers le midi demande ma présence.
Et je reviens, compere, après un court dîner,
Moi, ma fille & mon fils, pour conclure & signer.

SCENE IV.

M. DURU seul.

LEs affaires vont bien, quant à ce mariage,
J'en suis fort satisfait; mais quant à mon ménage,
C'est un scandale affreux, & qui me pousse à bout.
Il faut tout observer, découvrir tout, voir tout.
(on sonne.)
J'entends une sonnette & du bruit; on appelle.

SCENE V.

M. DURU, MARTHE, à la porte.

M. DURU.

OH! quelle est cette jeune & belle Demoiselle
Qui va vers cette porte ? Elle a l'air bien coquet.
Est-ce ma fille ? Mais....j'en ai peur : en effet,
Elle est bien faite, au moins passablement jolie,
Et cela fait plaisir. Ecoutez, je vous prie ;
Où courez-vous si vîte, aimable & chere enfant ?

MARTHE.
Je vais chez ma Maîtresse en son appartement.

M. DURU.
Quoi! vous êtes suivante? Et de qui, ma mignone?

MARTHE.
De Madame Duru.

M. DURU à part.
Je veux de la fripone
Tirer quelque parti, m'instruire, si je puis.
Ecoutez.

MARTHE.
Quoi! Monsieur ?

M. DURU.
Sçavez-vous qui je suis?
MARTHE.
Non; mais je vois assez ce que vous pouvez être.
M. DURU.
Je suis l'intime ami de Monsieur votre Maître
Et de Monsieur Gripon. Je peux très-aisément
Vous faire ici du bien, même en argent comptant
MARTHE.
Vous me ferez plaisir. Mais, Monsieur, le tems presse
Et voici le moment de coucher ma maîtresse.
M. DURU.
Se coucher quand il est neuf heures du matin?
MARTHE.
Oui, Monsieur.
M. DURU.
Quelle vie & quel horrible train!
MARTHE.
C'est un train fort honnête. Après souper on joue
Après le jeu l'on danse, & puis on dort.
M. DURU.
J'avoue
Que vous me surprenez; & ne m'attendais pas
Que Madame Duru fît un si beau fracas.
MARTHE.
Quoi! cela vous surprend, vous bon homme, à votre âge?
Mais rien n'est plus commun. Madame fait usage
Des grands biens amassés par son ladre mari;
Et quand on tient maison, chacun en use ainsi.
M. DURU.
Mignone, ces discours me font peine à comprendre.
Qu'est ce tenir maison?
MARTHE.
Faut-il tout vous apprendre?
D'où diable venez-vous?
M. DURU.
D'un peu loin
MARTHE.
Je le vois.

COMÉDIE.

Vous me paraissez neuf quoiqu'antique.
M. DURU.
Ma foi,
Tout est neuf à mes yeux. Ma petite Maîtresse,
Vous tenez donc maison?
MARTHE.
Oui.
M. DURU.
Mais de quelle espéce?
Et dans cette maison que fait-on, s'il vous plaît?
MARTHE.
De quoi vous mêlez-vous?
M. DURU.
J'y prends quelque intérêt.
MARTHE.
Vous, Monsieur?
M. DURU.
Oui, moi-même. Il faut que je hazarde
Un peu d'or de ma poche avec cette égrillarde:
Ce n'est pas sans regret, mais essayons enfin.
Monsieur Duru vous fait ce présent par ma main.
MARTHE.
Grand merci.
M. DURU.
Méritez un tel effort, ma belle;
C'est à vous de montrer l'excès de votre zèle
Pour le patron d'ici, le bon Monsieur Duru
Que, par malheur pour vous, vous n'avez jamais vû
Quelqu'amant, entre nous, a, pendant son absence,
Produit tous ces excès avec cette dépense.
MARTHE.
Quelque amant! vous osez attaquer notre honneur?
Quelque amant! à ce trait, qui blesse ma pudeur,
Je ne sais qui me tient, que mes mains appliquées
Ne soient sur votre face avec cinq doigts marquées.
Quelque amant, dites-vous?
DURU.
Eh! pardon.
MARTHE.
Apprenez

Que ce n'est pas à vous à fourer votre nez
Dans ce que fait Madame.
M. DURU.
Eh! mais...
MARTHE.
Elle est trop bonne,
Trop sage, trop honnête, & trop douce personne
Et vous êtes un sot avec vos questions.
(*On sonne.*)
J'y vais... Un impudent, un rôdeur de maisons.
(*On sonne.*)
Tout-à-l'heure... Un benêt qui pense que les filles
Iront lui confier des secrets de famille.
(*On sonne.*)
Eh! j'y cours.... Un vieux fou que la main que voilà
(*On sonne.*)
Devroit punir cent fois... L'on y va, l'on y va.

SCENE VI.

M. DURU *seul*.

JE ne sçais si je dois en croire sa colère;
Tout ici m'est suspect; & sur ce grand mystère
Les femmes ont juré de ne parler jamais;
On n'en peut rien tirer par force ou par bienfaits;
Et toutes se liguant pour nous en faire accroire,
S'entendent contre nous comme larrons en foire.
Non je n'entrerai point, je veux examiner
Jusqu'où du bon chemin on peut se détourner.
Que vois-je? Un beau Monsieur sortant de chez ma
femme!
Ah! voilà comme on tient maison.

COMÉDIE.

SCENE VII.

M. DURU, le MARQUIS *sortant de l'appartement de Madame Duru en lui parlant tout haut.*

LE MARQUIS.

Adieu, Madame,
Ah! que je suis heureux!
M. DURU.
Et beaucoup trop. J'en tien.
LE MARQUIS.
Adieu, jusqu'à ce soir.
M. DURU.
Ce soir encore? Fort bien.
Comme de la maison je vois ici deux maîtres,
L'un des deux pourrait bien sortir par les fenêtres.
On ne me connaît pas, gardons-nous d'éclater.
LE MARQUIS.
Quelqu'un parle, je crois.
M. DURU.
Je n'en sçaurais douter.
Volets fermés, au lit, petit jour, porte close,
La suivante à mon nez complice de la chose!
LE MARQUIS.
Quel est cet homme là qui jure entre ses dents?
M. DURU.
Mon fait est clair.
LE MARQUIS.
Il paraît hors de sens.
M. DURU.
J'aurais mieux fait, ma foi, de rester à Surate
Avec tout mon argent. Ah traître! ah scélérate!
LE MARQUIS.
Qu'avez-vous donc, Monsieur, qui parlez seul ainsi?

LA FEMME QUI A RAISON,

M. DURU.
Mais j'étais étonné que vous fussiez ici.
LE MARQUIS.
Et pourquoi, mon ami ?
M. DURU.
Monsieur Duru, peut être,
Ne serait pas content de vous y voir paraître.
LE MARQUIS.
Lui mécontent de moi ? Qui vous a dit cela ?
M. DURU.
Des gens bien informés. Ce Monsieur Duru là,
Chez qui vous avez pris des façons si commodes
Le connaissez-vous ?
LE MARQUIS.
Non : il est aux Antipodes,
Dans les Indes, je crois, cousu d'or & d'argent.
M. DURU.
Mais vous connaissez fort Madame ?
LE MARQUIS.
Apparemment !
Sa bonté m'est toujours précieuse & nouvelle,
Et je fais mon bonheur de vivre ici près d'elle.
Si vous avez besoin de sa protection,
Parlez, j'ai du crédit, je crois, dans la maison.
M. DURU.
Je le vois.... De Monsieur je suis l'homme d'affaires.
LE MARQUIS.
Ma foi, de ces gens-là je ne me mêle guères.
Soyez le bien venu, prenez sur-tout le soin
D'apporter quelqu'argent dont nous avons besoin.
Bon soir.

M. DURU *à part*.
J'enfermerai dans peu ma chere femme.
(*Au Marquis.*)
Que l'enfer... Mais, Monsieur, qui gouvernez
Madame,
La chambre de sa fille est-elle près d'ici ?
LE MARQUIS.
Tout auprès, & j'y vais. Oui, l'ami, la voici.
(*Il entre chez Erise & ferme la porte.*)

COMÉDIE.
M. DURU.
Cet homme est nécessaire à toute ma famille :
Il sort de chez ma femme, & s'en va chez ma fille.
Je n'y puis plus tenir, & je succombe enfin.
Justice ! Je suis mort.

SCENE VIII.
M. DURU, le MARQUIS *revenant avec* ERISE.
ERISE.

EH ! mon Dieu, quel lutin,
Quand on va se coucher tempête à cette porte ?
Qui peut crier ainsi de cette étrange sorte ?
LE MARQUIS.
Faites donc moins de bruit, je vous ai déja dit,
Qu'après qu'on a dansé on va se mettre au lit.
Jurez plus bas tout seul.
M. DURU.
Je ne peux plus rien dire !
Je suffoque
ERISE.
Quoi donc ?
M. DURU.
Est-ce un rêve, un délire ?
Je vengerai l'affront fait avec tant d'éclat.
Juste ciel ! & comment son frere l'Avocat
Peut-il souffrir céans cette honte inouie,
Sans plaider ?
ERISE.
Quel est donc cet homme, je vous prie ?
LE MARQUIS.
Je ne sçais; il paraît qu'il est extravagant ;
Votre pere, dit-il, l'a pris pour son Agent.
ERISE.
D'où vient que cet Agent fait tant de tintamare ?
LE MARQUIS.
Ma foi, je n'en sçais rien : cet homme est si bizarre !

G 5

154 LA FEMME QUI A RAISON,

ERISE

Est-ce que mon mari, Monsieur, vous a fâché ?

M. DURU.

Son mari ! ... J'en suis quitte encor à bon marché
C'est-là votre mari ?

EUISE.

Sans doute, c'est lui-même.

M. DURU.

Lui, le fils de Gripon ?

ERISE.

C'est mon mari que j'aime.
A mon pere, Monsieur, lorsque vous écrirez,
Peignez-lui bien les nœuds dont nous sommes serrés.

M. DURU.

Que la fiévre le serre !

LE MARQUIS.

Ah ! daignez condescendre ! ..

M. DURU.

Maître Isaac Gripon m'avait bien fait entendre
Qu'à votre mariage on pensait en effet ;
Mais il ne m'a pas dit que tout cela fût fait.

LE MARQUIS.

Eh bien, je vous en fais la confidence entiere.
Marié ?   M. DURU.

ERISE.

Oui, Monsieur.

M. DURU.

De quand ?

LE MARQUIS.

La nuit derniere.

M. DURU *regardant le marquis*.

Votre époux, je l'avoue, est un fort beau garçon,
Mais il ne m'a point l'air d'être fils de Gripon.

LE MARQUIS.

Monsieur sçait qu'en la vie il est fort ordinaire
De voir beaucoup d'enfans tenir peu de leur pere.
Par exemple, le fils de ce Monsieur Duru
En est tout différent, n'en a rien.

M. DURU.

Qui l'eût cru ?

COMÉDIE.

Serait-il point aussi marié lui ?
ERISE.
Sans doute.
M. DURU.
Lui ?
LE MARQUIS.
Ma sœur dans ses bras en ce moment-ci goûte
Les premieres douceurs du conjugal lien.
M. DURU.
Votre sœur ?
LE MARQUIS.
Oui, Monsieur.
M. DURU.
Je n'y conçois plus rien.
Le compere Gripon m'eût dit cette nouvelle.
LE MARQUIS.
Il regarde cela comme une bagatelle.
C'est un homme occupé toujours du denier dix ;
Noyé dans le calcul, fort distrait.
M. DURU.
Mais jadis
Il avoit l'esprit net.
LE MARQUIS.
Les grands travaux & l'âge
Altérent la mémoire ainsi que le visage.
M. DURU.
Ce double mariage est donc fait ?
ERISE.
Oui, Monsieur.
LE MARQUIS.
Je vous en donne ici ma parole d'honneur.
N'avez-vous donc pas vû les débris de la nôce ?
M. DURU.
Vous m'avez tous bien l'air d'aimer le fruit précoce
D'anticiper l'hymen qu'on avait projetté.
LE MARQUIS.
Ne nous soupçonnez pas de cette indignité
Cela serait criant.
M. DURU.
Oh ! la faute est légère.

G 6

LA FEMME QUI A RAISON,

Pourvû qu'on n'ait pas fait une trop forte chere,
Que la nôce n'ait pas horriblement coûté,
On peut vous pardonner cette vivacité.
Vous paraissez d'ailleurs un homme assez aimable.

ERISE.
Oh ! très-fort.

M. DURU.
Votre sœur est-elle aussi passable ?

LE MARQUIS.
Elle vaut cent fois mieux.

M. DURU.
Si la chose est ainsi,
Monsieur Duru pourrait excuser tout ceci.
Je vais enfin parler à sa mere, & pour cause...

ERISE.
Ah ! gardez-vous-en bien, Monsieur ; elle repose.
Elle est trop fatiguée, elle a pris tant de soins...

M. DURU.
Je m'en vais donc parler à son fils.

ERISE.
Encore moins.

LE MARQUIS.
Il est trop occupé.

M. DURU.
L'aventure est fort bonne.
Ainsi, dans ce logis, je ne peux voir personne.

LE MARQUIS.
Il est de certains cas où des hommes de sens
Se garderont toujours d'interrompre les gens.
Vous voilà bien au fait. Je vais avec Madame,
Me rendre aux doux transports de la plus pure flamme.
Ecrivez à son pere un détail si charmant.

ERISE.
Marquez-lui mon respect & mon contentement.

M. DURU.
Et son contentement ! Je ne sçais si ce pere
Doit être aussi content d'une si prompte affaire.
Quelle éveillée !

LE MARQUIS.
Adieu. Revenez vers le soir,

COMÉDIE. 157

Et soupez avec nous.
ÉRISE.
Bon jour, jusqu'au revoir.
LE MARQUIS.
Serviteur.
ÉRISE
Toute à vous.

SCENE IX.
M. DURU, MARTHE.
M. DURU.

MA is Gripon, le compere,
S'est bien pressé, sans moi de finir cette affaire.
Quelle fureur de nôce a saisi tous nos gens !
Tous quatre à s'arranger sont un peu diligens.
De tant d'événemens j'ai la vûe ébahie.
J'arrive, & tout le monde à l'instant se marie.
Il reste, en vérité, pour completter ceci,
Que ma femme à quelqu'un soit mariée aussi.
Entrons, sans plus tarder. Ma femme ! hola, qu'on
m'ouvre.   (*Il heurte.*)
Ouvrez, vous dis-je, il faut qu'enfin tout se découvre.
Paix, paix, l'on n'entre point.
M. DURU.
Oh ! ton Maître entrera,
Suivante impertinente, & l'on m'obéira.

Fin du second Acte.

ACTE III.

SCENE PREMIERE.
M. DURU. *seul.*

J'AI beau frapper, crier, courir dans ce logis ;

De ma femme à mon gendre, & du gendre à mon fils,
On répond en ronflant. Les valets, les servantes
Ont tout barricadé. Ces manœuvres plaisantes
Me déplaisent beaucoup. Ces quatre extravagans,
Si vîte mariés, sont au lit trop long-tems.
Et ma femme, ma femme ! oh ! je perds patience.
Ouvrez, morbleu.

SCENE II.

M. DURU, M. GRIPON, *tenant le Contrat & une écritoire à la main.*

M. GRIPON.

JE viens signer notre alliance.

M. DURU.

Comment signer !

M. GRIPON.

Sans doute, & vous l'avez voulu.
Il faut conclure tout.

M. DURU.

Tout est assez conclu.
Vous radottez.

M. GRIPON.

Je viens pour consommer la chose.

M. DURU.

La chose est consommée.

M. GRIPON.

Oh ! oui ; je me propose
De produire au grand jour ma Phlipotte & Phlipot;
Ils viennent.

M. DURU.

Quels discours !

M. GRIPON.

Tout est prêt en un mot;

COMÉDIE.

M. DURU.
Morbleu, vous vous moquez ; tout est fait.
M. GRIPON.
Çà, compere,
Votre femme est instruite & prépare l'affaire.
M. DURU.
Je n'ai point vû ma femme ; elle dort, & mon fils
Dort avec votre fille ; & mon gendre au logis
Avec ma fille dort, & tout dort. Quelle rage
Vous a fait cette nuit presser ce mariage ?
M. GRIPON.
Es-tu devenu fou ?
M. DURU.
Quoi ! mon fils ne tient pas
A présent dans son lit Phlipotte & ses appas !
Les nôces, cette nuit, n'auroient pas été faites ?
M. GRIPON.
Ma fille a cette nuit repassé ses cornettes,
Elle s'habille en hâte ; & mon fils, son cadet,
Pour épargner les frais, met le contrat au net.
M. DURU.
Juste ciel ! quoi ! ton fils n'est pas avec ma fille ?
M. GRIPON.
Non, sans doute.
M. DURU.
Le diable est donc dans ma famille ?
M. GRIPON.
Je le crois.
M. DURU.
Ah ! fripons ! femme indigne du jour,
Vous payerez bien cher ce détestable tour !
Lâches, vous apprendrez que c'est moi qui suis Maître.
Approfondissons tout, je prétends tout connaître ;
Fais descendre mon fils ; va compere, dis-lui
Qu'un ami de son pere, arrivé d'aujourd'hui,
Vient lui parler d'affaire, & ne sçaurait attendre,
M. GRIPON.
Je vais te l'amener. Il faut punir mon gendre,
Il faut un Commissaire, il faut verbaliser,
Il faut venger Phlipotte.

LA FEMME QUI A RAISON,

M. DURU.
Eh! cours sans tant jaser.

M. GRIPON *revenant.*
Cela pourra coûter quelqu'argent, mais n'importe.

M. DURU.
Eh! va donc.

M. GRIPON. *revenant.*
Il faudra faire amener main-forte.

M. DURU.
Va, te dis-je.

M. GRIPON.
J'y cours.

SCENE III.

M. DURU. *seul.*

O Voyage cruel!
O pouvoir marital & pouvoir paternel!
O luxe! maudit luxe! invention du diable,
C'est toi qui corrompt tout, perd tout, monstre
    exécrable!
Ma femme, mes enfans, de toi sont infectés,
J'entrevois là-dessous un tas d'iniquités,
Un amas de noirceur, & sur-tout de dépenses,
Qui me glacent le sang & redoublent mes transes.
Epouse, fille, fils, m'ont tous perdu d'honneur;
Je ne sçais si je dois en mourir de douleur:
Et quoique de me pendre il me prenne une envie,
L'argent qu'on a gagné fait qu'on aime la vie.
Ah! j'apperçois, je crois, mon traître d'Avocat.
Quel habit! pourquoi donc n'a-t-il point de rabat?

COMÉDIE.

SCENE IV.
M. DURU, M. GRIPON, DAMIS.

DAMIS à *M. Gripon.*

Quel est cet homme ? Il a l'air bien attrabilaire.

M. GRIPON.

C'est le meilleur ami qu'ait Monsieur votre pere.

DAMIS.

Prête-t-il de l'argent ?

M. GRIPON.

En aucune façon,
Car il en a beaucoup.

M. DURU.

Répondez, beau garçon,
Etes-vous Avocat ?

DAMIS.

point du tout.

M. DURU.

Ah ! le traître !
Etes-vous marié ?

DAMIS.

J'ai le bonheur de l'être.

M. DURU.

Et votre sœur ?

DAMIS.

Aussi. Nous avons cette nuit
Goûté d'un double hymen le tendre & premier fruit.

M. DURU.

Mariés !

M. GRIPON.

Scélérat !

M. DURU.

A qui donc ?

DAMIS.

A ma femme.

M. GRIPON.
A ma Phlipotte ?
DAMIS.
Non.
M. DURU.
Je me sens percer l'ame;
Quelle est-elle ? En un mot, vîte répondez-moi.
DAMIS.
Vous êtes curieux & poli, je le vois.
M. DURU.
Je veux sçavoir de vous celle qui, par surprise,
Pour braver votre pere, ici s'impatronise.
DAMIS.
Quelle est ma femme ?
M. DURU.
Oui, oui.
C'est la sœur de celui
A qui ma propre sœur est unie aujourd'hui.
M. GRIPON.
Quel galimathias !
DAMIS.
Mais la chose est toute claire.
Vous sçavez, cher Gripon, qu'un ordre de mon pere
Enjoignait à ma mere, en termes très-précis,
D'établir, au plutôt, & sa fille, & son fils.
M. DURU.
Eh bien, traître ?
DAMIS.
A cet ordre elle s'est asservie.
Non pas absolument, mais du moins en partie.
Il veut un prompt hymen, il s'est fait promptement;
Il est vrai qu'on n'a pas conclu précisément
Avec ceux que sa lettre a nommé par sa close;
Mais le plus fort est fait, le reste est peu de chose.
Le Marquis d'Outremont, l'un de nos bons amis,
Est un homme...
M. GRIPON,
Ah ! c'est-là cet ami du logis;
On s'est moqué de nous ; je m'en doutais, compere.

COMÉDIE.

M. DURU.
Allons, faites venir vîte le Commissaire,
Vingt-Huissiers.

DAMIS.
Et qui donc êtes-vous, s'il vous plaît,
Qui daignez prendre à nous un si grand intérêt ?
Cher ami de mon pere, apprenez que peut-être,
Sans mon respect pour lui, cette large fenêtre
Seroit votre chemin pour vuider la maison.
Dénichez de chez moi.

M. DURU.
Comment, maître fripon,
Toi me chasser d'ici ? Toi scélérat, faussaire ?
Egreffin, débauché, l'opprobre de ton Pere ?
Qui n'es point Avocat !

SCENE V & derniere.

Mad. DURU, sortant d'un côté avec MARTHE. Le MARQUIS sortant de l'autre avec ERISE. M. DURU, M. GRIPON, DAMIS.

M. DURU, dans le fond.

Mon carosse est-il prêt ?
D'où vient donc tout ce bruit ?

LE MARQUIS.
Ah ! je vois ce que c'est.

MARTHE.
C'est mon questionneur.

LE MARQUIS.
Oui, ce plaisant visage,
Qui sembloit si surpris de notre mariage.

Mad. DURU.
Qui donc ?

LA FEMME QUI A RAISON,

LE MARQUIS.

De votre époux il dit qu'il est Agent.

M. DURU *en colére se retournant.*

Oui, c'est moi.

MARTHE.

Cet Agent paraît peu patient.

Mad. DURU *avançant.*

Que vois-je ! quels traits ! c'est lui-même, & mon ame...

M. DURU.

Voilà donc à la fin ma coquine de femme ?
Oh ! comme elle est changée ! elle n'a plus, ma foi,
De quoi racommoder ses fautes près de moi.

Mad. DURU.

Quoi ! c'est vous, mon mari, mon cher époux ?...

DAMIS, ERISE, LE MARQUIS, *ensemble.*

Mon pere !

Mad. DURU.

Daignez jetter, Monsieur, un regard moins sévère
Sur moi, sur mes enfans, qui sont à vos genoux.

LE MARQUIS.

Oh ! pardon, j'ignorais que vous fussiez chez vous.

M. DURU.

Ce matin...

LE MARQUIS.

Excusez, j'en suis honteux dans l'ame.

MARTHE.

Et qui vous aurait crû le mari de Madame ?

DAMIS.

A vos pieds...

M. DURU.

Fils indigne, apostat du Barreau,
Malheureux marié, qui fais ici le beau,
Fripon ; c'est donc ainsi que ton pere lui-même
S'est vû reçu de toi ? C'est ainsi que l'on m'aime.

M. GRIPON.

C'est la force du sang.

DAMIS.

Je ne suis pas devin

COMÉDIE.

Mad. DURU.

Pourquoi tant de courroux dans notre heureux destin?
Vous retrouvez ici toute votre famille ;
Un gendre, un fils bien né, votre épouse, une fille;
Que voulez-vous de plus? Faut-il après douze ans
Voir d'un œil de travers sa femme & les enfans ?

M. DURU.

Vous n'êtes point ma femme, elle était ménagère;
Elle cousait, filait, faisait très-maigre chère;
Et n'eût point à mon bien porté le coup mortel,
Par la main d'un filou, nommé Maître d'Hôtel;
N'eût point oué, n'eût point ruiné ma famille,
Ni d'un maudit Marquis ensorcellé ma fille ;
N'aurait pas à mon fils fait perdre son latin,
Et fait d'un Avocat un pimpant égreffin.
Perfide, voilà donc la belle récompense
D'un travail de douze ans & de ma confiance!
Des soupers dans la nuit, à midi petit jour !
Auprès de votre lit un oisif de la Cour!
Et portant en public le honteux étalage
Du rouge enluminé qui peint votre visage !
C'est ainsi qu'à profit vous placiez mon argent?
Allons, de cet Hôtel qu'on déniche à l'instant,
Et qu'on aille m'attendre à son second étage.

DAMIS.

Quel pere !

LE MARQUIS.

Quel beau-pere !

ÉRISE.

Eh ! bon Dieu quel langage!

Mad. DURU.

Je puis avoir des torts, vous quelques préjugés,
Modérez-vous de grace, écoutez & jugez.
Alors que la misère à tous deux fut commune
Je me fis des vertus propres à ma fortune;
D'élever vos enfans je pris sur moi les soins;
Je me refusai tout pour leur laisser, du moins,
Une éducation qui tînt lieu d'héritage.
Quand vous eûtes acquis, dans votre heureux voyage,
Un peu de bien ; commis à ma fidélité,

J'en sçus placer le fonds, il est en sûreté.
M. Duru.
Oui.
Mad. Duru.
Votre bien s'accrut ; il servit, en partie,
A nous donner à tous une plus douce vie.
Je voulus dans la Robe élever votre fils,
Il n'y parut pas propre, & je changeai d'avis :
Il fallait cultiver, non forcer la nature ;
Il est né valeureux, vif, mais plein de droiture ;
J'ai fait, à ses talens habile à me plier,
D'un mauvais Avocat, un très-bon Officier.
Avantageusement j'ai marié ma fille ;
La paix & les plaisirs règnent dans ma famille ;
Nous avons des amis ; des Seigneurs sans fracas,
Sans vanité, sans airs, & qui n'empruntent pas,
Soupent chez nous gaiment & passent la soirée ;
La chère est délicate & toujours modérée.
Le jeu n'est pas trop fort : & jamais nos plaisirs
Ne nous ont, grace au Ciel, causé de repentirs.
De mon premier état je soutins l'indigence ;
Avec le même esprit j'use de l'abondance.
On doit compte au public de l'usage du bien,
Et qui l'ensevelit est mauvais citoyen :
Il fait tort à l'Etat, il s'en fait à soi-même ;
Faut-il, sur son comptoir, l'œil trouble & le tein blême,
Manquer du nécessaire, auprès d'un coffre-fort,
Pour avoir de quoi vivre un jour après sa mort ?
Ah ! vivez avec nous dans une honnête aisance :
Le prix de vos travaux est dans la jouissance.
Faites votre bonheur en remplissant nos vœux,
Etre riche n'est rien : le tout est d'être heureux.
M. Duru.
Le beau sermon du luxe & de l'intempérance !
Gripon, je souffrirais que pendant mon absence
On dispose de tout, de mes biens, de mon fils,
De ma fille ?
Mad. Duru.
Monsieur, je vous en écrivis.
Cette union est sage, & doit vous le paraître.

Vos enfans sont heureux, leur pere devrait l'être.
M. DURU.
Non, je serais outré d'être heureux malgré moi.
C'est être heureux en sot de souffrir que chez soi,
Femme, fils, gendre, fille ainsi se réjouissent.
Mad. DURU.
Ah! qu'à cette union tous vos vœux applaudissent!
M. DURU.
Non, non, non, non ; il faut être maître chez soi.
Mad. DURU.
Vous le serez toujours.
ERISE.
Ah! disposez de moi.
Mad. DURU.
Nous sommes à vos pieds.
DAMIS.
Tout ici doit vous plaire;
Serez-vous inflexible?
Mad. DURU.
Ah! mon époux!
DAMIS, ERISE ensemble.
Mon pere!
M. DURU.
Gripon, m'attendrirai-je?
M. GRIPON.
Ecoutez, entre nous
Çà demande du tems.
MARTHE.
Vîte, attendrissez-vous.
Tous ces gens-là, Monsieur, s'aiment à la folie;
Croyez-moi, mettez-vous aussi de la partie.
Personne n'attendait que vous vinssiez ici.
La maison va fort bien, vous voilà, restez-y.
Soyez gai comme nous, ou que Dieu vous renvoye;
Nous vous promettons tous de vous tenir en joie.
Rien n'est plus douloureux, comme plus inhumain,
Que de gronder tout seul des plaisirs du prochain.
M. DURU.
L'impertinente! Eh bien, qu'en penses-tu, compere?

LA FEMME QUI A RAISON.
M. GRIPON.
J'ai le cœur un peu dur ; mais après tout que faire ?
La chose est sans reméde, & ma Pphipotte aura
Cent Avocats pour un si-tôt qu'elle voudra.
Mad. DURU.
Eh bien, vous rendez-vous ?
M. DURU.
Çà, mes enfans, ma femme,
Je n'ai pas, dans le fond, une si vilaine ame.
Mes enfans sont pourvus. Et puisque de son bien,
Alors que l'on est mort, on ne peut garder rien,
Il faut en dépenser un peu pendant sa vie.
Mais, ne mangez pas tout, Madame, je vous prie.
Mad. DURU.
Ne craignez rien, vivez, possédez, jouissez...
M. DURU.
Dix fois cent mille francs par vous sont-ils placés ?
Mad. DURU.
En contrats, en effets de la meilleure sorte.
M. DURU.
En voici donc autant qu'avec moi je rapporte.
(*Il veut lui donner son Porte-feuille, & le remet dans sa poche.*)
Mad. DURU.
Rapportez-nous un cœur doux, tendre, généreux ;
Voilà les millons qui sont chers à nos vœux.
M. DURU.
Allons donc ; je vois bien qu'il faut, avec constance,
Prendre enfin mon bonheur du moins en patience.

Fin du troisiéme & dernier Acte.

LE CAFFÉ

LE CAFFÉ

ou

L'ÉCOSSAISE,

COMÉDIE.

PREFACE

LA Comédie dont nous présentons la traduction aux Amateurs de la Littérature, est de Mr. *Hume*, Pasteur de l'Eglise d'Edimbourg, déja connu par deux belles Tragédies jouées à Londres : il est le frere de ce célebre Philosophe Mr. *Hume*, qui a creusé avec tant de hardiesse & de sagacité les fondements de la métaphysique & de la morale ; ces deux Philosophes font également honneur à l'Ecosse leur Patrie.

La Comédie intitulée l'ECOSSAISE, m'a paru un de ces Ouvrages qui peuvent réussir dans toutes les langues, parce que l'Auteur peint la nature, qui est par-tout la même : il a la naïveté & la vérité de l'estimable *Goldoni*, avec peut-être plus d'intrigue, de force, & d'intérêt. Le dénouement, le caractere de l'héroïne, & celui de *Fréeport*, ne ressemblent à rien de ce que nous connaissons sur le Théâtres de France : & cependant c'est la nature pure. Cette Piece paraît un peu dans le goût de ces Romans Anglais qui ont fait tant de fortune : ce sont des touches semblables, la même peinture des mœurs, rien de re-

PREFACE.

cherché, nulle envie d'avoir de l'esprit, & de montrer misérablement l'Auteur, quand on ne doit montrer que les personnages : rien d'étranger au sujet, point de tirade d'écolier, de ces maximes triviales qui remplissent le vuide de l'action. C'est une justice que nous sommes obligés de rendre à notre célebre Auteur.

Nous avouons en même-temps que nous avons cru, par le conseil des hommes les plus éclairés, devoir retrancher quelque chose du rôle de *Frélon*, qui paraissait encore dans les derniers Actes : il était puni, comme de raison, à la fin de la Piece ; mais cette justice qu'on lui rendait semblait mêler un peu de froideur au vif intérêt qui entraîne l'esprit vers le dénouement.

De plus, le caractere de *Frélon* est si lâche & si odieux, que nous avons voulu épargner aux Lecteurs la vue trop fréquente de ce personnage, plus dégoûtant que comique. Nous convenons qu'il est dans la nature : car dans les grandes Villes où la Presse jouit de quelque liberté, on trouve toujours quelques-uns de ces misérables qui se font un revenu de leur impudence, de ces *Arétins* subalternes qui gagnent leur pain à dire & à faire du mal, sous le prétexte d'être utile aux belles-Lettres, comme si les vers qui rongent les fruits & les fleurs pouvaient leur être utiles.

L'un des deux illustres Savants, &

PREFACE.

pour nous exprimer encore plus correctement, l'un de ces deux hommes de génie, qui ont préfidé au Dictionnaire Encyclopédique, à cet ouvrage néceffaire au genre-humain, dont la fufpenfion fait gémir l'Europe ; l'un de ces deux Grands-hommes, dis-je, dans des effais qu'il s'eft amufé à faire fur l'art de la Comédie, remarque très-judicieufement que l'on doit fonger à mettre fur le Théâtre les conditions & les états des hommes. L'emploi du *Frélon* de Mr. *Hume*, eft une efpece d'état en Angleterre : il y a même une taxe établie fur les feuilles de ces gens-là. Ni cet état, ni ce caractere, ne paraiffent dignes du Théâtre en France : mais le pinceau Anglais ne dédaigne rien ; il fe plaît quelquefois à tracer des objets dont la baffeffe peut révolter quelques autres Nations. Il n'importe aux Anglais que le fujet foit bas, pourvu qu'il foit vrai. Ils difent que la Comédie étend fes droits fur tous les caracteres & fur toutes les conditions ; que tout ce qui eft dans la nature doit être peint ; que nous avons une fauffe délicateffe, & que l'homme le plus méprifable peu fervir de contrafte au plus galant homme.

J'ajouterai, pour la juftification de Mr. *Hume*, qu'il a l'art de ne préfenter fon *Frélon* que dans des moments où l'intérêt n'eft pas encore vif & touchant. Il a imité ces Peintres qui peignent un crapaud, un lézar, une couleuvre dans un coin de ta-

PREFACE.

bleau, en conservant aux personnages la noblesse de leur caractere.

Ce qui nous a frappé vivement dans cette piece, c'est que l'unité de temps, de lieu & d'action, y est observée scrupuleusement. Elle a encore ce mérite rare chez les Anglais, comme chez les Italiens, que le Théâtre n'est jamais vuide. Rien n'est plus commun & plus choquant que de voir deux Acteurs sortir de la scene & deux autres venir à leur place sans être appellés, sans être attendus : ce défaut insupportable ne se trouve point dans l'*Ecossaise*.

Quant au genre de la Piece, il est dans le haut comique, mêlé au genre de la simple Comédie. L'honnête homme y sourit de ce sourire de l'ame préférable au rire de la bouche. Il y a des endroits attendrissants jusqu'aux larmes ; mais sans pourtant qu'aucun personnage s'étudie à être patétique : car de même que la bonne plaisanterie consiste à ne vouloir point être plaisant, ainsi celui qui vous émeut ne songe point à vous émouvoir ; il n'est point Rhétoricien, tout part du cœur ; malheur à celui qui tâche, dans quelque genre que ce puisse être.

Nous ne savons pas si cette Piece pourrait être représentée à Paris ; notre état & notre vie, qui ne nous ont pas permis de fréquenter souvent les spectacles, nous laissent dans l'impuissance de juger quel effet

PRÉFACE.

une Piece Anglaise feroit en France.

Tout ce que nous pouvons dire, c'est que malgré tous les efforts que nous avons faits pour rendre exactement l'original, nous sommes très-loin d'avoir atteint au mérite de ses expressions, toujours fortes & toujours naturelles.

Ce qui est beaucoup plus important, c'est que cette Comédie est d'une excellente morale, & digne de la gravité du Sacerdoce dont l'Auteur est revêtu, sans rien perdre de ce qui peut plaire aux honnêtes gens du monde.

La Comédie ainsi traitée, est un des plus utiles efforts de l'esprit humain. Il faut convenir que c'est un art, & un art très-difficile. Tout le monde peut compiler des faits & des raisonnements; il est aisé d'apprendre la Trigonométrie : mais tout art demande un talent, & le talent est rare.

Nous ne pouvons mieux finir cette Préface, que par ce passage de notre compatriote *Montagne* sur les Spectacles.

,, J'ai soutenu les premiers Personnages
,, ès Tragédies Latines de *Buchanan*, de
,, *Guerante*, & de *Muret*, qui se représentè-
,, rent à notre College de Guyenne avec
,, dignité. En cela, *Andreas Goveanus* no-
,, tre Principal, comme en toutes autres par-
,, ties de sa charge, fut sans comparaison
,, le plus grand Principal de France, &
,, m'en tenait-on Maître Ouvrier. C'est un
,, exercice que je ne mesloue point aux jeu-
,, nes enfants de Maison, & ai vu nos Prin-

„ ces depuis s'y adonner en perſonne, à
„ l'exemple d'aucuns des anciens, honneſ-
„ tement & louablement : il eſt loiſible mê-
„ me d'en faire meſtier aux gens d'honneur
„ & en Grece. *Ariſtoni tragico Actori rem*
„ *aperit : huic & genus, & fortuna honeſta*
„ *erant; nec Ars, quia nihil tale apud Græcos*
„ *pudori eſt, ea deformabat.* Car j'ai toujours
„ accuſé d'impertinence, ceux qui condam-
„ nent ces esbatements ; & d'injuſtice,
„ ceux qui empêchent l'entrée de nos bon-
„ nes Villes aux Comédiens qui les valent
„ & envient au Peuple ces plaiſirs publics.
„ Les bonnes polices prennent ſoin d'aſ-
„ ſembler les Citoyens, & les rallier, com-
„ me aux offices ſérieux de la dévotion,
„ auſſi aux exercices & jeux. La ſociété &
„ amitié s'en augmentent, & puis on ne
„ leur concede des paſſe-temps plus réglés
„ que ceux qui ſe font en préſence de cha-
„ cun, & à la vue même du Magiſtrat :
„ trouverais raiſonnable que le Prince à
„ ſes dépends en gratifiaſt quelquefois la
„ commune ; & qu'aux Villes populeuſes
„ il y eût des lieux deſtinés & diſpoſés
„ pour ces Spectacles : quelque divertiſ-
„ ſement de pires actions & occultes. Pour
„ revenir à mon propos, il n'y a tel que
„ d'allécher l'appétit & l'affection, autre-
„ ment on ne fait que des ânes chargés de
„ Livres : on leur donne à coups de fouet
„ en garde, leur pochette pleine de ſcience;
„ laquelle, pour bien faire, il ne faut pas
„ ſeulement loger chez ſoi, il la faut épouſer.

AVIS
AU LECTEUR.

L'Edition que nous donnons de cette Comédie eſt conforme à celle originale, & telle qu'elle eſt ſortie des mains de l'Auteur. Mais comme elle a été depuis miſe au Théâtre, nous avons cru faire plaiſir de réunir de ſuite les légers changemens qu'il a paru convenable d'y faire lors de la repréſentation.

Page 185. *lig.* 9, *ajoutez, après le mot* paragraphe : ſi vous voulez faire quelque connaiſſance agréable ou utile, je ſuis votre homme.

Page 187, *lig.* 17, *après la* Jamaïque; *ajoutez,* ces Philoſophes la feront prendre.

Page 199, *lig.* 20, *ſupp. après les mots,* la pauvreté ; & qui eſt nourrie par charité.

Page 190, *lig.* 2, *au lieu de,* qu'elles meurent de faim, *liſ.* que tout leur manque. *Même page, ajoutez à la* 24 *ligne* je me vengerai de leur inſolence. Mépriſer Mr. Waſp. !

Page 190, *lig.* 33, *au lieu des mots,* & un cœur de boue, *liſ.* un homme dangereux. *Même page, lig.* 10 *ſupp. ces mots.* je veux bien vivre de pain & d'eau.

Page 194, *lig.* 10, *au lieu des mots* tout votre fait *liſ.* galant homme.

Page 194, *ſupp. depuis le mot,* Lindane, *qui eſt à la lig.* 32, *de la pag.* 194, *juſq. & compris le mot,* parent, *qui eſt à lig.* 40. *de la pag.* 194,

Page 196, *lig.* 9. & 10, *au lieu des mots* rentrez &c. *liſ.* revenez à vous.

AVIS AU LECTEUR.

Page 197, *lig.* 30, *supp.* ne le gardez, &c. & *ajout.* elle le donne à Lindane.

Page 198, *lig.* 11. *supp.* Polly; *lig.* 12, *au lieu de* vient m'aider à, *lis.* allons. Même page *supp.* depuis la *lig* 14, *au mot* Polly, *jusqu'à la fin de* la Scene.

Page 199, *lig.* 30, *supp.* devant, &c.

Page 200, *lig.* 1, *ajoutez après le mot* Rivale, en prison; & *supp.* le reste de la lig. 2 & 3, en entier Même pag. 200 lig. 12 & 13. *supp.* Tu n'es pas un imbécile, comme on le dit.

Page 200, *lig.* 1, *au lieu des mots,* j'aime qu'on se retire.... je me retirerai avec elle : *lis.* j'aime les personnes de cette humeur, je hais la cohue aussi bien qu'elle.

Page 205, *lig.* 26, *supp.* & Milord ne vient point.

Page 208, *lig.* 3 & 4, *au lieu des mots,* de froid & de faim, *lis.* mille fois.

Page 209, *lig.* 29. *au lieu de*, elle craint que vous ne l'aimiez, *lis.* elle craint qu'on ne dise que vous l'aimez.

Page 212, *lig.* 3 & 4 *après le mot* horrible, *ajout.* quelle Lettre! Dieu me préserve de la lui rendre jamais (*elle déchire la Lettre.*)

Page 213, *lig.* 9, *supp.* ces petites fantaisies, &c. jusqu'au mot, descendre pag. 213, *lig.* 12, & *lis.* ah! tant mieux; mais vous m'avez effrayé.

Page 214, *lig.* 29, *au lieu de* ce barbouilleur de Feuilles, *lis.* Wasp.

Page 216, *lig.* 30, *supp.* c'est une conspiration.

Page 218, *lig.* 15, *supp.* j'ai honte, *jusqu'au mot* forcée. *lig.* 17 *supp.* je suffoque.

Page 220, *lig.* 12, *supp.* la maison est trop publique.

Page 221, *lig.* 20, *après le mot* hélas! *supp.* le reste de l'art.

Page 222, *lig.* 13, *supp.* je réponds, *jusqu'à la fin de l'art.*

Page 222, *lig.* 32, *au lieu des mots,* rend service, *lis.* oblige.

AVIS AU LECTEUR.

Page 225, *ligne* 33, *supp.* hélas, &c. & *reprenez*, elle est, &c.

Page 226, *lig.* 7, *supp.* les filles, &c. & *reprenez*, je vais à elle & je reviendrai à vous.

Page 228, *lig.* 19, *au lieu de* frippon, *lis.* délateur

Page 229, *lig.* 7, *au lieu de* prétend, *lis.* ajoute. *même page lig.* 19, *au lieu de*, un frippon; *lis.* un mauvais sujet.

Page 229, *lig.* 36, *supp.* serviteur, &c. & *reprenez*, adieu.

Page 232, *lig.* 6, *au lieu de*, & je me serais : &c. *lis.* & je ne sais comment il m'est resté assez de force pour la secourir. *Même page*, *lig.* 9, *au lieu de* l'évanouissement, &c. *lisez* le service que tu lui as rendu.

Page 235, *lig.* 12, *supp.* le mot, gros.

Page 241, *lig.* 2, *supp.* le mot, viens, & *lig.* 3. *au lieu de* suis-moi, &c. *lis.* allons tout préparer pour notre départ.

Page 241 *lig.* 3 & 4, *après le mot*, généreux, *ajoutez*, car on m'a dit ce que vous avez pour moi. *Même lig. supp. le mot*, qui. *Même page lig.* 16, *après ces mots*, vos bienfaits, *ajoutez* mais.

Page 242, *lig.* 28, *au lieu de* filles, *lis.* gens; *lig.* 34, *au lieu* d'affection, *lisez* d'estime & d'affection. Page 243, *lig.* 11, *supp.* le bonheur, & *lisez* celui. *Même page*, *lig.* 12 & 13, *supp.* Lindane, &c.

Page 243, *lig.* 15, *ajoutez*, encore ! ce Milord, &c. *même pag. lig.* 30, *au lieu de* quelqu'affection, &c. *lis.* de la bonne volonté pour cette Demoiselle.

Page 244, *lig.* 8, *au lieu de* ce gros homme, *lis.* cet homme, & *lig.* 12, *supp.* grossièrement.

Pag. 245, *lig.* 19, *supp.* c'est à mon amour, &c. & *reprenez*, mon cœur, &c.

Pag. 246, *lig.* 12, *au lieu de*, cher amant, *lis.* Milord *lig.* 13, *au lieu de* sa vie, *lis.* ses malheurs ; & *lig.* 14 *au lieu de* la vôtre, *lisez* la vie; & *lig.* 25, *au lieu de* écartez, *lisez* éloignez.

ACTEURS.

FABRICE, Maître du Caffé. — Mr. ARMAND
L'ECOSSAISE ou LINDANE. — Mlle. GAUSSIN.
MONROSE, Pere de Lindane. — Mr. BRIZAR.
MILORD MURRAY, — Mr. BELLECOUR.
POLLY, Suivante de Lindane. — Mlle DANGEVILLE
FRÉEPORT, qu'on prononce FRIPORT, gros Négociant. — Mr. PREVILLE.
FRELON, ou WASP, Faiseur de feuilles, périodiques. — Mr. DUBOIS.

MILADY ALTON, Mlle. PREVILLE.

IV. INTERLOCUTEUR.

Mr. LE KAIN.   PAULIN.
BONNEVALLE.   BLAINVILLE.
ANDRÉ, Valet.   Mr. DURANCI.
UN MESSAGER.   Mr. D'AUBERVAL

La Scene est à Londres. Elle représente tantôt une Salle commune du Caffé, & tantôt l'appartement de LINDANE.

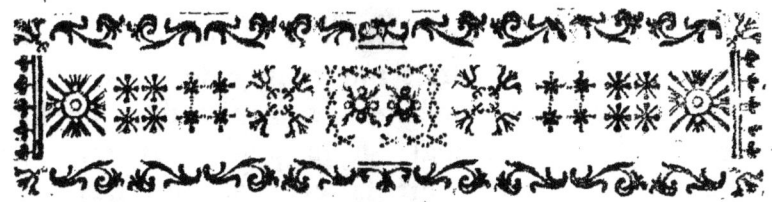

LE CAFFÉ
OU
L'ÉCOSSAISE
COMÉDIE

ACTE PREMIER.

SCENE PREMIERE.

FRÉLON. (*dans un coin, auprès d'une table, sur laquelle il y a une écritoire & du Caffé, lisant la Gazette.*)

QUe de nouvelles affligeantes ! des graces répandues sur plus de vingt personnes ! aucunes sur moi ! cent guinées de gratification à un bas officier, parce qu'il a fait son devoir ; le beau mérite ! une pension à l'Inventeur d'une machine qui ne sert qu'à soulager des ouvriers ! Une à un Pilote, des places à des Gens de Lettres ! & a moi rien ! encore .... encore .... & à moi rien. (*il jette la Gazette & se promene.*) Cependant je rends service à l'Etat ; j'écris plus de feuilles que personne, je fais enchérir le papier .... & à moi rien ! … Je voudrais me venger de tous ceux à qui on croit du mérite. Je gagne déja quelque chose à dire du mal ; si je peux parvenir à en faire, ma fortune est faite. J'ai loué des sots, j'ai dénigré les talents : à peine y a-t-il là de quoi vivre. Ce n'est pas à médire, c'est à nuire, qu'on fait fortune.

(*Au Maître du Caffé.*)

Bon jour Monsieur Fabrice, bon jour. Toutes les affaires vont bien, hors les miennes … j'enrage

FABRICE.

Mr. Frélon, Mr. Frélon, vous vous faites bien des ennemis.

FRÉLON.

Oui, je crois que j'excite un peu d'envie.

FABRICE.

Non, sur mon ame, ce n'est point du tout ce sentiment là que vous faites naître : écoutez ; j'ai quelque amitié pour vous ; je suis fâché d'entendre parler de vous comme on en parle. Comment faites-vous donc pour avoir tant d'ennemis, Mr. Frélon ?

FRÉLON.

C'est que j'ai du mérite, Mr. Fabrice.

FABRICE.

Cela peut-être ; mais il n'y a encore que vous qui me l'ayiez dit. On prétend que vous êtes un ignorant ; cela ne me fait rien : mais on ajoute que vous êtes malicieux, & cela me fâche, car je suis bon homme.

FRÉLON.

J'ai le cœur bon ; j'ai le cœur tendre : je dis un peu de mal des hommes ; mais j'aime toutes les femmes, Mr. Fabrice, pourvu qu'elles soient jolies : & pour vous le prouver, je veux absolument que vous m'introduisiez chez cette aimable personne qui loge chez-vous, & que je n'ai pu encore voir dans son appartement.

FABRICE.

Oh pardi, Mr. Frélon, cette jeune personne

COMÉDIE.

là n'est gueres faite pour vous ; car elle ne se vante jamais, & ne dit de mal de personne.
FRÉLON.
Elle ne dit de mal de personne, parce qu'elle ne connaît personne.... N'en seriez-vous point amoureux, mon cher Mr. Fabrice ?
FABRICE.
Oh non ; elle a quelque chose de si noble dans son air, que je n'ose jamais être amoureux d'elle d'ailleurs, sa vertu ....
FRÉLON.
Ah, ah, ah, sa vertu ! ....
FABRICE.
Oui. Qu'avez-vous à rire ? Est-ce que vous ne croyez pas à la vertu, vous ? Voilà un équipage de campagne qui s'arrête à ma porte ; un Domestique en livrée qui porte une malle : c'est quelque Seigneur qui vient loger chez-moi.
FRÉLON.
Recommandez-moi vite à lui, mon cher ami.

SCENE II.

Le Chev. MONROSE, FABRICE, FRÉLON.

MONROSE.

Vous êtes Monsieur Fabrice, à ce que je crois ?
FABRICE.
A vous servir, Monsieur.
MONROSE.
Je n'ai que peu de jours à rester dans cette Ville. O Ciel ! daigne m'y protéger .... Infortuné que je suis ! .... On m'a dit que je serais mieux chez vous qu'ailleurs, que vous êtes un bon & honnête homme.

FABRICE.

Chacun doit l'être. Vous trouverez ici, Monsieur, toutes les commodités de la vie; un appartement assez propre, table d'hôte, si vous daignez me faire cet honneur, liberté de manger chez vous, l'amusement de la conversation dans le Caffé.

MONROSE.

Avez-vous ici beaucoup de locataires ?

FABRICE.

Nous n'avons à présent qu'une jeune personne très-belle & très-vertueuse,

FRE'LON.

Eh oui, très-vertueuse, eh, eh.

FABRICE.

Qui vit dans la plus grande retraite.

MONROSE.

La jeunesse & la beauté ne sont pas faites pour moi : qu'on me prépare, je vous prie, un appartement où je puisse être en solitude.... Que de peines ! .... Y a-t-il quelque nouvelle intéressante dans Londres ?

FABRICE.

Mr. Frélon peut vous en instruire, car il en fait c'est l'homme du monde qui parle & qui écrit le plus; il est très-utile aux Étrangers.

MONROSE (*en se promenant.*)

Je n'en ai que faire.

FABRICE.

Je vais donner ordre que vous soyez bien servi. (*Il sort.*)

FRE'LON.

Voici un nouveau débarqué : c'est un grand Seigneur sans doute, car il a l'air de ne se soucier de personne. Milord, permettez que je vous présente mes hommages & ma plume.

MONROSE.

Je ne suis point Milord; c'est être un sot de se glorifier de son titre, & c'est être un faussaire de s'arroger un titre qu'on n'a pas. Je suis ce que je

suis ; quel est votre emploi dans la maison ?
FRELON.

Je ne suis point de la maison, Monsieur ; je passe ma vie au Caffé, j'y compose des Brochures, des feuilles : je sers les honnêtes gens. Si vous avez quelque ami à qui vous vouliez donner des éloges, ou quelque ennemi dont on doive dire du mal, quelque Auteur à protéger ou à décrier, il n'en coûte qu'une pistole par paragraphe.

MONROSE.

Et vous ne faites point d'autre métier dans la Ville ?

FRELON.

Monsieur, c'est un très-bon métier.

MONROSE.

Et on ne vous a pas encore montré en Public, le col décoré d'un collier de fer de quatre pouces de hauteur ?

FRELON.

Voilà un homme qui n'aime point la Littérature.

SCENE III.

FRELON (*se remettant à sa table.*) *Plusieurs personnes paraissent dans l'intérieur du Caffé.* MONROSE *avance sur le bord du Théatre.*

MONROSE.

MEs infortunes sont-elles assez longues, assez affreuses ? Errant proscrit, condamné à perdre la tête dans l'Ecosse ma Patrie : j'ai perdu mes honneurs, ma femme, mon fils, ma famille entiere : une fille me reste, errante comme moi, misérable, & peut-être deshonorée : & je mourrai donc sans être vengé de cette barbare famille de *Mur-*

ray qui m'a perſécuté, qui m'a tout ôté, qui m'a rayé du nombre des vivants ! car enfin, je n'exiſte plus ; j'ai perdu juſqu'à mon nom, par l'arrêt qui me condamne en Ecoſſe ; je ne ſuis qu'une ombre qui vient errer autour de ſon tombeau.

(*Un de ceux qui ſont entrés dans le Caffé frappant ſur l'épaule de* Frélon *qui écrit.*)

Eh bien, tu étais hier à la Piece nouvelle : l'Auteur fut applaudi ; c'eſt un jeune homme de mérite & ſans fortune, que la Nation doit encourager.

Un Autre.

Je me ſoucie bien d'une Piece nouvelle. Les affaires publiques me déſeſpérent : toutes les denrées ſont a bon marché ; on nage dans une abondance pernicieuſe ; je ſuis perdu, je ſuis ruiné.

FRELON. (*écrivant*)

Cela n'eſt pas vrai, la Piece ne vaut rien ; l'Auteur eſt un ſot, & ſes protecteurs auſſi. Les affaires publiques n'ont jamais été plus mauvaiſes tout renchérit ; l'Etat eſt anéanti ; & je le prouve par mes feuilles.

Un Second

Tes feuilles ſont de feuilles de chêne ? la vérité eſt que le grand Turc arme puiſſamment pour faire une deſcente à la Virginie, & c'eſt ce qui fait tomber les fonds publics.

Le Chev. MONROSE, (*toujours ſur le devant du Théâtre.*)

Le fils de Milord Murray me payera tous mes malheurs. Que ne puis-je au moins, avant de périr, punir par le ſang du fils toutes les barbaries du pere !

Un troisieme Interlocuteur (*dans le fond.*

La Piece d'hier m'a paru très-bonne.

FRELON.

Le mauvais goût gagne ; elle eſt déteſtable.

Le troisieme Interlocuteur.

Il n'y a de déteſtable que tes critiques.

COMÉDIE.

LE SECOND.

Et moi je vous dis que les fonds baissent, & qu'il faut envoyer un autre Ambassadeur à la Porte.

FRE'LON.

Il faut siffler la piece qui réussit, & ne pas souffrir qu'il se fasse rien de bon.

(*Ils parlent tous quatre en même-temps.*)

UN INTERLOCUTEUR.

Va, s'il n'y avait rien de bon, tu perdrais le plus grand plaisir de la satyre. Le cinquiéme Acte sur-tout, a de très-grandes beautés.

LE SECOND INTERLOCUTEUR.

Je n'ai pu me défaire d'aucune de mes marchandises.

LE TROISIEME.

Il y a beaucoup à craindre cette année pour la Jamaïque.

FRE'LON.

Le quatrieme & le cinquieme Acte sont pitoyables.

MONROSE (*se retournant,*)

Quel sabbat !

LE PREMIER INTERLOCUTEUR.

Le Gouvernement ne peut pas pas subsister tel qu'il est.

LE TROISIEME INTERLOCUTEUR.

Si le prix de l'eau des Barbades ne baisse pas, la Patrie est perdue.

MONROSE.

Se peut-il que toujours, & dans tous pays, dès que les hommes sont rassemblés, ils parlent tous à la fois ! quelle rage de parler, avec la certitude de n'être point entendu !

FABRICE, *arrivant avec une serviette.*)

Messieurs, on a servi ; sur-tout ne vous querellez point à table, ou je ne vous reçois plus chez moi. (*à Monrose.*) Monsieur veut-il nous faire l'honneur de venir dîner avec nous.

Le Chev. MONROSE.

Avec cette cohue ? Non, mon ami : faites-moi apporter à manger dans ma chambre. (*Il se retire les survenants sortent pour dîner. Frélon est toujours à la table où il écrit: Fabrice frappe à la porte de l'appartement de Lindane.*

SCENE IV.

FABRICE, Mlle. POLLY, FRELON.

FABRICE.

Mademoiselle Polly, Mademoiselle Polly!
POLLY,
Eh bien, qu'y a-t-il, notre cher hôte?
FABRICE.
Seriez-vous assez complaisante pour venir dîner en compagnie?
POLLY.
Hélas je n'ose, car ma maîtresse ne mange point: comment voulez-vous que je mange? Nous sommes si tristes!
FABRICE.
Cela vous égayera.
POLLY.
Je ne peux être gaye, quand ma maîtresse souffre, il faut que je souffre avec elle.
FABRICE.
Je vous enverrai donc secrétement ce qu'il vous faudra. (*Il sort.*)
FRE'LON, (*se levant de sa table.*)
Je vous suis, Mr. Fabrice.... Ma chere Polly, vous ne voulez donc jamais m'introduire chez votre maîtresse? Vous rebutez toutes mes prieres?
POLLY.
C'est bien à vous d'oser faire l'amoureux d'une personne de sa sorte!
FRE'LON.
Eh de quelle sorte est-elle donc?

COMÉDIE.

POLLY.

D'une sorte qu'il faut respecter : vous êtes fait tout au plus pour les Suivantes.

FRELON.

C'est-à-dire que si je vous en contais, vous m'aimeriez ?

POLLY.

Assurément non.

FRELON.

Et pourquoi donc ta maîtresse s'obstine-t-elle à ne me point recevoir, & que la Suivante me dédaigne ?

POLLY.

Pour trois raisons ; c'est que vous êtes bel esprit, ennuyeux & méchant.

FRELON.

C'est bien à ta maîtresse, qui languit ici dans la pauvreté, & qui est nourrie par charité, à me dédaigner.

POLLY.

Ma maîtresse pauvre ! qui vous a dit cela, langue de vipere ? Ma maîtresse est très-riche : si elle ne fait point de dépense, c'est qu'elle hait le faste ; elle est vêtue simplement.... par modestie : elle mange peu, c'est par régime ; vous êtes un impertinent.

FRELON.

Qu'elle ne fasse pas tant la fiere : nous connaissons sa conduite ; nous savons sa naissance ; nous n'ignorons par ses aventures.

POLLY.

Quoi donc ? Que connaissez-vous ? Que voulez-vous dire ?

FRELON.

J'ai par-tout des correspondances.

POLLY.

O Ciel ! cet homme peut nous perdre. M. Frélon, mon cher M. Frélon, si vous savez quelque chose ne nous trahissez pas.

FRÉLON.

Ah! ah, j'ay donc deviné ; il y a donc, quelque chose, & je suis le cher M. Frélon. Ah ça, je ne dirai rien ; mais il faut ....

POLLY.

Quoi?

FRÉLON.

Il faut m'aimer.

POLLY.

Fi donc, cela n'est pas possible.

FRÉLON.

Ou aimez-moi, ou craignez-moi : vous savez qu'il y a quelque chose.

POLLY.

Non, il n'y a rien, sinon que ma maîtresse est aussi respectable que vous êtes haïssable : nous sommes très-à notre aise, nous ne craignons rien & nous nous moquons de vous.

FRÉLON.

Elles sont très-à leur aise ; delà je conclus qu'elles meurent de faim : elles ne craignent rien ; c'est-à-dire, qu'elles tremblent d'être découvertes ..... Ah! je viendrai à bout de ces aventurieres, ou je ne pourrai. (*Il sort.*)

SCENE V.

LINDANE (*sortant de sa chambre, dans un deshabillé des plus simples.*) **POLLY.**

LINDANE.

AH ma pauvre Polly, tu étois avec ce vilain homme de Frélon : il me donne toujours de l'inquiétude ; on dit que c'est un esprit de travers & un cœur de boue, dont la langue, la plume & les démarches sont également méchantes ; qu'il cherche à s'insinuer par-tout pour faire le mal s'il n'y en a point, & pour l'augmenter s'il en trouve. Je ſerois ſortie de cette maiſon qu'il fréquente, ſans la probité & le bon cœur de notre Hôte.

POLLY.

Il vouloit abſolument vous voir, & je le rembarrois....

LINDANE.

Il me veut voir, & Milord Murray n'eſt point venu ! il n'eſt point venu depuis deux jours !

POLLY.

Non, Madame ; mais, parce que Milord ne vient point, faut-il pour cela ne dîner jamais ?

LINDANE.

Ah ! ſouviens-toi ſur-tout de lui cacher toujours ma miſere, & à lui & à tout le monde, je veux bien vivre de pain & d'eau ; ce n'eſt point la pauvreté qui eſt intolérable, c'eſt le mépris : je fais manquer de tout, mais je veux qu'on l'ignore.

POLLY.

Hélas ! ma chere maîtreſſe, on s'en apperçoit aſſez en me voyant. Pour vous, ce n'eſt pas de même, la grandeur d'ame vous ſoutient : il ſemble que vous vous plaiſiez à combattre la mauvaiſe fortune ; vous n'en êtes que plus belle : mais moi je maigris à vue d'œil ? depuis un an que vous m'avez priſe à votre ſervice en Ecoſſe, je ne me reconnais plus.

LINDANE.

Il ne faut perdre ni le courage, ni l'eſpérance : je ſupporte ma pauvreté ; mais la tienne me déchire le cœur. Ma chere Polly, qu'au moins le travail de mes mains ſerve à rendre ta deſtinée moins affreuſe : n'ayons d'obligation à perſonne ; va vendre ce que j'ai brodé ces jours-ci. (*Elle lui donne un petit ouvrage de broderie.*) Je ne réuſſis pas mal à ces petits ouvrages. Que mes mains te nourriſſent & t'habillent : tu m'as aidée ; il eſt beau de ne devoir notre ſubſiſtance qu'à notre vertu.

POLLY.

Laiſſez-moi baiſer, laiſſez-moi arroſer de mes

larmes ces belles mains qui ont fait ce travail précieux. Oui, Madame, j'aimerois mieux mourir auprès de vous dans l'indigence, que de servir des Reines. Que ne puis-je vous consoler !

LINDANE.

Hélas ! Milord Murray n'est point venu ! lui que je devrois haïr, lui le fils de celui qui a fait tous nos malheurs ! Ah ! le nom de Murray nous sera toujours funeste ! S'il vient, comme il viendra sans doute, qu'il ignore absolument ma Patrie, mon état, mon infortune.

POLLY.

Savez-vous bien que ce méchant Frélon se vante d'en avoir quelque connaissance ?

LINDANE.

Eh ! comment pourroit-il en être instruit, puisque tu l'es à peine ? Il ne sait rien, personne ne m'écrit, je suis dans ma chambre comme dans mon tombeau : mais il feint de savoir quelque chose pour se rendre nécessaire. Garde-toi qu'il devine jamais seulement le lieu de ma naissance. Chère Polly, tu le sais, je suis une infortunée, dont le pere fut proscrit dans les derniers troubles, dont la famille est détruite : il ne me reste que mon courage. Je t'ai ouvert mon cœur ; mais songe que tu le perces du coup de la mort, si tu laisses jamais entrevoir l'état où je suis.

POLLY.

Et à qui en parlerais-je ? Je ne sors jamais d'auprès de vous ; & puis, le monde est si indifférent sur les malheurs d'autrui !

LINDANE.

Il est indifférent, Polly, mais il est curieux ; mais il aime à déchirer les blessures des infortunés ; & si les hommes sont compatissants avec les femmes, ils en abusent ; ils veulent se faire un droit de notre misere ; & je veux rendre cette misere respectable. Mais hélas ! Milord Murray ne viendra point !

COMÉDIE.

SCENE VI.

LINDANE, POLLY, FABRICE
(*avec une serviette.*)

FABRICE.

Pardonnez... Madame... Mademoiselle.... Je ne sais comment vous nommer, ni comment vous parler.... Vous m'imposez du respect. Je sors de table pour vous demander vos volontés... Je ne sais comment m'y prendre.

LINDANE.

Mon cher hôte, croyez que toutes vos attentions me pénetrent le cœur ; que voulez-vous de moi ?

FABRICE.

C'est moi qui voudrois bien que vous voulussiez avoir quelque volonté. Il me semble que vous n'avez point dîné hier.

LINDANE.

J'étois malade.

FABRICE.

Vous êtes plus que malade... Vous êtes triste... Entre nous, pardonnez... Il paraît que votre fortune n'est pas comme votre personne.

LINDANE.

Comment, quelle imagination ! je ne me suis jamais plaint de ma fortune.

FABRICE.

Non, vous dis-je, elle n'est pas si belle, si bonne, si desirable que vous l'êtes.

LINDANE.

Que voulez-vous dire ?

FABRICE.

Que vous touchez ici tout le monde, & que vous l'évitez trop. Ecoutez ; je ne suis qu'un homme simple, qu'un homme du Peuple ; mais je vois tout votre mérite, comme si j'étois un homme de la Cour : ma chere Dame, un peu de société, un peu de bonne chere ; nous avons là-haut un vieux Gentilhomme avec qui vous devriez manger.

LINDANE.

Moi, me mettre à table avec un homme, avec un inconnu !

FABRICE.

C'est un vieillard qui me paraît tout votre fait. Vous paraissez bien affligée, il paraît bien triste aussi : deux afflictions mises ensemble peuvent devenir une consolation.

LINDANE.

Je ne veux, je ne peux voir personne.

FABRICE.

Souffrez au moins que ma femme vous fasse sa cour : daignez permettre qu'elle mange avec vous pour vous tenir compagnie. Souffrez quelques soins...

LINDANE.

Je vous rends graces avec sensibilité, mais je n'ai besoin de rien.

FABRICE.

Oh je n'y tiens pas ; vous n'avez besoin de rien, & vous manquez de tout.

LINDANE.

Qui vous en a pu imposer si témérairement ?

FABRICE.

Pardon !

LINDANE.

Ah ! Polly, il est deux heures, & Milord ne viendra point.

FABRICE.

Eh bien, Madame, ce Milord dont vous parlez, je sais que c'est l'homme le plus vertueux de la Cour : vous ne l'avez jamais reçu ici que devant témoins ; pourquoi n'avoir pas fait avec lui honnêtement, devant témoins, quelques petits repas que j'aurais fournis ? C'est peut-être votre parent ?

COMÉDIE.
LINDANE.
Vous extravaguez, mon cher hôte.
FABRICE.
Va, ma pauvre Polly : il y a un bon dîner tout prêt dans le cabinet qui donne dans la chambre de ta maîtresse, je t'en avertis. Cette femme-là est incompréhensible. Mais, qui est donc cette autre Dame qui entre dans mon caffé comme si c'étoit un homme ? Elle a l'air bien furibond.
POLLY.
Ah ! ma chere maîtresse, c'est Milady Alton, celle qui vouloit épouser Milord : je l'ai vu une fois roder près d'ici ; c'est elle.
LINDANE.
Milord ne viendra point, c'en est fait, je suis perdue ! pourquoi me suis-je obstinée à vivre ?
(*Elle rentre.*)

SCENE VII.

LADY ALTON, (*ayant traversé avec colere le Théatre, & prenant* **FABRICE** *par le bras.*)

Suivez-moi ; il faut que je vous parle.
FABRICE.
A moi, Madame ?
LADY ALTON.
A vous malheureux.
FABRICE.
Quelle diablesse de femme !

Fin du premier Acte.

ACTE II.

SCENE PREMIERE.
LADY ALTON FABRICE.

LADY ALTON.

JE ne crois pas un mot de ce que vous me dites, Mr. le Caffetier. Vous me mettez toute hors de moi-même.

FABRICE.

Eh bien, Madame, rentrez donc toute dans vous-même.

LADY ALTON.

Vous m'osez assurer que cette aventuriere est une personne d'honneur, après qu'elle a reçu chez chez elle un homme de la Cour : vous devriez mourir de honte.

FABRICE.

Pourquoi, Madame ? Quand Milord y est venu, il n'y est point venu en secret, elle l'a reçu en public, les portes de son appartement ouvertes, ma femme présente, sa suivante présente. Vous pouvez mépriser mon état, mais vous devez estimer ma probité ; & quant à celle que vous apellez une aventuriere, si vous connaissiez ses mœurs, vous les respecteriez.

LADY ALTON.

Laissez-moi, vous m'importunez.

FABRICE.

Oh quelle femme ! quelle femme !

LADY ALTON, (*elle va à la porte de Lindane, & frappe rudement.*)

Qu'on m'ouvre.

SCENE II.

LINDANE, LADY ALTON.

LINDANE.

EH qui peut frapper ainsi ? & que vois-je ?

LADY ALTON.

Répondez-moi : Milord Murray n'est-il pas venu ici quelquefois ?

LINDANE.

Que vous importe, Madame ? & de quel droit venez-vous m'interroger ? Suis-je une criminelle ? Etes-vous mon Juge ?

LADY ALTON.

Je suis votre partie : si Milord vient encore vous voir, si vous flattez la passion de cet infidèle, tremblez : renoncez à lui, ou vous êtes perdue.

LINDANE.

Vos menaces m'affermiraient dans ma passion pour lui, si j'en avois une.

LADY ALTON.

Je vois que vous l'aimez, que vous vous laissez séduire par un perfide : je vois qu'il vous trompe, & que vous me bravez ; mais sachez qu'il n'est point de vengeance à laquelle je ne me porte.

LINDANE.

Eh bien, Madame, puisqu'il est ainsi, je l'aime.

LADY ALTON.

Avant de me venger je veux vous confondre : tenez, connaissez le traître ; voilà les lettres qu'il m'a écrites ; voilà son portrait qu'il m'a donné ; ne le gardez pas au moins, il faut le rendre, ou je....

LINDANE (*en rendant le portrait.*)

Qu'ai-je vu ! malheureuse.... Madame....

LADY ALTON.

Eh bien !...

LINDANE *(en rendant le portrait.)*
.... Je ne l'aime plus.

LADY ALTON.

Gardez votre résolution & votre promesse ; sachez que c'est un homme inconstant, dur, orgueilleux, que c'est le plus mauvais caractere....

LINDANE.

Arrêtez, Madame ; si vous continuiez à en dire du mal, je l'aimerais peut-être encore. Vous êtes venue ici pour achever de m'ôter la vie, vous n'aurez pas de peine. Polly, c'en est fait ; viens m'aider à cacher la derniere de mes douleurs.

POLLY.

Qu'est-il donc arrivé, ma chere Maîtresse, & qu'est devenu votre courage ?

LINDANE.

On en a contre l'infortune, l'injustice, l'indigence. Il y a cent traits qui s'émoussent sur un cœur noble ; il en vient un qui porte enfin le coup de la mort. *(Elles sortent.)*

SCENE III.

LADY ALTON, FRELON.

LADY ALTON.

Quoi ! être trahie, abandonnée pour cette petite créature ! *(à Frelon)* Gazetier Littéraire, approchez ; m'avez-vous servie ? Avez-vous employé vos correspondances ? M'avez-vous obéie ? Avez-vous découvert quelle est cette insolente qui fait le malheur de ma vie ?

FRELON.

J'ai rempli les volontés de votre grandeur ; je sais qu'elle est Ecossaise, & qu'elle se cache,

COMÉDIE.

LADY ALTON.

Voilà de belles nouvelles !

FRELON.

Je n'ai rien découver de plus jusqu'à présent.

LADY ALTON.

Eh en quoi m'as-tu donc servie ?

FRELON.

Quand on découvre peu de chose, on ajoute quelque chose, & quelque chose avec quelque chose fait beaucoup. J'ai fait une hypothese.

LADY ALTON.

Comment, pédant ! une hypothese !

FRELON.

Oui, j'ai supposé qu'elle est mal intentionnée contre le Gouvernement.

LADY ALTON.

Ce n'est point supposer, rien n'est posé plus vrai : elle est très-mal intentionnée, puisqu'elle veut m'enlever mon amant.

FRELON.

Vous voyez bien que, dans un temps de trouble, une Ecossaise qui se cache est une ennemie de l'Etat.

LADY ALTON.

Je ne le vois pas ; mais je voudrais que la chose fût.

FRELON.

Je ne le parierai pas, mais j'en jurerais.

LADY ALTON.

Et tu serais capable de l'affirmer devant des gens de conséquence ?

FRELON.

Je suis en relation avec des personnes de conséquence. Je connais fort la Maîtresse du Valet-de-chambre d'un premier commis du Ministre : je pourrais même parler aux Laquais de Milord votre amant, & dire que le pere de cette fille, en qualité de mal-intentionné, l'a envoyée à Londres comme mal-intentionnée. Je supposerais même que le pere est ici. Voyez-vous ? Cela pourrait avoir des suites, & on mettrait votre rivale, pour ses mauvaises intentions, dans la prison où j'ai déja été pour mes feuilles.

LADY ALTON.

Ah ! je respire ; les grandes passions veulent être servies par des gens sans scrupules ; je n'aime ni les demi-vengeances, ni les demi-frippons, je veux que le vaisseau aille à pleines voiles, ou qu'il se brise. Tu as raison ; une Ecossaise qui se cache dans un temps où tous les gens de son Pays sont suspects, est sûrement une ennemie de l'Etat. Tu n'es pas un imbécille, comme on le dit. Je croyais que tu n'étais qu'un barbouilleur de papier, mais je vois que tu as en effet des talents. Je t'ai déja récompensé ; je te récompenserai encore. Il faudra m'instruire de tout ce qui se passe ici.

FRELON.

Madame je vous conseille de faire usage de tout ce que vous saurez, & même de ce que vous ne saurez pas. La vérité a besoin de quelques ornements ; le mensonge peut être vilain, mais la fiction est belle : qu'est-ce, après tout, que la vérité ? La conformité à nos idées : or, ce qu'on dit est toujours conforme à l'idée qu'on a quand on parle ; ainsi il n'y a point proprement de mensonge.

LADY ALTON.

Tu me parais subtil : il semble que tu ayes étudié à Saint-Omer.* Va, dis-moi seulement ce que tu découvriras, je ne t'en demande pas davantage.

* Autrefois on envoyoit plusieurs enfans faire leurs études au College de Saint-Omer.

COMEDIE.

SCENE IV.
LADY ALTON, FABRICE.

LADY ALTON.

Voilà, je l'avoue, le plus impudent & le plus lâche coquin qui soit dans les trois Royaumes. Nos dogues mordent par instinct de courage, & lui par instinct de bassesse. Il me ferait, je crois, haïr la vengeance. Je sens que je prendrais contre lui le parti de ma rivale ; elle a dans son état humble une fierté qui me plaît : elle est décente ; on la dit sage ; mais elle m'enleve mon amant, il n'y a pas moyen de pardonner. (à Fabrice, *qu'elle apperçoit agissant dans le Caffé.*) Adieu, mon maître, faisons la paix ; vous êtes un honnête homme, vous ; mais vous avez dans votre maison un vilain griffonneur.

FABRICE.
Bien des gens m'ont déja dit, Madame, qu'il est aussi méchant que Lindane est vertueuse & aimable.

LADY ALTON.
Aimable ! tu me perces le cœur.

SCENE V.
Mr. FRIPORT, (*vêtu simplement, mais proprement, avec un large chapeau*) FABRICE.

FABRICE.
AH ! Dieu soit béni, vous voilà de retour ;

Mr. Friport ; comment vous trouvez-vous de votre voyage à la Jamaïque ?

FRIPORT.

Fort bien, Mr. Fabrice. J'ai gagné beaucoup, mais je m'ennuye (*au garçon de Caffé*.) Eh du chocolat ; les papiers publics : on a plus de peine à s'amuser qu'à s'enrichir.

FABRICE.

Voulez-vous les feuilles de Frélon ?

FRIPORT.

Non, que m'importe ce fatras ? Je me soucie bien qu'une araignée dans le coin d'un mur marche sur sa toile pour sucer le sang des mouches. Donnez les Gazettes ordinaires. Qu'y a-t-il de nouveau dans l'état ?

FABRICE.

Rien pour le présent.

FRIPORT.

Tant mieux ; moins de nouvelles, moins de sottises. Comment vont vos affaires, mon ami ? Avez-vous beaucoup de monde chez vous ? Qui logez-vous à présent.

FABRICE.

Il est venu ce matin un vieux Gentilhomme qui ne veut voir personne.

FRIPORT.

Il a raison ; les hommes ne sont pas bons à grand'chose : frippons ou sots, voilà pour les trois quarts ; & pour l'autre quart, il se tient chez soi.

FABRICE.

Cet homme n'a pas même la curiosité de voir une femme charmante que nous avons dans la maison.

FRIPORT.

Il a tort. Et quelle est cette femme charmante ?

FABRICE.

Elle est encore plus singuliere que lui : il y a quatre mois qu'elle est chez moi, & qu'elle n'est pas sortie de son appartement : elle s'appelle Lin-

COMÉDIE.

dane ; mais je ne crois pas que ce soit son véritable nom.

FRIPORT.

C'est sans doute une honnête femme, puisqu'elle loge ici.

FABRICE.

Oh ! elle est bien plus qu'honnête ; elle est belle, pauvre & vertueuse : entre nous, elle est dans la derniere misere, & elle est fiere à l'excès.

FRIPORT.

Si cela est, elle a bien plus tort que votre vieux Gentilhomme.

FABRICE.

Oh point ! sa fierté est encore une vertu de plus ; elle consiste à se priver du nécessaire, & à ne vouloir pas qu'on le sache : elle travaille de ses mains pour gagner de quoi me payer, ne se plaint jamais, dévore ses larmes : j'ai milles peines à lui faire garder pour ses besoins l'argent de son loyer ; il faut des ruses incroyables pour faire passer jusqu'à elle les moindres secours : je lui compte tout ce que je lui fournis, à moitié de ce qu'il coûte ; quand elle s'en apperçoit, ce sont des querelles qu'on ne peut appaiser, & c'est la seule qu'elle ait eu dans la maison : enfin, c'est un prodige de malheurs, de noblesse & de vertu ; elle m'arrache quelquefois des larmes d'admiration & de tendresse.

FRIPORT.

Vous êtes bien tendre : je ne m'attendris point moi ; je n'admire personne, mais j'estime .... Ecoutez : comme je m'ennuye, je veux voir cette femme-là, elle m'amusera.

FABRICE.

Oh ! Monsieur, elle ne reçoit presque jamais de visites. Nous avions un Milord qui venait quelquefois chez elle, mais elle ne voulait point lui parler sans que ma femme y fût présente, depuis quelque temps, il n'y vient plus, & elle vit plus retirée que jamais.

L'ECOSSAISE;

FRIPORT.

J'aime qu'on se retire ; je me retirerai avec elle qu'on me la fasse venir ; où est son appartement?

FABRICE.

Le voici de plein-pied au Caffé.

FRIPORT.

Allons, je veux entrer.

FABRICE.

Cela ne se peut pas.

FRIPORT.

Il faut bien que cela se puisse ; où est la difficulté d'entrer dans une chambre ? Qu'on m'apporte chez elle mon chocolat & les gazettes. (*Il tire sa montre.*) Je n'ai pas beaucoup de temps à perdre, mes affaires m'appellent à deux heures.

(*Il enfonce la porte.*)

SCENE VI.

LINDANE, *paroissant tout effrayée,*
POLLY *la suit*, FRIPORT, FABRICE.

LINDANE.

EH, mon Dieu ! qui entre ainsi chez moi avec tant de fracas ! Monsieur, vous me paraissez peu civil, & vous devriez respecter davantage ma solitude & mon sexe.

FRIPORT.

Pardon.... (*à Fabrice*) Qu'on m'apporte mon chocolat, vous dis-je.

FABRICE.

Oui, Monsieur si Madame le permet.

(FRIPORT *s'assied prés d'une table, lit la gazette, jette un coup d'œil sur Lindane & sur Polly : il ôte son chapeau & le remet.*)

POLLY.

Cet homme me paraît familier.

FRIPORT.

COMÉDIE.

FRIPORT.
Madame, pourquoi ne vous asseyez-vous pas quand je suis assis ?

LINDANE.
Monsieur, c'est que vous ne devriez pas l'être ; c'est que je suis très étonnée ; c'est que je ne reçois point de visite d'un inconnu.

FRIPORT.
Je suis très-connu : je m'appelle Friport, loyal Négociant, riche ; informez-vous de moi à la Bourse.

LINDANE.
Monsieur, je ne connais personne en ce pays-là & vous me feriez plaisir de ne point incommoder une femme à qui vous devez quelques égards.

FRIPORT.
Je ne prétends point vous incommoder ; je prends mes aises, prenez les vôtres ; je lis les Gazettes, travaillez en tapisserie, & prenez du chocolat avec moi, ou sans moi, comme vous voudrez.

POLLY.
Voilà un étrange original !

LINDANE.
O Ciel ! quelle visite je reçois ! & Milord ne vient point ! cet homme bizarre m'assassine ; je ne pourrai m'en défaire : comment Mr. Fabrice a-t-il pu souffrir cela ? il faut bien s'asseoir. (*Elle s'assied, & travaille à son ouvrage.*)
(*Un garçon apporte du chocolat ; Friport en prend sans en offrir ; il parle & boit par reprises.*)

FRIPORT.
Ecoutez. Je ne suis pas homme à compliments ; on m'a dit de vous .... le plus grand bien qu'on puisse dire d'une femme .... vous êtes pauvre & vertueuse ; .... mais on ajoute que vous êtes fiere. & cela n'est pas bien.

POLLY.
Eh, qui vous a dit tout cela, Monsieur ?

Tome XVIII. K

FRIPORT.

Parbleu, c'est le Maître de la maison, qui est un très-galant homme, & que j'en crois sur sa parole.

LINDANE.

C'est un tour qu'il vous joue ; il vous a trompé Monsieur, non pas sur la fierté, qui n'est que le partage de la vraie modestie; non pas sur la vertu, qui est mon premier devoir ; mais sur la pauvreté dont il me soupçonne. Qui n'a besoin de rien, n'est jamais pauvre.

FRIPORT.

Vous ne dites pas la vérité, & cela est encore plus mal que d'être fiere : je sais mieux que vous que vous manquez de tout, & quelquefois même vous vous dérobez un repas.

POLLY.

C'est par ordre du Médecin.

FRIPORT.

Taisez-vous, est-ce que vous êtes fiere aussi vous ?

POLLY.

Oh ! l'original ! l'original

FRIPORT.

En un mot, ayez de l'orgueil ou non, peu m'importe. J'ai fait un voyage à la Jamaïque, qui m'a valu cinq mille guinées ; Je me suis fait une loi, (& ce doit être celle de tout bon Chrétien) de donner toujours le dixieme de ce que je gagne ; c'est une dette que ma fortune doit payer à l'état malheureux où vous êtes.... oui, où vous êtes, & dont vous ne voulez pas convenir. Voilà ma dette de cinq cents guinées payée ; point de remerciement, point de reconnaissance ; gardez l'argent & le secret. (*Il jette une grosse bourse sur la table.*)

POLLY.

Ma foi, ceci est bien plus original encore.

LINDANE, (*se levant & se détournant.*)

Je n'ai jamais été si confondue .... Hélas ! que

COMÉDIE.

tout ce qui m'arrive m'humilie! quelle générosité! mais quel outrage!

FRIPORT, *continuant à lire les Gazettes, & à prendre son chocolat.*

L'impertinent Gazettier! le plat animal! peut-on dire de telles pauvretés avec un ton si emphatique? *Le Roi est venu en haute personne.* Eh malotru! qu'importe que sa personne soit haute ou petite? Dis le fait tout rondement.

LINDANE, (*s'approchant de lui.*)

Monsieur.....

FRIPORT.

Eh bien?

LINDANE.

Ce que vous faites pour moi me surprend plus encore que ce vous dites; mais je n'accepterai certainement point l'argent que vous m'offrez: il faut vous avouer que je ne me crois pas en état de vous le rendre.

FRIPORT.

Qui vous parle de le rendre?

LINDANE.

Je ressens jusqu'au fond du cœur toute la vertu de votre procédé; mais la mienne ne peut en profiter: recevez mon admiration, c'est tout ce que je puis.

POLLY.

Vous êtes cent fois plus singuliere que lui. Eh! Madame, dans l'état où vous êtes, abandonnée de tout le monde, avez-vous perdu l'esprit, de refuser un secours que le Ciel vous envoye par la main du plus bizarre & du plus galant homme du monde?

FRIPORT.

Eh! que veux-tu dire, toi? En quoi suis-je bizarre?

POLLY.

Si vous ne prenez pas pour vous, Madame, prenez pour moi: je vous sers dans votre malheur; il faut que je profite au moins de cet bonne fortune.

K 2

Monsieur, il ne faut plus dissimuler, nous sommes dans la derniere misere ; & sans la bonté attentive du Maître du Caffé, nous serions mortes de froid & de faim. Ma Maîtresse a caché son état à ceux qui pouvaient lui rendre service : vous l'avez sçu malgré elle, obligez-là malgré elle à ne pas se priver du nécessaire que le Ciel lui envoye par vos mains généreuses.

LINDANE.
Tu me perds d'honneur, ma chere Polly.

POLLY.
Et vous vous perdrez de folie, ma chere Maîtresse.

LINDANE.
Si tu m'aimes, prends pitié de ma gloire ; ne me réduis pas à mourir de honte pour avoir de quoi vivre.

FRIPORT (*toujours lisant.*)
Que disent ces bavardes-là ?

POLLY.
Si vous m'aimez, ne me réduisez pas à mourir de faim par vanité.

LINDANE.
Polly, que diroit Milord, s'il m'aimait encore, s'il me croyait capable d'une telle bassesse ? J'ai toujours feint avec lui de n'avoir aucun besoin de secours, & j'en accepterais d'un autre, d'un inconnu ?

POLLY.
Vous avez mal fait de feindre, & vous faites très-mal de refuser : Milord ne dira rien ; car il vous abandonne.

LINDANE.
Ma chere Polly, au nom de nos malheurs, ne nous deshonorons point : congédie honnêtement cet homme estimable & grossier, qui sait donner & qui ne sait pas vivre ; dis lui que quand une fille accepte d'un homme de tels présents, elle est toujours soupçonnée d'en payer la valeur aux dépens de sa vertu.

COMÉDIE.

FRIPORT (*toujours prenant son chocolat & lisant.*

Hem! que dit-elle là?

POLLY.

Hélas! Monsieur, elle dit des choses qui me paraissent absurdes: elles parle de soupçons; elle dit qu'une fille ....

FRIPORT.

Ah! ah! est-ce qu'elle est fille?

POLLY.

Oui, Monsieur, & moi aussi.

FRIPORT.

Tant mieux; elle dit donc qu'une fille? ....

POLLY.

Qu'une fille ne peut honnêtement accepter d'un homme.

FRIPORT.

Elle ne sait ce qu'elle dit; pourquoi me soupçonner d'un dessein malhonnête, quand je fais une action honnête?

POLLY.

Entendez-vous, Mademoiselle?

LINDANE.

Oui, j'entends, je l'admire, & je suis inébranlable dans mon refus. Polly, on dirait qu'il m'aime; oui, ce méchant homme de Frélon le dirait : je serais perdue.

POLLY. (*allant vers* Friport.)

Monsieur, elle craint que vous ne l'aimiez.

FRIPORT.

Quelle idée! comment puis-je l'aimer? Je ne la connais pas. Rassurez-vous, Mademoiselle, je ne vous aime point du tout. Si je viens dans quelques années à vous aimer par hazard, & vous aussi à m'aimer, à la bonne heure .... comme vous vous aviserez, je m'aviserai .... Si vous vous en passez, je m'en passerai; .... si vous dites que je vous ennuye, vous m'ennuyerez; .... Si vous voulez ne me revoir jamais, je ne vous reverrai jamais ... Si vous voulez que je revienne, je reviendrai. Adieu,

adieu. *Il tire sa montre.*) Mon temps se perd, j'ai des affaires ; serviteur.

LINDANE.

Allez, Monsieur, emportez mon estime & ma reconnaissance, mais sur-tout emportez votre argent, & ne me faites pas rougir davantage.

FRIPORT.

Elle est folle.

LINDANE.

Fabrice! Mr. Fabrice! à mon secours, venez.

FABRICE (*arrivant en hâte.*)

Quoi donc? Madame.

LINDANE (*lui donnant la bourse.*)

Tenez, prenez cette bourse que Monsieur a laissée par mégarde ; remettez-là lui, je vous en charge ; assurez-le de mon estime, & sachez que je n'ai besoin du secours de personne.

FABRICE (*prenant la bourse.*)

Ah! Mr. Friport, je vous reconnais bien à cette bonne action ; mais comptez que Mademoiselle vous trompe, & qu'elle en a très-grand besoin.

LINDANE.

Non, cela n'est pas vrai. Ah! Mr. Fabrice! est-ce vous qui me trahissez ?

FABRICE.

Je vais vous obéir, puisque vous le voulez; (*bas à Mr. Friport.*) Je garderai cet argent, & il servira, sans qu'elle le sache, à lui procurer tout ce qu'elle se refuse. Le cœur me saigne, son état & sa vertu me pénetrent l'ame.

FRIPORT.

Elles me font aussi quelque sensation; mais elle est trop fiere. Dites-lui que cela n'est pas bien d'être fiere. Adieu.

SCENE VII.

LINDANE POLLY.

POLLY.

Vous avez là bien opéré, Madame : le Ciel daignait vous secourir ; vous voulez mourir dans l'indigence : vous voulez que je sois la victime d'une vertu dans laquelle il entre peut-être un peu de vanité, & cette vanité nous perd l'une & l'autre.

LINDANE.

C'est à moi de mourir, ma chere enfant ; Milord ne m'aime plus ; il m'abandonne depuis trois jours ; il a aimé mon impitoyable & superbe rivale ; il l'aime encore sans doute : c'en est fait ; j'étais trop coupable en l'aimant ; c'est une erreur qui doit finir. (*Elle écrit.*)

POLLY.

Elle me paraît désespérée ; hélas ! elle a sujet de l'être ; son état est bien plus cruel que le mien : une suivante a toujours des ressources, mais une personne qui se respecte n'en a pas.

LINDANE. (*ayant plié sa Lettre.*)

Je ne fais pas un bien grand sacrifice. Tien, quand je ne serai plus, porte cette lettre à celui..

POLLY.

Que dites-vous ?

LINDANE.

A celui qui est la cause de ma mort : je te recommande à lui ; mes dernieres volontés le toucheront. Va. (*elle l'embrasse*) Sois sûre que, de tant d'amertumes, celle de n'avoir pu te récompenser moi-même n'est pas la moins sensible à ce cœur infortuné.

POLLY.

Ah! mon adorable maîtresse! que vous me faites verser de larmes, & que vous me glacez d'effroi! que voulez-vous faire? Quelle dessein horrible! hélas! pourquoi ne vous êtes-vous pas expliquée avec Milord? Peut-être que votre réserve cruelle lui aura déplu.

LINDANE.

Tu m'ouvres les yeux : je lui aurai déplu sans doute ; mais comment me découvrir au fils de celui qui a perdu mon pere & ma famille ?

POLLY.

Quoi, Madame, ce fut donc le pere de Milord qui....

LINDANE.

Oui, ce fut lui-même qui persécuta mon pere, qui le fit condamner à la mort, qui nous a dégradés de Noblesse, qui nous a ravi notre existence. Sans pere, sans mere, sans bien, je n'ai que ma gloire & mon fatal amour. Je devais détester le fils de Murray : la fortune qui me poursuit me l'a fait connaître ; je l'ai aimé, & je dois m'en punir.

POLLY.

Que vois-je! vous palissez ; vos yeux s'obscurcissent....

LINDANE.

Puisse ma douleur me tenir lieu du poison & du fer que j'implorai!

POLLY.

A l'aide! Mr. Fabrice, à l'aide! ma Maîtresse s'évanouit.

FABRICE.

Au secours! que tout le monde descende : ma femme, ma servante, Mr. le Gentilhomme de là-haut, tout le monde.... (*La femme & la servante de* Fabrice *&* Polly, *emmenent* Lindane *dans sa chambre.*

LINDANE, (*en sortant.*)

Pourquoi me rendez-vous à la vie ?

SCENE VIII.
MONROSE, FABRICE.
MONROSE.

Qu'y a-t-il donc, notre hôte ?
FABRICE.
C'était cette belle Demoiselle dont je vous ai parlé, qui s'évanouissait ; mais ce ne sera rien.
MONROSE.
Ces petites fantaisies de filles passent vite, & ne sont pas dangereuses : que voulez-vous que je fasse à une fille qui se trouve mal ? Est-ce pour cela que vous m'avez fait descendre ? Je croyais que le feu était à la maison.
FABRICE.
J'aimerais mieux qu'il y fût, que de voir cette jeune personne en danger. Si l'Ecosse a plusieurs filles comme elle, ce doit être un beau Pays.
MONROSE.
Qoi ! elle est d'Ecosse ?
FABRICE.
Oui, Monsieur, je ne le sais que d'aujourd'hui : c'est notre faiseur de feuilles qui me l'a dit ; car il sait tout, lui.
MONROSE.
Et son nom, son nom ?
FABRICE.
Elle s'appelle Lindane.
MONROSE.
Je ne connais point ce nom-là.... (*Il se promene*) On ne prononce point le nom de ma Patrie que mon cœur ne soit déchiré. Peut-on avoir été traité avec plus d'injustice & de barbarie ? Tu es mort, cruel Murray, indigne ennemi ! ton fils reste ; j'aurai justice ou vengeance. O ma femme ! ô mes chers

enfans ; ma fille ! j'ai donc tout perdu sans ressource ! que de coups de poignard auraient fini mes jours, si la juste fureur de me venger ne me forçait pas à porter dans l'affreux chemin du monde, ce fardeau détestable de la vie !

FABRICE, (*revenant.*)

Tout va mieux, Dieu merci.

MONROSE.

Comment ? Quel changement y a-t-il dans les affaires ? Quelle révolution ?

FABRICE.

Monsieur, elle a repris ses sens ; elle se porte très-bien ; encore un peu pâle, mais toujours belle.

MONROSE.

Ah, ce n'est que cela..... Il faut que je sorte.... que j'aille.... que je hazarde.....oui....je le veux.....(*Il sort.*)

FABRICE.

Cet homme ne se soucie pas des filles qui s'évanouissent. S'il avait vu Lindane, il ne serait pas si indifférent.

Fin du second Acte.

ACTE III.

SCENE PREMIERE.

LADY ALTON, ANDRÉ.

LADY ALTON.

Oui, puisque je ne peux voir le traître chez lui, je le verrai ici ; il y viendra sans doute. Ce barbouilleur de feuilles avait raison ; une Ecossaisse cachée ici dans ce temps de trouble ! elle conspire

COMÉDIE. 215

contre l'Etat; elle sera enlevée, l'ordre est donné : Ah ! du moins c'est contre moi qu'elle conspire ! c'est de quoi je ne suis que trop sûre. Voici André, le Laquais de Milord; je serai instruite de tout mon malheur. André ! vous apportez ici une lettre de Milord, n'est-il pas vrai ?

ANDRÉ.
Oui, Madame.

LADY ALTON.
Elle est pour moi.

ANDRÉ.
Non, Madame, je vous jure.

LADY ALTON.
Comment, ne m'en avez-vous pas apporté plusieurs de sa part ?

ANDRÉ.
Oui, mais celle-ci n'est pas pour vous ; c'est pour une personne qu'il aime à la folie.

LADY ALTON.
Eh bien, ne m'aimait-il pas à la folie quand il m'écrivait ?

ANDRÉ.
Oh que non, Madame, il vous aimait si tranquillement ! mais ici ce n'est pas de même ; il ne dort, ni ne mange ; il court jour & nuit ; il ne parle que de sa chere Lindane ; cela est tout différent, vous dis-je.

LADY ALTON.
Le perfide ! le méchant homme ! n'importe, je vous dis que cette lettre est pour moi ; n'est-elle pas sans dessus.

ANDRÉ.
Oui, Madame.

LADY ALTON.
Toutes les lettres que vous m'avez apportées n'étaient-elles pas sans dessus aussi ?

ANDRÉ.
Oui, mais elle est pour Lindane.

LADY ALTON.
Je vous dis qu'elle est pour moi; & pour vous le

prouver, voici dix guinées de port que je vous donne.

ANDRÉ.

Ah! oui, Madame, vous m'y faites penser, vous avez raison, la lettre est pour vous, je l'avais oublié.... mais cependant, comme elle n'était pas pour vous, ne me décélez pas; dites que vous l'avez trouvée chez Lindane.

LADY ALTON.

Laisse-moi faire.

ANDRÉ.

Quel mal après tout de donner à une femme une lettre écrite pour une autre ? Il n'y a rien de perdu; toutes ces lettres se ressemblent. Si Mademoiselle Lindane ne reçoit pas sa lettre, elle en recevra d'autres : ma commission est faite. Oh! je fais bien mes commissions, moi!(*Il sort.*)

LADY ALTON, (*ouvre la lettre & lit.*)

Lisons : *Ma chere, ma respectable, ma vertueuse Lindane*..... il ne m'en a jamais tant écrit.... *il y a deux jours, il y a un siecle que je m'arrache au bonheur d'être à vos pieds ; mais c'est pour vous servir. Je sais qui vous êtes, & ce que je vous dois : je périrai, ou les choses changeront. Mes amis agissent : comptez sur moi, comme sur l'amant le plus fidele, & sur un homme digne peut-être de vous servir.* (*Aprés avoir lu.*)

C'est une conspiration, il n'en faut point douter : elle est d'Ecosse, sa famille est mal intentionnée ; le pere de Murray a commandé en Ecosse ; ses amis agissent ; il court jour & nuit ; c'est une conspiration. Dieu merci, j'ai agi aussi, & si elle n'accepte pas mes offres elle sera enlevée dans une heure, avant que son indigne amant la secoure.

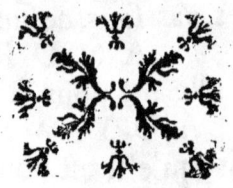

COMÉDIE.

SCENE II.

LADY ALTON, POLLY, LINDANE.

LADY ALTON, (à Polly, *qui passe de la chambre de sa Maîtresse dans une chambre du Caffé.*)

Mademoiselle, allez dire tout-à-l'heure à votre Maîtresse qu'il faut que je lui parle ; qu'elle ne craigne rien ; que je n'ai que des choses très-agréables à lui dire ; qu'il s'agit de son bonheur, (*avec emportement*) & qu'il faut qu'elle vienne tout-à-l'heure, tout-à-l'heure, entendez-vous : qu'elle ne craigne point, vous dis-je.

POLLY.

Oh, Madame ! nous ne craignons rien ; mais votre physionomie me fait trembler.

LADY ALTON.

Nous verrons, si je ne viens pas à bout de cette fille vertueuse, avec les propositions que je vais lui faire.

LINDANE, (*arrivant toute tremblante soutenue par* Polly.)

Que voulez-vous, Madame ? Venez-vous insulter encore à ma douleur ?

LADY ALTON.

Non, je viens vous rendre heureuse : je sais que vous n'avez rien ; je suis riche, je suis grande Dame ; je vous offre un de mes Châteaux sur les frontieres d'Ecosse, avec les terres qui en dépendent : allez-y vivre avec votre famille, si vous en avez ; mais il faut dans l'instant que vous abandonniez Milord pour jamais, & qu'il ignore toute sa vie votre retraite.

LINDANE.

Hélas ! Madame, c'est lui qui m'abandonne ; ne

soyez point jalouse d'une infortunée : vous m'offrez en vain une retraite ; j'en trouverai sans vous une éternelle, dans laquelle je n'aurai pas au moins à rougir de vos bienfaits.

LADY ALTON.
Comme vous me répondez, téméraire !
LINDANE.
La témérité ne doit point être mon partage ; mais la fermeté doit l'être. Ma naissance vaut bien la vôtre ; mon cœur vaut peut-être mieux ; & quant à ma fortune, elle ne dépendra jamais de personne, encore moins de ma rivale. (*Elle sort.*)
LADY ALTON (*seule.*)
Elle dépendra de moi. Je suis fâchée qu'elle me réduise à cette extrémité. J'ai honte de m'être servie de ce faquin d'Ecrivain ; mais enfin, elle m'y a forcée. Infidele amant ! passion funeste ! je suffoque.

SCENE III.

Mr. FRIPORT, le Chevalier MONROSE *paraissent dans le Caffé avec la femme de Fabrice, la Servante, les garçons du Caffé, qui mettent tout en ordre.* **FABRICE, LADY ALTON.**

LADY ALTON. (*à Fabrice.*)

Monsieur Fabrice, vous me voyez ici souvent, c'est votre faute.
FABRICE.
Au contraire, Madame, nous souhaiterions...
LADY ALTON.
J'en suis fâchée plus que vous ; mais vous m'y reverrez encore, vous dis-je. (*elle sort.*)

COMÉDIE.
FABRICE.
Tant pis. A qui en a-t-elle donc ? Quelle différence d'elle à cette Lindane, si belle & si patiente !
FRIPORT.
Oui : à propos, vous m'y faites songer ; elle est comme vous dites, belle & honnête.
FABRICE.
Je suis fâché que ce brave Gentilhomme ne l'ait pas vue, il en aurait été touché.
MONROSE. (à part.)
Ah ! j'ai d'autres affaires en tête.... Malheureux que je suis !
FRIPORT.
Je passe mon tems à la Bourse ou à la Jamaïque ; cependant la vue d'une jeune personne ne laisse pas de réjouir les yeux d'un galant homme. Vous me faites songer, vous dis-je, à cette petite créature : beau maintien, conduite sage, belle tête, démarche noble : Il faut que je la voye un de ces jours encore une fois...... C'est dommage qu'elle soit si fiere.
MONROSE. (à Friport.)
Notre hôte m'a confié que vous en aviez agi avec elle d'une manière admirable.
FRIPORT.
Moi ? Non.... n'en auriez-vous pas fait autant à ma place ?
MONROSE.
Je le crois, si j'étais riche, & si elle le méritait.
FRIPORT.
Eh bien, que trouvez-vous donc là d'admirable ? (il prend les gazettes.) Ah ah, voyons ce que disent les nouveaux papiers d'aujourd'hui. Hom, hom, le Lord Falbrige mort.
MONROSE. (s'avançant)
Falbrige mort ! le seul ami qui me restait sur la terre le seul dont j'attendais quelque appui ! Fortune, tu ne cesseras jamais de me persécuter !
FRIPORT.
Il était votre ami ? J'en suis fâché.... D'Edim-

bourg le 14 Avril.... *On cherche par-tout le Lord Monroſe, condamné depuis onze ans à perdre la tête.*

MONROSE.

Juſte Ciel ! qu'entends-je ? hem, que dites-vous ? Milord Monroſe condamné à..

FRIPORT.

Oui parbleu, le Lord Monroſe.... liſez vous-même, je ne me trompe pas.

MONROSE (*lit.*)
(*froidement.*)

Oui, cela eſt vrai.... (*à part.*) il faut ſortir d'ici la maiſon eſt trop publique.... Je ne crois pas que la terre & l'enfer conjurés enſemble ayent jamais aſſemblé tant d'infortunes contre une ſeul homme. (*à ſon valet* Jacques, *qui eſt dans un coin de la ſalle.*) Eh, va faire ſeller mes chevaux, & que je puiſſe partir, s'il eſt néceſſaire, à l'entrée de la nuit.... Comme les nouvelles courent ! comme le mal vole !

FRIPORT.

Il n'y a point de mal à cela; qu'importe que le Lord Monroſe ſoit décapité ou non ? Tout s'exprime, tout s'écrit, rien ne demeure : on coupe une tête aujourd'hui, le Gazettier le dit le lendemain, & le ſurlendemain on n'en parle plus. Si cette Demoiſelle Lindane n'était pas ſi fiere, j'irais ſavoir comme elle ſe porte; elle eſt fort jolie, & fort honnête.

SCENE IV.

Les Acteurs précédents, un Meſſager d'Etat.

LE MESSAGER.

Vous vous appellez Fabrice ?

FABRICE.

Oui, Monſieur; en quoi puis-je vous ſervir ?

LE MESSAGER.

Vous tenez un caffé, & des appartements ?

COMÉDIE.

FABRICE.

Oui.

LE MESSAGER.

Vous avez chez vous une jeune Ecoffaife nommée Lindane ?

FABRICE.

Oui affurément, & c'eft notre bonheur de l'avoir chez nous.

FRIPORT.

Oui, elle eft jolie & honnête. Tout le monde m'y fait fonger.

LE MESSAGER.

Je viens pour m'affurer d'elle de la part du Gouvernement ; voilà mon ordre.

FABRICE.

Je n'ai pas une goutte de fang dans les vienes.

MONROSE (*à part.*)

Une jeune Ecoffaife qu'on arrête ! & le jour même que j'arrive ! toute ma fureur renaît. O patrie ! ô famille ! Hélas ! que deviendra ma fille infortunée ? Elle eft peut-être auffi la victime de mes malheurs ; elle languit dans la pauvreté ou dans la prifon. Ah ! pourquoi eft-elle née ?

FRIPORT.

On n'a jamais arrêté les filles par ordre du Gouvernement ; fi que cela eft vilain ! vous êtes un grand brutal, Mr. le Meffager d'Etat.

FABRICE.

Ouais ! mais fi c'était une aventuriere, comme le difait notre ami Frélon.... Cela va perdre ma maifon;.... me voilà ruiné. Cette Dame de la Cour avait fes raifons, je le vois bien.... Non, non, elle eft très honnête.

LE MESSAGER.

Point de raifonnements, en prifon, ou caution; c'eft la regle.

FABRICE.

Je me fais caution, moi, ma maifon, mon bien, ma perfonne.

LE MESSAGER.

Votre personne, & rien, c'est la même chose; votre maison ne vous appartient peut-être pas : votre bien, où est-il ? Il faut de l'argent.

FABRICE.

Mon bon Mr Friport, donnerai-je les cinq cents guinées que je garde, & qu'elle a refusées aussi noblement que vous les avez offertes ?

FRIPORT.

Belle demande ! apparemment.... Mr. le Messager, je dépose cinq cents guinées, mille, deux mille, s'il le faut : voilà comme je suis fait. Je m'appelle Friport. Je réponds de la vertu de la fille.... autant que je peux.... mais il ne faudrait pas qu'elle fût si fière.

LE MESSAGER.

Venez, Monsieur, faire votre soumission.

FRIPORT.

Très-volontiers, très-volontiers.

FABRICE.

Tout le monde ne place pas ainsi son argent.

FRIPORT.

En l'employant à faire du bien, c'est le placer au plus haut intérêt. (*Friport & le Messager vont compter de l'argent, & écrire au fond du Caffé.*)

SCENE V.

MONROSE, FABRICE.

FABRICE.

MOnsieur, vous êtes étonné peut-être du procédé de Mr. Friport ; mais c'est sa façon Heureux ceux qu'il prend tout d'un coup en amitié ; il n'est pas complimenteur, mais il rend service en moins de temps que les autres ne font des protestations de services.

COMÉDIE.
MONROSE.
Il y a de belles ames.... Que deviendrai-je ?
FABRICE.
Gardons-nous au moins de dire à notre pauvre petite le danger qu'elle a couru.
MONROSE.
Allons, partons cette nuit même.
FABRICE.
Il ne faut jamais avertir les gens de leur danger que quand il est passé.
MONROSE.
Le seul ami que j'avois à Londres est mort.... Que fais-je ici ?
FABRICE.
Nous la ferions évanouir encore une fois.

SCENE VI.

MONROSE, seul.

ON arrête une jeune Ecossaise, une personne qui vit retirée, qui se cache, qui est suspecte au Gouvernement ! je ne sais.... mais cette aventure me jette dans de profondes réflexions :.... tout réveille l'idée de mes malheurs, mes afflictions : mon attendrissement, mes fureurs.

SCENE II.

MONROSE (appercevant POLLY qui passe)

Mademoiselle, un petit mot de grace... Etes-vous cette jeune & aimable personne née en Ecosse, qui ....

POLLY.

Oui, Monsieur : je suis assez jeune ; je suis Ecossaise ; & pour aimable .... bien des gens me disent que je le suis.

MONROSE.

Ne savez-vous aucune nouvelle de votre Pays ?

POLLY.

Oh! non, Monsieur ; il y a si long-temps que je l'ai quitté !

MONROSE.

Et qui sont vos parents, je vous prie ?

POLLY.

Mon pere était un excellent Boulanger, à ce que j'ai ouï dire, & ma mere avait servi une Dame de qualité.

MONROSE.

Ah, j'entends : c'est vous apparemment qui servez cette jeune personne dont on m'a tant parlé ; je me méprenais.

POLLY.

Vous me faites bien de l'honneur.

MONROSE.

Vous savez sans doute qui est votre Maîtresse ?

POLLY.

Oui, Monsieur ; c'est la plus douce, la plus aimable fille, la plus courageuse dans le malheur.

MONROSE.

Elle est donc malheureuse ?

POLLY.

Oui, Monsieur, & moi aussi ; mais j'aime mieux la servir que d'être heureuse.

MONROSE.

Mais je vous demande si vous ne connaissez pas sa famille ?

POLLY.

Monsieur, ma Maîtresse veut être inconnue ; elle n'a point de famille : que me demandez-vous là ? pourquoi ces questions ?

MONROSE.

Une inconnue! ô ciel, si long-temps impitoya-

COMÉDIE.

ble! s'il était possible qu'à la fin je pusse.... Mais quelles vaines chimeres ! dites-moi, je vous prie, quel est l'âge de votre Maîtresse?

POLLY.

Oh! pour son âge, on peut le dire; car elle est bien au-dessus de son âge : elle a dix-huit ans.

MONROSE.

Dix-huit ans !.... hélas ce serait précisément l'âge qu'aurait ma malheureuse Monrose, ma chere fille, seul reste de ma maison, seul enfant que mes mains ayent pu caresser dans son berceau! dix huit ans ?

POLLY.

Oui, Monsieur, & moi je n'en ai que vingt-deux, il n'y a pas une si grande différence. Je ne sais pas pourquoi vous faites tout seul tant de réflexions sur son âge ?

MONROSE.

Dix-huit ans, & née dans ma Patrie! & elle veut être inconnue! je ne me possede plus; il faut avec votre permission, que je la voye, que je lui parle tout-à-l'heure.

POLLY.

Ces dix huit ans tournent la tête à ce bon vieux Gentilhomme. Monsieur, il est impossible que vous voyiez à présent ma Maîtresse; elle est dans l'affliction la plus cruelle.

MONROSE.

Ah! c'est pour cela que je veux la voir.

POLLY.

De nouveaux chagrins qui l'ont accablée, qui ont déchiré son cœur, lui ont fait perdre l'usage de ses sens. Hélas! elle n'est pas de ces filles qui s'évanouissent pour peu de chose. Elle est à peine revenue à elle, & le peu de repos qu'elle goûte dans ce moment est un repos mêlé de trouble & d'amertume; de grace, Monsieur, ménagez sa faiblesse & ses douleurs.

MONROSE.

Tout ce que vous me dites redouble mon empressement. Je suis son Compatriote; je partage toutes ses afflictions; je les diminuerai peut-être; souffrez qu'avant de quitter cette Ville, je puisse entretenir votre Maîtresse.

POLLY.

Mon cher Compatriote, vous m'attendrissez; attendez encore quelques moments. Les filles qui se sont évanouies sont bien long-temps avant de se remettre, avant de recevoir une visite. Je vais à elle. Je reviendrai à vous.

SCENE VIII.

MONROSE, FABRICE.

FABRICE, (*le tirant par la manche.*)

Monsieur, n'y a-t-il personne là ?

MONROSE.

Que j'attends son retour avec des mouvements d'impatience & de trouble !

FABRICE.

Ne nous écoute-t-on point ?

MONROSE.

Mon cœur ne peut suffire à tout ce qu'il éprouve.

FABRICE.

On vous cherche....

MONROSE (*se retournant.*

Qui ? Quoi ? Comment ? Pourquoi ? Que voulez-vous dire ?

FABRICE.

On vous cherche, Monsieur. Je m'intéresse à ceux qui logent chez moi. Je ne sais qui vous êtes; mais on est venu me demander qui vous étiez : on rode autour de la maison, on s'informe, on entre, on passe, on repasse, on guette, & je ne serai point surpris si dans peu on vous fait le même compliment qu'à cette jeune & chere Demoiselle, qui est, dit-on, de votre pays.

MONROSE.

Ah ! il faut absolument que je lui parle avant de partir.

FABRICE.

Partez vite ; croyez-moi : notre ami Friport ne seroit peut-être pas d'humeur à faire pour vous ce qu'il a fait pour une belle personne de dix-huit ans.

MONROSE.

Pardon .... Je ne sais .... où j'étais .... je vous entendais à peine .... Que faire ? Où aller, mon cher hôte ? Je ne peux partir sans la voir ... Venez, que je vous parle un moment dans quelque endroit plus solitaire, & sur-tout que je puisse ensuite entretenir cette jeune Ecossaise.

FABRICE.

Ah! je vous avais bien dit que vous seriez enfin curieux de la voir. Soyez sûr que rien n'est plus beau & plus honnête.

Fin du troisième Acte.

ACTE IV.

SCENE PREMIERE

FABRICE, FRELON (*dans le Caffé à une table.*) FRIPORT *une pipe à la main au milieu d'eux.*

FABRICE.

JE suis obligé de vous l'avouer, Mr. Frélon, si tout ce qu'on dit est vrai, vous me feriez plaisir de ne plus fréquenter chez nous.

FRIPORT.

Tout ce qu'on dit est toujours faux ; quelle mouche vous pique, Mr. Fabrice ?

FABRICE.

Vous venez écrire ici vos feuilles. Mon Caffé passera pour une boutique de poisons.

FRIPORT (*se retournant vers Fabrice.*)

Ceci mérite qu'on y pense, voyez-vous ?

FABRICE.

On prétend que vous dites du mal de tout le monde.

FRIPORT (*à Frélon*)

De tout le monde, entendez-vous ? c'est trop

FABRICE.

On commence même à dire que vous êtes un délateur, un frippon ; mais je ne veux pas le croire.

FRIPORT (*à Frélon.*)

Un frippon .... entendez-vous ? Cela passe la raillerie.

FRÉLON.

Je suis un compilateur illustre, un homme de goût.

FABRICE.

De goût ou de dégoût ; vous me faites tort, vous dis-je.

FRÉLON.

Au contraire, c'est moi qui achalande votre Caffé ; c'est moi qui l'ai mis à la mode ; c'est ma réputation qui vous attire du monde.

FABRICE.

Plaisante réputation ! celle d'un espion, d'un malhonnête homme, (pardonnez, si je répete ce qu'on dit) & d'un mauvais auteur !

FRÉLON.

Mr. Fabrice, Mr. Fabrice, arrêtez, s'il vous plaît : on peut attaquer mes mœurs ; mais pour ma réputation d'Auteur, je ne le souffrirai jamais.

FABRICE.

Laissez-là vos Ecrits ? savez-vous bien, puisqu'il faut

COMÉDIE.

faut tous vous dire, que vous êtes soupçonné d'avoir voulu perdre Mademoiselle Lindane?

FRIPORT.

Si je le croyais, je le noyerais de mes mains, quoique je ne sois pas méchant.

FABRICE.

On prétend que c'est vous qui l'avez accusée d'être Ecossaise, & qui avez aussi accusé ce brave Gentilhomme de là-haut d'être Ecossais.

FRÉLON.

Eh bien! quel mal y a-t-il à être de son pays?

FABRICE.

On prétend que vous avez eu plusieurs conférences avec les gens de cette Dame si colere qui est venue ici, & avec ceux de ce Milord qui n'y vient plus; que vous redites tout, que vous envenimez tout.

FRIPORT (*à Frélon.*)

Seriez-vous un frippon en effet? Je ne les aime pas, au moins.

FABRICE.

Ah Dieu merci, je crois que j'apperçois enfin notre Milord.

FRIPORT.

Un Milord! adieu. Je n'aime pas plus les grands Seigneurs que les mauvais Ecrivains.

FABRICE.

Celui-ci n'est pas un grand Seigneur comme un autre.

FRIPORT.

Ou comme un autre, ou différent d'un autre, n'importe. Je ne me gêne jamais, & je sors......
Mon ami, je ne sais, il me revient toujours dans la tête une idée de notre jeune Ecossaise .... je reviendrai incessamment ..... oui, je reviendrai ....
je veux lui parler sérieusement; serviteur .... cette Ecossaise est belle & honnête. Adieu. (*en revenant*) Dites-lui de ma part que je pense beaucoup de bien d'elle.

Tome XVIII. L

SCENE II.

MILORD MURRAY (*pensif & agité.*)
FRELON, *lui faisant la révérence, qu'il ne regarde pas.* **FABRICE** *s'éloignant par respect.*

LORD MURRAY (*à Fabrice, d'un air distrait.*)

Je suis très-aise de vous revoir, mon brave & honnête homme ; comment se porte cette belle & respectable personne que vous avez le bonheur de posséder chez vous ?

FABRICE.

Milord, elle a été très-malade depuis qu'elle ne vous a vu : mais je suis sûr qu'elle se portera mieux aujourd'hui.

LORD MURRAY.

Grand Dieu ! protecteur de l'innocence, je t'implore pour elle, daigne te servir de moi pour rendre justice à la vertu, & pour tirer d'oppression les infortunés. Graces à tes bontés & à mes soins, out m'annoce un succès favorable. Ami (*à Fabrice*) laissez-moi parler en particulier à cet homme (*en montrant* Frélon.)

FRELON (*à Fabrice*)

Eh bien, tu vois qu'on t'avait bien trompé sur mon compte, & que j'ai du crédit à la Cour.

FABRICE (*en sortant*)

Je ne vois point cela.

LORD MURRAY (*à Frélon.*)

Mon ami !

FRELON.

Monseigneur, permetez-vous que je vous dédie un tome ?...

COMÉDIE.

LORD MURRAY.

Non, il ne s'agit point de dédicace. C'est vous qui avez appris à mes gens l'arrivée de ce vieux Gentilhomme venu d'Ecosse ; c'est vous qui l'avez dépeint, qui êtes allé faire le même rapport aux gens du Ministre d'Etat.

FRÉLON.

Monseigneur, je n'ai fait que mon devoir.

LORD MURRAY. (*lui donnant quélques guinées*)

Vous m'avez rendu service sans le savoir : je ne regarde pas à l'intention ; on prétend que vous vouliez nuire, & que vous avez fait du bien : tenez, voila pour le bien que vous avez fait ; mais si vous vous avisez jamais de prononcer le nom de cet homme & de Mademoiselle Lindane, je vous ferai jetter par les fenêtres de votre grenier. Allez.

FRÉLON.

Grand merci, Monseigneur. Tout le monde me dit des injures, & me donne de l'argent ; je suis bien plus habile que je ne croyais.

━━━━━━━━━━━━━━━━━━━━━━━━

SCENE III.

LORD MURRAY, *seul.*

UN vieux Gentilhomme arrivé d'Ecosse ! Lindane née dans le même pays ! hélas ! s'il était possible que je pusse réparer les torts de mon pere ! si le ciel permettait .... Entrons. (*à Polly qui sort de la chambre de* Lindane.) Chere Polly, n'es-tu pas bien étonnée que j'aie passé tant de temps sans venir ici ? Deux jours entiers .... je ne me le pardonnerais jamais, si je ne les avais employées pour la respectable fille de Milord Monrose : les Ministres étaient à Vindsor, il a fallu y courir. Va, le Ciel t'inspira bien quand tu te rendis à mes prieres, & que tu m'appris le secret de sa naissance.

POLLY.

J'en tremble encore ; ma Maîtresse me l'avait tant défendu! si je lui donnais le moindre chagrin je mourrais de douleur. Hélas votre absence lui a causé aujourd'hui un assez long évanouissement, & je me serais évanouie aussi, si je n'avois pas eu besoin de mes forces pour la secourir.

LORD MURRAY.

Tiens, voilà pour l'évanouissement où tu as eu envie de tomber.

POLLY.

Milord, j'accepte vos dons, je ne suis pas si fiere que la belle Lindane, qui n'accepte rien, & qui feint d'être à son aise quand elle est dans la plus extrême indigence.

LORD MURRAY.

Juste Ciel la fille de Monrose dans la pauvreté! malheureux que je suis! que m'as-tu dit? Combien je suis coupable! que je vais tout réparer! que son sort changera! Hélas! pourquoi me l'a-telle caché?

POLLY.

Je crois que c'est la seule fois de sa vie qu'elle vous trompera.

LORD MURRAY.

Entrons, entrons vite, jettons-nous à ses pieds c'est trop tarder.

POLLY.

Ah! Milord! gardez-vous en bien, elle est actuellement avec un Gentilhomme, si vieux, si vieux, qui est de son pays, & ils se disent des choses si intéressantes!

LORD MURRAY.

Quel est-il ce vieux Gentilhomme, pour qui je m'intéresse déja comme elle?

POLLY.

Je l'ignore.

LORD MURRAY

O destinée! juste ciel! pourrais-tu faire que cet

COMÉDIE.

homme fût ce que je desire qu'il soit ! & que se disaient-ils, Polly ?

POLLY.

Milord, ils commençaient à s'attendrir, comme ils s'attendrissaient, ce bon homme n'a pas voulu que je fusse présente, & je suis sortie.

SCENE IV.

LADY ALTON, MILORD MURRAY, POLLY.

LADY ALTON.

AH ! je vous y prends enfin, perfide ! me voilà sûre de votre inconstance, de mon opprobre, & de votre intrigue.

LORD MURRAY.

Oui, Madame, vous êtes sûre de tout. (*à part.*) Quel contre-temps effroyable !

LADY ALTON.

Monstre, perfide !

LORD MURRAY.

Je peux être un monstre à vos yeux, & je n'en suis pas fâché : mais pour perfide, je suis très-loin de l'être : ce n'est pas mon caractere. Avant d'en aimer une autre, je vous ai déclaré que je ne vous aimais plus.

LADY ALTON.

Après une promesse de mariage ! scélérat, après m'avoir juré tant d'amour !

LORD MURRAY.

Quand je vous ai juré de l'amour, j'en avais : quand je vous ai promis de vous épouser, je voulais tenir ma parole.

LADY ALTON.

Eh qui t'a empêché de tenir ta parole, parjure !

LORD MURRAY.

Votre caractere, vos emportements ; je me mariais pour être heureux, & j'ai vu que nous ne l'aurions été ni l'un ni l'autre.

LADY ALTON.

Tu me quittes pour une vagabonde, pour une avanturiere.

LORD MURRAY.

Je vous quitte pour la vertu, pour la douceur, & pour les graces.

LADY ALTON.

Traître, tu n'es pas où tu crois en être ; je me vengerai plutôt que tu ne penses.

LORD MURRAY.

Je sais que vous êtes vindicative, envieuse plutôt que jalouse, emportée plutôt que tendre ; mais vous serez forcée à respecter celle que j'aime.

LADY ALTON.

Allez, lâche, je connais l'objet de vos amours mieux que vous ; je sais qui elle est, je sais qui est l'étranger arrivé aujourd'hui pour elle : je sais tout ; des hommes plus puissants que vous sont instruits de tout ; & bientôt on vous enlevera l'indigne objet pour qui vous m'avez méprisée.

LORD MURRAY.

Que veut-elle dire, Polly ? Elle me fait mourir d'inquiétude.

POLLY.

Et moi de peur. Nous sommes perdus.

LORD MURRAY.

Ah ! Madame, arrêtez-vous, un mot, expliquez-vous, écoutez....

LADY ALTON.

Je n'écoute point, je ne réponds rien, je ne m'explique point. Vous êtes, comme je vous l'ai déja dit, un inconstant, un volage, un cœur faux, un traître, un perfide, un homme abominable. (*elle sort.*)

SCENE V.
LORD MURRAY, POLLY.
LORD MURRAY.

Que prétend cette furie ? Que la jalousie est affreuse ! O Ciel ! fais que je sois toujours amoureux, & jamais jaloux. Que veut-elle ? Elle parle de faire enlever ma chere Lindane : & cet étranger ; que veut-elle dire ? Sait-elle quelque chose ?

POLLY.

Hélas ! il faut vous l'avouer, ma Maîtresse est arrêtée par l'ordre du Gouvernement ; je crois que je le suis aussi : & sans un gros homme, qui est la bonté même, & qui a bien voulu être notre caution, nous serions en prison à l'heure que je vous parle : on m'avait fait jurer de n'en rien dire, mais le moyen de se taire avec vous.

LORD MURRAY.

Qu'ai-je entendu ? Quelle aventure ! & que de revers accumulés en foule ! Je vois que le nom de ta Maitresse est toujours suspect. Hélas ! ma famille a fait tous les malheurs de la sienne : le Ciel, la fortune, mon amour, l'équité, la raison, allaient tout réparer ; la vertu m'inspirait, le crime s'oppose à tout ce que je tente : il ne triomphera pas. N'allarme point ta maîtresse ; je cours chez le Ministre ; je vais tout presser, tout faire. Je m'arrache au bonheur de la voir pour celui de la servir. Je cours, & je revole. Dis-lui bien que je m'éloigne parce que je l'adore. (*Il sort.*)

POLLY *seule.*

Voilà d'étranges aventures ! je vois que ce monde-ci n'est qu'un combat perpétuel des méchants contre les bons, & qu'on en veut toujours aux pauvres filles.

SCENE VI.

MONROSE, LINDANE, (POLLY reste un moment, & sort à un signe que lui fait sa Maîtresse.)

MONROSE.

Chaque mot que vous m'avez dit me perce l'ame; Vous née dans le Locaber ! & témoin de tant d'horreurs, persécutée, errante, & si malheureuse avec des sentiments si nobles !

LINDANE.

Peut-être je dois ces sentiments mêmes à mes malheurs ; peut-être si j'avais été élevée dans le luxe & la mollesse, cette ame, qui s'est fortifiée par l'infortune, n'eût été que faible.

MONROSE.

O vous ! digne du plus beau sort du monde, cœur magnanime, ame élevée ; vous m'avouez que vous êtes d'une de ces familles proscrites dont le sang a coulé sur les échafauds dans nos guerres civiles, & vous vous obstinez à me cacher votre nom & votre naissance !

LINDANE.

Ce que je dois à mon pere, me force au silence : il est proscrit lui-même ; on le cherche ; je l'exposerais peut-être si je me nommais : vous m'inspirez du respect & de l'attendrissement ; mais je ne vous connais pas ; je dois tout craindre. Vous voyez que je suis suspecte moi-même, que je suis arrêtée, & prisonniere ; un mot peut me perdre.

MONROSE.

Hélas ! un mot ferait peut-être la premiere consolation de ma vie. Dites-moi du moins quel âge vous aviez quand la destinée si cruelle vous sépara

de votre pere, qui fut depuis ſi malheureux.
LINDANE.
Je n'avais que cinq ans.
MONROSE.
Grand Dieu ! qui avez pitié de moi, toutes ces époques raſſemblées, toutes les choſes qu'elle m'a dites, font autant de traits de lumiere qui m'éclairent dans les ténebres où je marche. O providence ! ne t'arrête point dans tes bontés.
LINDANE.
Quoi ! vous verſez des larmes ! hélas ! tout ce que je vous ai dit m'en fait bien répandre.
MONROSE (*s'eſſuyant les yeux.*)
Achevez, je vous en conjure. Quand votre pere eut quitté ſa famille pour ne plus la revoir, combien reſtâtes-vous auprès de votre mere ?
LINDANE.
J'avais dix ans quand elle mourut dans mes bras de douleur & de miſere, & que mon frere fut tué dans une bataille.
MONROSE.
Ah ! je ſuccombe ! quel moment & quel ſouvenir ! chere & malheureuſe épouſe !... fils heureux d'être mort, & de n'avoir pas vu tant de déſaſtres ! ... reconnaîtriez-vous ce portrait ? (*Il tire un portrait de ſa poche*)
LINDANE.
Que vois-je ! Eſt-ce un ſonge ? C'eſt le portrait même de ma mere ; mes larmes l'arroſent, & mon cœur qui ſe fond s'échappe vers vous.
MONROSE.
Oui ; c'eſt là votre mere, & je ſuis ce pere infortuné dont la tête eſt proſcrite, & dont les mains tremblantes vous embraſſent.
LINDANE.
Je reſpire à peine ! où ſuis-je ? Je tombe à vos genoux : voici le premier inſtant heureux de ma vie.... O mon pere !... hélas ! comment oſez-vous venir dans cette Ville ? Je tremble pour vous au moment que je goûte le bonheur de vous voir.

MONROSE.

Ma chere fille, vous connaissez toutes les infortunes de notre maison; vous savez que la maison des Murray, toujours jalouse de la nôtre, nous plongea dans ce précipice : toute ma famille a été condamnée ; j'ai tout perdu. Il me restait un ami qui pouvait par son crédit me tirer de l'abyme où je suis, qui me l'avait promis ; j'apprends en arrivant que la mort me l'a enlevé, qu'on me cherche en Ecosse, que ma tête y est à prix : c'est sans doute le fils de mon ennemi qui me persécute encore ; il faut que je meure de sa main, ou que je lui arrache la vie.

LINDANE.

Vous venez, dites-vous, pour tuer Milord Murray ?

MONROSE.

Oui, je vous vengerai, je vengerai ma famille, ou je périrai ; je ne hazarde qu'un reste de jours déja proscrits.

LINDANE.

O fortune! dans quelle nouvelle horreur tu me rejettes! que faire.. quel parti prendre ? Ah, mon pere !

MONROSE.

Ma fille, je vous plains d'être née d'un pere si malheureux.

LINDANE.

Je suis plus à plaindre que vous ne pensez.... Etes-vous bien résolu à cette entreprise funeste ?

MONROSE.

Résolu comme à la mort.

LINDANE.

Mon pere, je vous conjure par cette vie fatale que vous m'avez donnée, par vos malheurs, par les miens, qui sont peut-être plus grands que les vôtres, de ne me pas exposer à l'horreur de vous perdre lorsque je vous retrouve ; ayez pitié de moi, épargnez votre vie & la mienne.

MONROSE.

Vous m'attendrissez, votre voix pénetre mon cœur, je crois entendre celle de votre mere. Hélas... que voulez-vous ?

COMEDIE.

LINDANE.

Que vous cessiez de vous exposer, que vous quittiez cette Ville si dangereuse pour vous.... & pour moi..... Oui, c'en est fait, mon parti est pris.... Mon pere, je renoncerai à tout pour vous.... oui, à tout.... je suis prête à vous suivre.... je vous accompagnerai, s'il le faut, dans quelque Isle affreuse des Orcades ; je vous y servirai de mes mains ; c'est mon devoir, je le remplirai.... C'en est fait, partons.

MONROSE.

Vous voulez que je renonce à vous venger.

LINDANE.

Cette vengeance me feroit mourir ; partons, vous dis-je.

MONROSE.

Eh bien, l'amour paternel l'emporte : puisque vous avez le courage de vous attacher à ma funeste destinée, je vais tout préparer pour que nous quittions Londres avant qu'une heure se passe ; soyez prête, & recevez encore mes embrassements & mes larmes.

SCENE VII.

LINDANE, POLLY.

LINDANE.

C'En est fait, ma chere Polly.... je ne reverrai plus Milord Murray, je suis morte pour lui.

POLLY.

Vous rêvez, Mademoiselle, vous le reverrez dans quelques minutes. Il était ici tout-à-l'heure.

LINDANE.

Il était ici! & il ne m'a point vue! c'est-là le comble. O mon malheureux pere! que ne suis-je partie plutôt ?

POLLY.

S'il n'avait pas été interrompu par cette détestable Mylady Alton....

LINDANE.

Quoi c'est ici même qu'il l'a vue pour me braver, après avoir été trois jours sans me voir, sans m'écrire ! peut-on plus indignement se voir outrager ? Va, sois sûre que je m'arracherais la vie dans ce moment ; si ma vie n'était pas nécessaire à mon pere.

POLLY.

Mais, Mademoiselle, écoutez-moi donc, je vous jure que Milord....

LINDANE.

Lui perfide ! c'est ainsi que sont faits les hommes ! pere infortuné, je ne penserai désormais qu'à vous.

POLLY.

Je vous jure que vous avez tort ; que Milord n'est point perfide ; que c'est le plus aimable homme du monde ; qu'il m'en a donné des marques.

LINDANE.

La nature doit l'emporter sur l'amour : je ne sais où je vais.... je ne sais ce que je deviendrai ; mais sans doute je ne serai jamais si malheureuse que je le suis.

POLLY.

Vous n'écoutez rien : reprenez vos esprits, ma chere Maîtresse ; on vous aime.

LINDANE.

Ah, Polly ! es-tu capable de me suivre ?

POLLY.

Je vous suivrai jusqu'au bout du monde ; mais on vous aime, vous dis-je.

LINDANE.

Laisse-moi : ne me parle point de Milord : hélas ! quand il m'aimerait, il faudrait partir encore.... Ce Gentilhomme que tu as vu avec moi....

POLLY.

Eh bien ?

COMÉDIE.
LINDANE.

Viens, tu apprendras tout : les larmes, les soupirs me suffoquent. Suis-moi, & sois prête à partir.

Fin du quatriéme Acte.

ACTE V.

SCENE PREMIERE.

LINDANE, FRIPORT, FABRICE.
FABRICE.

CEla perce le cœur, Mademoiselle : Polly fait votre paquet ; vous nous quittez.
LINDANE.
Mon cher hôte, & vous, Monsieur, à qui je dois tant, vous qui avez déployé un caractere si généreux, vous qui ne me laissez que la douleur de ne pouvoir reconnaître vos bienfaits, je ne vous oublierai de ma vie.
FRIPORT.
Qu'est-ce donc que tout cela ? Qu'est-ce que c'est que ça ? Si vous êtes contente de nous, il ne faut point vous en aller ; est-ce que vous craignez quelque chose ? Vous avez tort, une fille n'a rien à craindre.
FABRICE.
Mr. Friport, ce vieux Gentilhomme qui est de son pays, fait aussi son paquet. Mademoiselle pleurait, & ce Monsieur pleurait aussi, & ils partent ensemble : je pleure aussi en vous parlant.
FRIPORT.
Je n'ai pleuré de ma vie ; fi ! que cela est sot de

pleurer! les yeux n'ont point été donnés à l'homme pour cette besogne. Je suis affligé, je ne le cache pas; & quoiqu'elle soit fiére, comme je lui ai dit, elle est si honnête, qu'on est fâché de la perdre. Je veux que vous m'écriviez, si vous vous en allez, Mademoiselle. Je vous ferai toujours du bien.... Nous nous retrouverons peut-être un jour, que sait-on? Ne manquez pas de m'écrire.... n'y manquez pas.

LINDANE.

Je vous le jure avec la plus vive reconnaissance; & si jamais la fortune....

FRIPORT.

Ah! mon ami Fabrice, cette personne-là est très-bien née.

FABRICE.

Mademoiselle, pardonnez; mais je songe que vous ne pouvez partir, que vous êtes ici sous la caution de Mr. Friport, & qu'il perd cinq cents guinées si vous nous quittez.

LINDANE.

Oh Ciel! autre infortune! autre humiliation! quoi! il faudroit que je fusse enchaînée ici, & que Milord... & mon pere....

FRIPORT. (à *Fabrice*.)

Oh! qu'à cela ne tienne, quoiqu'elle ait je ne sais quoi qui me touche.... qu'elle parte si elle en a envie... il ne faut point gêner les filles; je me soucie de cinq cents guinées comme de rien. (*bas à Fabrice* Fourre-lui encore les cinq cents autres guinées dans sa valise. Allez Mademoiselle, partez quand il vous plaira; écrivez-moi; revoyez-moi quand vous reviendrez.... car j'ai conçu pour vous beaucoup d'affection.

COMÉDIE. 243

SCENE II.

LORD MURRAY & ses gens *dans l'enfoncement.* LINDANE, & les Acteurs précédents *sur le devant.*

LORD MURRAY (*à ses gens.*)

Restez ici, vous : vous, courez à la Chancellerie, & rapportez-moi le parchemin qu'on expédie dès qu'il sera scellé. Vous, qu'on aille préparer tout dans la nouvelle maison que je viens de louer. (*il tire un papier de sa poche & le lit.*) Quel bonheur d'assurer le bonheur de Lindane!

LINDANE. (*à Polly.*)
Hélas! en le voyant je me sens déchirer le cœur.

FRIPORT.
Ce Milord là vient toujours mal-à-propos; il est si beau & si bien mis, qu'il me déplaît souverainement : mais après tout que cela me fait-il? J'ai quelqu'affection.... mais je n'aime point.... moi. Adieu, Mademoiselle.

LINDANE.
Je ne partirai point sans vous témoigner encore ma reconnaissance & mes regrets.

FRIPORT.
Non, non, point de ces cérémonies-là, vous m'attendririez peut-être. Je vous dis que je n'aime point.... Je vous verrai pourtant encore une fois : je resterai dans la maison, je veux vous voir partir Allons, Fabrice, aider ce bon Gentilhomme de là-haut. Je me sens vous dis-je, quelqu'affection pour cette fille.

SCENE III.

LORD MURRAY, LINDANE.

LORD MURRAY.

ENfin donc, je goûte en liberté le charme de votre vue. Dans quelle maison vous êtes ! elle ne vous convient pas : une plus digne de vous vous attend. Quoi ! belle Lindane, vous baissez les yeux, & vous pleurez ! quel est ce gros homme qui vous parlait ? Vous aurait-il causé quelque chagrin ? Il en porterait la peine sur l'heure.

LINDANE [*en essuyant ses larmes.*]

Hélas c'est un bon homme, un homme grossiérement vertueux, qui a eu pitié de moi dans mon cruel malheur, qui ne m'a point abandonnée, qui n'a pas insulté à mes disgraces, qui n'a point parlé ici long-temps à ma rivale en dedaignant de me voir, qui, s'il m'avait aimé, n'aurait point passé trois jours sans m'écrire.

LORD MURRAY.

Ah ! croyez que j'aimerais mieux mourir que de mériter le moindre de vos reproches ; je n'ai été absent que pour vous, je n'ai songé qu'à vous, je vous ai servie malgré vous. Si en revenant ici j'ai trouvé cette femme vindicative & cruelle qui voulait vous perdre, je ne me suis échapé un moment que pour prévenir ses desseins funestes. Grand Dieu, moi ne vous avoir pas écrit !

LINDANE.

Non.

LORD MURRAY.

Elle a, je le vois bien, intercepté mes Lettres ; sa méchanceté augmente encore, s'il se peut, ma tendresse : qu'elle rappelle la vôtre. Ah ! cruelle, pourquoi m'avez-vous caché votre nom illustre,

COMÉDIE.

& l'état malheureux où vous êtes, si peu fait pour ce grand nom ?

LINDANE.

Qui vous l'a dit ?

LORD MURRAY [*montrant Polly.*]

Elle-même, votre confidente.

LINDANE.

Quoi ! tu m'as trahie ?

POLLY.

Vous vous trahissiez vous même ; je vous ai servie.

LINDANE.

Eh bien, vous me connaissez ; vous savez quelle haine a toujours divisé nos deux maisons ; votre pere a fait condamner le mien à la mort ; il m'a réduit à cet état que j'ai voulu vous cacher ; & vous son fils ! vous vous osez m'aimer !

LORD MURRAY.

Je vous adore, & je le dois ; c'est à mon amour à réparer les cruautés de mon pere : c'est une justice de la providence ; mon cœur, ma fortune, mon sang est à vous. Confondons ensemble deux noms ennemis. J'apporte à vos pieds le contrat de notre mariage ; daignez l'honorer de ce nom qui m'est si cher. Puissent les remords & l'amour du fils réparer les fautes du pere !

LINDANE.

Hélas ! & il faut que je parte, & que je vous quitte pour jamais.

LORD MURRAY.

Que vous partiez ! que vous me quittiez ! vous me verrez plutôt expirer à vos pieds .... Hélas ! daignez-vous m'aimer ?

POLLY.

Vous ne partirez point, Mademoiselle, j'y mettrai bon ordre ; vous prenez toujours des résolutions désespérées. Milord, secondez-moi bien.

LORD MURRAY.

Eh ! qui a pu vous inspirer le dessein de me fuir, de rendre tous mes soins inutiles ?

LINDANE.
Mon pere.
LORD MURRAY.
Votre pere ? Eh où est-il ? Que veut-il ? Que ne me parlez-vous ?
LINDANE.
Il est ici ; il m'emmene, c'en est fait.
LORD MURRAY.
Non, je jure par vous, qu'il ne vous enlevera pas. Il est ici ; conduisez-moi à ses pieds.
LINDANE.
Ah ! cher amant, gardez qu'il ne vous voye ; il n'est venu ici que pour finir sa vie en vous arrachant la vôtre, & je ne fuyais avec lui pour détourner cette horrible résolution.
LORD MURRAY.
La vôtre est la plus cruelle ; croiez que je ne le crains pas ; & que je le ferai rentrer en lui même (*en se retournant.*) Quoi on n'est pas encore revenu ? Ciel, que le mal se fait rapidement, & le bien avec lenteur !
LINDANE.
Le voici qui vient me chercher, si vous m'aimez, ne vous montrez pas à lui, privez-vous de ma vue, épargnez-lui l'horreur de la vôtre ..... écartez-vous .... du moins pour quelque temps.
LORD MURRAY.
Ah, que c'est avec regret ! mais vous m'y forcez ; je vais rentrer, je vais prendre des armes qui pourront faire tomber les siennes de ses mains

---

SCENE IV.

MONROSE, LINDANE.

MONROSE,

Allons, ma chere fille, seul soutien, unique consolation de ma déplorable vie .... partons.

COMÉDIE.

LINDANE.

Malheureux pere d'une infortunée .... je ne vous abandonnerai jamais. Cependant daignez souffrir que je reste encore.

MONROSE.

Quoi ! après m'avoir pressé vous-même de partir, après m'avoir offert de me suivre dans les déserts où nous allons cacher nos disgraces, avez-vous changé de dessein ? avez-vous retrouvé & perdu en si peu de temps le sentiment de la nature ?

LINDANE.

Je n'ai point changé .... j'en suis incapable .... je vous suivrai .... mais encore une fois, attendez quelque temps .... accordez cette grace à celle qui vous doit des jours si remplis d'orages .... ne me refusez pas des instants précieux.

MONROSE.

Ils sont précieux en effet, & vous les perdez; songez-vous que nous sommes à chaque moment en danger d'être découverts, que vous avez été arrêtée, qu'on me cherche, que vous pouvez voir demain votre pere périr par le dernier supplice ?

LINDANE.

Ces mots sont un coup de foudre pour moi, je n'y résiste plus. J'ai honte d'avoir tardé .... cependant j'avais quelque espoir .... n'importe, vous êtes mon pere, je vous suis. Ah malheureuse !

SCENE V.

Mr. FRIPORT & FABRICE, paraissent d'un côté, tandis que MONROSE & sa fille parlent de l'autre.

FRIPORT à *Fabrice.*

SA Suivante a pourtant remis son paquet dans sa chambre; elles ne partiront point : j'en suis bien aise ; je m'acoutumais à elle ; je ne l'aime point, mais elle est si bien née, que je la voyais partir avec une espece d'inquiétude,... que je n'ai jamais sentie, ... une espéce de trouble.... je ne sais quoi de fort extraordinaire.

MONROSE, à Friport.

Adieu, Monsieur, nous partons le cœur plein de vos bontés ; je n'ai jamais connu de ma vie un plus digne homme que vous. Vous me faites pardonner au genre humain.

FRIPORT.

Vous partez donc avec cette Dame ? je n'approuve point cela : vous devriez rester ? il me vient des idées qui vous conviendront peut-être : demeurez.

SCENE DERNIERE

Les Acteurs précédents, le LORD MURRAY dans le fond, recevant un rouleau de parchemin de la main de ses gens.

LORD MURRAY.

AH ! je le tiens enfin ce gage de mon bonheur. Soyez béni, ô Ciel ! qui m'avez secondé.

FRIPORT.

Quoi ! verrai-je toujours ce maudit Milord ? Que cet homme me choque avec ses graces !

MONROSE (*à sa fille, tandis que Milord Murray parle à son Domestique.*)

Quel est cet homme, ma fille ?

LINDANE.

Mon pere. c'est .... ô Ciel ! ayez pitié de nous.

FABRICE.

Monsieur, c'est Milord Murray, le plus galant homme de la Cour, le plus généreux.

COMÉDIE.

MONROSE.

Murray! grand Dieu! mon fatal ennemi, qui vient encore insulter à tant de malheurs! (*Il tire son épée*) il aura le reste de ma vie, ou moi la sienne.

LINDANE.

Que faites-vous? Mon pere! arrêtez.

MONROSE.

Cruelle fille, est-ce ainsi que vous me trahissiez?

FABRICE (*se jettant au devant de Monrose.*)

Monsieur, point de violence dans ma maison, je vous en conjure, vous me perdriez

FRIPORT.

Pourquoi empêcher des gens de se battre quand ils en ont envie? Les volontés sont libres, laissez les faire.

LORD MURRAY (*toujours au fond du Théâtre à Monrose.*)

Vous êtes le pere de cette respectable personne, n'est-il pas vrai?

LINDANE.

Je me meurs!

MONROSE.

Oui, puisque tu le sais, je ne le désavoue pas. Viens, fils cruel d'un pere cruel, acheve de te baigner dans mon sang.

FABRICE.

Monsieur encore une fois....

LORD MURRAY.

Ne l'arrêtez pas; j'ai de quoi le désarmer. (*Il tire son épée.*)

LINDANE (*entre les bras de Polly.*)

Cruel!..... vous oseriez!...

LORD MURRAY.

Oui, j'ose.... pere de la vertueuse Lindane, je suis le fils de votre ennemi; *il jette son épée.*) C'est ainsi que je me bats contre vous.

FRIPORT.

En voici bien d'une autre!

LORD MURRAY.

Percez mon cœur d'une main ; mais de l'autre, prenez cet écrit : lisez & connaissez-moi. (*Il lui donne le rouleau.*)

MONROSE.

Que vois-je ! ma grace ! le rétablissement de ma maison ! ô Ciel ! & c'est à vous, c'est à vous, Murray, que je dois tout ? Ah, mon bienfaiteur !..... [*il se jette à ses pieds*] Otez-moi plutôt cette vie, pour me punir d'avoir attenté à la vôtre.

LINDANE.

Ah, que je suis heureuse ! mon amant est digne de moi.

LORD MURRAY.

Embrassez-moi mon pere.

MONROSE.

Hélas ! & comment reconnaître tant de générosité ?

LORD MURRAY, *en montrant* Lindane.]

Voilà ma récompense.

MONROSE.

Le pere & la fille sont à vos genoux pour jamais.

FRIPORT [*à Fabrice.*]

Mon ami, je me doutais bien que cette Demoiselle n'était pas faite pour moi ; mais après tout, elle est tombée en bonnes mains, & cela fait plaisir.

Fin du cinquiéme & dernier Acte

TANCREDE,
TRAGEDIE
Par Mr. De VOLTAIRE.

A MADAME
MADAME LA MARQUISE
DE
POMPADOUR.

ADAME,

Toutes les Epitres dédicatoires ne sont pas de lâches flatteries, toutes ne sont pas dictées par l'intérêt, celle que vous reçûtes de Monsieur Crébillon, mon confrere à l'Académie, & mon premier maître dans un Art que j'ai toujours aimé, fut un monument de sa reconnoissance ; le mien durera moins, mais il est aussi juste. J'ai vu dès votre enfance les graces & les talents se développer ; j'ai reçu de vous dans tous les temps des témoignages d'une bonté toujours égale. Si quelque censeur pouvait désaprouver l'hommage que je vous rends, ce ne pourrait être qu'un cœur ingrat. Je vous dois beaucoup, MADAME, & je dois le dire. J'ose encore plus ; j'ose vous remercier publiquement du bien que vous avez fait à un très-grand nombre de véritables Gens de Lettres, de grands Artistes, d'hommes de mérite en plus d'un genre.

Les cabales sont affreuses, je le sais ; la Littérature en sera toujours troublée, ainsi que tous les autres états de la vie. On calomniera toujours les Gens de Lettres, comme les Gens en place ; & j'avouerai que l'horreur pour ces cabales m'a fait prendre le parti de la retraite, qui seule m'a rendu heureux. Mais j'avoue en même temps que vous n'avez jamais écouté aucune de ces petites factions, que jamais vous ne reçûtes d'impression de l'imposture secrete qui blesse sourdement le mérite, ni de l'imposture publique qui l'attaque insolemment. Vous avez fait du bien avec discernement, parce que vous avez jugé par vous-même ; aussi je n'ai connu ni aucun Homme de Lettres, ni aucune personne sans prévention, qui ne rendit justice à votre caractere non-seulement en public, mais dans les conversations particulieres, où l'on blâme beaucoup plus qu'on ne loue. Croyez, MADAME, que c'est quelque chose que le suffrage de ceux qui savent penser.

De tous les Arts que nous cultivons en France, l'Art de la Tragédie n'est pas celui qui mérite le moins l'attention publique ; car il faut avouer que c'est celui dans lequel les Français se sont le plus distingués. C'est d'ailleurs au théâtre seul que la nation se rassemble, c'est là que l'esprit & le goût de la jeunesse se forment : les étrangers y viennent apprendre notre langue ; nulle

EPITRE.

mauvaise maxime n'y est tolérée, & nul sentiment estimable n'y est débité sans être applaudi ; c'est une école toujours subsistante de poësie & de vertu.

La Tragédie n'est pas encore peut-être tout-à-fait ce qu'elle doit être ; supérieure à celle d'Athenes en plusieurs choses, il lui manque ce grand appareil que les Magistrats d'Athenes savaient lui donner.

Permettez-moi, MADAME, en vous dédiant une Tragédie, de m'étendre sur cet Art des Sophocles & des Euripides. Je sais que toute la pompe de l'appareil ne vaut pas une pensée sublime, ou un sentiment ; de même que la parure n'est presque rien sans la beauté. Je sais bien que ce n'est pas un grand mérite de parler aux yeux ; mais j'ose être sûr que le sublime & le touchant portent un coup beaucoup plus sensible quand ils sont soutenus d'un appareil convenable, & qu'il faut frapper l'ame & les yeux à la fois. Ce sera le partage des génies qui viendront après nous. J'aurai du moins encouragé ceux qui me feront oublier.

C'est dans cet esprit, MADAME, que je dessinai la faible esquisse que je soumets à vos lumieres. Je la crayonnai dès que je sus que le Théâtre de Paris était changé, & devenait un vrai spectacle. Des jeunes gens de beaucoup de talent la représenterent avec moi sur un petit Théâtre que je fis faire à la campagne. Quoique ce Théâtre fût extrêmement étroit, les Acteurs ne furent point gênés, tout fut exécuté facilement ; ces boucliers, ces devises, ces armes qu'on suspendait dans la lice, faisaient un effet qui redoublait l'intérêt, parce que cette décoration, cette action devenait une partie de l'intrigue. Il eût fallu que la Piece eût joint à cet avantage celui d'être écrite avec plus de chaleur, que j'eusse pu éviter les longs récits, que les vers eussent été faits avec plus de soin. Mais le temps où nous nous étions proposé de nous donner ce divertissement, ne permettait pas de délai ; la Piece fut faite & apprise en deux mois.

Mes amis me mandent que les Comédiens de Paris ne l'ont représentée, que parce qu'il en courait une grande quantité de copies infidelles. Il a donc fallu la laisser paraître avec tous les défauts que je n'ai pu corriger ; mais ces défauts mêmes instruiront ceux qui voudront travailler dans le même goût.

Il y a encore dans cette Piece une autre nouveauté qui me paraît mériter d'être perfectionnée ; elle est écrite en vers croisés. Cette sorte de poësie sauve l'uniformité de la rime ; mais aussi ce genre d'écrire est dangereux, car tout a son écueil. Ces grands tableaux que les Anciens regardaient comme une partie essentielle de la Tragédie, peuvent aisément nuire au Théâtre de France en le réduisant à n'être presque qu'une vaine décoration & la sorte de vers que j'ai employés dans Tancrede, approche peut-être trop de la prose. Ainsi, il pourrait arriver qu'en voulant perfectionner la scene Françoise, on la gâterait entiérement. Il se peut qu'on y ajoute un mérite qui lui manque, il se peut qu'on la corrompe.

J'insiste seulement sur une chose ; c'est la variété dont on a besoin dans une Ville immense, la seule de la terre qui ait jamais eu des spectacles tous les jours. Tant que nous saurons maintenir par cette variété le mérite de notre scene, ce talent nous rendra toujours agréables aux autres Peuples : c'est ce qui fait que des personnes de la plus haute distinction représentent souvent nos Ouvrages dramatiques, en Allemagne, en Italie, qu'on les traduit même en Angleterre, tandis que nous voyons dans nos Provinces des salles de spectacles magnifiques, comme on voyait des cirques dans toutes les Provinces Romaines ; preuve incontestable du goût qui subsiste parmi nous, & preuve de nos ressources dans les temps les plus difficiles. C'est en vain que plusieurs de nos Compatriotes s'efforcent d'annoncer notre décadence en tout genre. Je ne suis pas de l'avis de ceux qui au sortir d'un spectacle, dans un souper délicieux, dans le sein du luxe & des plaisirs, disent gayement que tout est perdu ; je suis assez près d'une Ville de Province, aussi peuplée que Rome moderne, & beaucoup plus opulente, qui entretient plus de quarante mille ouvriers, & qui vient de construire en même temps le plus bel Hôpital du Royaume, & le plus beau Théâtre. De bonne foi, tout cela existerait-il si les campagnes ne produisaient que des ronces ?

J'ai choisi pour mon habitation un des moins bons terreins qui soient en France ; cependant, rien ne nous y manque. Le Pays est orné de maisons, qu'on eût regardées autrefois comme trop belles ; le pauvre qui veut s'occuper y cesse d'être pauvre ; cette petite Province est devenue un jardin riant ; il vaut mieux sans doute fertiliser sa terre, que se plaindre à Paris de la stérilité de sa terre.

Me voilà, MADAME, un peu loin de Tancrede ; j'abuse du droit de mon âge, j'abuse de vos moments, je tombe dans les digressions, je dis peu en beaucoup de paroles. Ce n'est pas là le caractere de votre esprit ; mais je serais plus diffus, si je m'abandonnais aux sentiments de ma reconnaissance. Recevez avec votre bonté ordinaire, MADAME, mon attachement & mon respect que rien ne peut altérer jamais.

ACTEURS.

ARGIRE,
TANCREDE,
ORBASSAN, } Chevaliers.
LOREDAN,
CATANE,

ALDAMON, Soldat.

AMENAIDE,

FANIE, Suivante.

Plusieurs Chevaliers assistants au Conseil.

Ecuyers, Soldats, Peuples.

La Scene est à Syracuse, d'abord dans le Palais d'Argire & dans une salle du Conseil, ensuite dans la place publique sur laquelle cette salle est construite. L'époque de l'action est de l'année 1005. Les Sarrasins d'Afrique avaient conquis toute la Sicile au neuvieme siecle; Syracuse avait secoué leur joug. Des Gentilshommes Normands commençaient à s'établir vers Salerne dans la Pouille; les Empereurs Grecs possédaient Messine; les Arabes tenaient Palerme & Agrigente.

TANCREDE,
TRAGEDIE.

ACTE PREMIER.

SCENE PREMIERE.

ASSEMBLÉE DES CHEVALIERS
rangés en demi-cercle.

ARGIRE.

Illustres Chevaliers, vengeurs de la Sicile,
Qui daignez, par égard au déclin de mes ans,
Vous assembler chez moi pour chasser nos Tyrans,
Et former un Etat triomphant & tranquille :
Syracuse en ses murs a gémi trop long-temps
Des desseins avortés d'un courage inutile.
Il est temps de marcher à ces fiers Musulmans ;
Il est temps de sauver d'un naufrage funeste,
Le plus grand de nos biens, le plus cher qui nous reste,
Le droit le plus sacré des mortels généreux,
La liberté ; c'est-là que tendent tous nos vœux.
Deux puissants ennemis de notre République,

M 4

Des droits des Nations, du bonheur des humains,
Les Céfars de Byzance, & les fiers Sarafins,
Nous menacent encor de leur joug tyrannique.
Ces defpotes altiers partageant l'Univers,
Se difputent l'honneur de nous donner des fers.
Le Grec a fous fes loix les peuples de Meffine ;
Le hardi Solamir infolemment domine
Sur les fertiles champs couronnés par l'Etna,
Dans les murs d'Agrigente, aux campagnes d'Enna,
Et tout de Syracufe annonçait la ruine.
Mais nos communs Tyrans l'un de l'autre jaloux,
Armés pour nous détruire, ont combattu pour nous;
Ils ont perdu leur force en difputant leur proye :
A notre liberté le Ciel ouvre une voye ;
Le moment eft propice, il en faut profiter.
La grandeur Mufulmane eft à fon dernier âge ;
On commence en Europe à la moins redouter :
Dans la France un Martel, en Efpagne un Pélage,
Le grand Léon * dans Rome, armé d'un faint courage,
Nous ont affez appris comme on peut la dompter.
   Je fais qu'aux factions Syracufe livrée
N'a qu'une liberté faible & mal affurée.
Je ne veux point ici vous rappeller ces temps
Où nous tournions fur nous nos armes criminelles,
Où l'Etat répandait le fang de fes enfants.
Etouffons dans l'oubli nos indignes querelles ;
Orbaffan, qu'il ne foit qu'un parti parmi nous ;
Celui du bien public, & du falut de tous.
Que de notre union l'Etat puiffe renaître ;
Et fi de nos égaux nous fûmes trop jaloux,
Vivons & périffons fans avoir eu de maître.

ORBASSAN.

Argire, il eft trop vrai que les divifions

---

* Léon IV. un des grands Papes que Rome ait jamais eu.
Il chaffa les Arabes, & fauva Rome en 849. Voici comme
en parle l'Auteur de l'*Effai fur l'Hiftoire générale, & fur les
mœurs des Nations.* »Il était né Romain ; le courage des
» premiers âges de la République revivait en lui dans un
» temps de lâcheté & de corruption, tel qu'un des beaux
» monuments de l'ancienne Rome qu'on trouve quelque-
» fois dans les ruines de la nouvelle.

TRAGÉDIE.

Ont regné trop long-temps entre nos deux maisons.
L'Etat en fut troublé ; Syracuse n'aspire
Qu'à voir les Orbassans unis au sang d'Argire.
Aujourd'hui l'un par l'autre il faut nous protéger.
En citoyen zélé j'accepte votre fille ;
Je servirai l'Etat, vous, & votre famille,
Et du pied des Autels où je vais m'engager,
Je marche à Solamir, & je cours vous venger.
 Mais ce n'est pas assez de combattre le Maure ;
Sur d'autres ennemis il faut jetter les yeux ;
Il fut d'autres Tyrans non moins pernicieux,
Que peut-être un vil Peuple ose chérir encore.
De quel droit les Français, portant par-tout leurs pas,
Se sont-ils établis dans nos riches climats ?
De quel droit un Coucy (*a*) vint-il dans Syracuse,
Des rives de la Seine aux bords de l'Aréthuse ?
D'abord modeste & simple il voulut nous servir :
Bientôt fier & superbe il se fit obéir.
Sa race accumulant d'immenses héritages,
Et d'un Peuple ébloui maîtrisant les suffrages,
Osa sur ma famille élever sa grandeur.
Nous l'en avons punie ; & malgré sa faveur
Nous voyons ses enfants bannis de nos rivages.
Tancrede (*b*) un rejetton de ce sang dangereux,
Des murs de Syracuse éloigné dès l'enfance,
A servi, nous dit-on, les Césars de Bizance.
Il est fier, outragé, sans doute valeureux ;
Il doit haïr nos loix, il cherche la vengeance.
Tout Français est à craindre : on voit même en nos jours
Trois simples Ecuyers, (*c*) sans biens & sans secours,
Sortis des flancs glacées de l'humide Neustrie, (*d*)
Aux champs (*e*) Apulliens se faire une patrie,

(*a*) Un Seigneur de Coucy s'établit en Sicile du temps de Charles Chauve.
(*b*) Ce n'est pas Tancrede de Hauteville, qui n'alla en Italie que quelque temps après.
(*c*) Les premiers Normands qui passerent dans la Pouille ; Drogon, Bateric & Repoffel.
(*d*) La Normandie.
(*e*) Le Pays de Naples.

Et n'ayant pour tout droit que celui des combats,
Chasser les possesseurs, & fonder des Etats.
Grecs, Arabes, Français, Germains, tout nous dévore :
Et nos champs malheureux par leur fécondité,
Appellent l'avarice & la rapacité
Des brigands du Midi, du Nord & de l'Aurore.
Nous devons nous défendre ensemble & nous venger.
J'ai vu plus d'une fois Syracuse trahie.
Maintenons notre loi, que rien ne doit changer;
Elle comdamne à perdre & l'honneur & la vie,
Quiconque entretiendrait avec nos ennemis
Un commerce secret, fatal à son pays.
A l'infidélité l'indulgence encourage.
On ne doit épargner ni le sexe ni l'âge.
Venise ne fonda sa fiere autorité
Que sur la défiance & la sévérité.
Imitons sa sagesse en perdant les coupables.

LOREDAN.

Quelle honte en effet dans nos jours déplorables,
Que Solamir, un Maure, un chef des Musulmans,
Dans la Sicile encor ait tant de partisans !
Que par-tout dans cette Isle & guerriere & chrétienne
Que même parmi nous Solamir entretienne
Des sujets corrompus vendus à ses bienfaits ;
Tantôt chez les Césars occupé de nous nuire,
Tantôt dans Syracuse ayant su s'introduire ;
Nous préparant la guerre, & nous offrant la paix,
Et pour nous désunir soigneux de nous séduire !
Un sexe dangereux, dont les faibles esprits
D'un peuple encor plus faible attire les hommages,
Toujours des nouveautés & des héros épris,
A ce Maure impuissant prodigua ses suffrages.
Combien de Citoyens aujourd'hui prévenus
Pour ces arts séduisants [f] que l'Arabe cultive !
Arts trop pernicieux, dont l'éclat les captive,
A nos vrais Chevaliers noblement inconnus.
Que notre art soit de vaincre, & je n'en veux point
   d'autre.

(f) En ce temps les Arabes cultivaient seuls les Sciences en Occident, & ce sont eux qui fonderent l'Ecole de Salerne.

J'espere en ma valeur, j'attends tout de la vôtre ;
Et j'approuve sur-tout cette sévérité
Vengeresse des loix & de la liberté.
Pour détruire l'Espagne il a suffi d'un traître [g]
Il en fut parmi nous, chaque jour en voit naître.
Mettons un frein terrible à l'infidélité ;
Au salut de l'Etat que toute pitié cede :
Combattons Solamir, & proscrivons Tancrede.
Tancrede, né d'un sang parmi nous détesté,
Est plus à craindre encor pour notre liberté.
Dans le dernier conseil un décret juste & sage
Dans les mains d'Orbassan remit son héritage,
Pour confondre à jamais nos ennemis cachés,
A ce nom de Tancrede en secret attachés ;
Du vaillant Orbassan c'est le juste partage,
Sa dot, sa récompense.
CATANE.
Oui, nous y souscrivons.
Que Tancrede, s'il veut, soit puissant à Byzance ;
Qu'une Cour odieuse honore sa vaillance ;
Il n'a rien à prétendre aux lieux où nous vivons.
Tancrede, en se donnant un maître despotique,
A renoncé lui-même à nos sacrés remparts.
Plus de retour pour lui ; l'esclave des Césars
Ne doit rien posséder dans une République.
Orbassan de nos loix est le plus ferme appui,
Et l'Etat qu'il soutient ne pouvait moins pour lui.
Tel est mon sentiment.
ARGIRE.
Je vois en lui mon gendre :
Ma fille m'est bien chere, il est vrai ; mais enfin,
Je n'aurais point pour eux dépouillé l'orphelin.
Vous savez qu'à regret on m'y vit condescendre
LOREDAN.
Blamez-vous le Sénat ?
ARGIRE.
Non ; je hais la rigueur :
Mais toujours à la loi je fus prêt à me rendre,
Et l'intérêt commun l'emporta dans mon cœur.

(g) Le Comte Julien, ou l'Archevêque Opas.

Ces biens sont à l'Etat, l'Etat seul doit les prendre;
Je n'ai point recherché cette faible faveur.
ARGIRE.
N'en parlons plus ; hâtons cet heureux hymenée :
Qu'il amene demain la brillante journée,
Où ce chef arrogant d'un peuple destructeur,
Solamir, à la fin doit connaître un vainqueur.
Votre rival en tout, il osa bien prétendre
En nous offrant la paix, à devenir mon gendre ; [h]
Il penfoit m'honorer par cet hymen fatal.
Allez, ... dans tous les temps triomphez d'un rival :
Mes amis .... foyons prêts .... ma faibleffe & mon âge
Ne me permettent plus l'honneur de commander,
A mon gendre Orbaffan vous daignez l'accorder :
Vous fuivre eft pour mes ans un affez beau partage;
Je ferai près de vous, j'aurai cet avantage;
Je fentirai mon cœur encor fe ranimer,
Mes yeux feront témoins de votre fier courage,
Et vous auront vu vaincre avant de fe fermer.
L'OREDAN.
Nous combattrons fous vous, Seigneur ; nous ofons croire
Que ce jour, quel qu'il foit, nous fera glorieux :
Nous nous promettons tous l'honneur de la victoire
Ou l'honneur confolant de mourir à vos yeux.

SCENE II.

ARGIRE, ORBASSAN.

ARGIRE.

EH bien, brave Orbaffan, fuis-je enfin votre pere;
Tous vos reffentiments font-il bien effacés :

(*h*) Il était alors très commun de marier les Chrétiennes à des Mufulmans, & Abdalife, le fils de Mufa Conquérant de l'Efpagne, époufa la fille du Roi Rodrigues : cet exemple fut imité dans tous les Pays où les Arabes porterent leurs armes victorieufes.

TRAGÉDIE.

Pourrai-je en vous d'un fils trouver le caractere ?
Dois-je compter sur vous ?

ORBASSAN.

Je vous l'ai dit assez :
J'aime l'Etat, Argire, il nous réconcilie.
Cet hymen nous rapproche, & la raison nous lie;
Mais le nœud qui nous joint n'eût point été formé,
Si, dans notre querelle à jamais assoupie,
Mon cœur qui vous hait, ne vous eût estimé.
L'amour peut avoir part à ma nouvelle chaîne ;
Mais un si noble hymen ne sera point le fruit
D'un feu né d'un instant, qu'un autre instant détruit,
Que suit l'indifférence, & trop souvent la haine.
Ce cœur que la Patrie appelle aux champs de Mars
Ne sait point soupirer au milieu des hazards.
Mon hymen a pour but l'honneur de vous complaire
Notre union naissante à tous deux nécessaire,
La splendeur de l'Etat, votre intérêt, le mien.
Devant de tels objets l'amour a peu de charmes :
Il pourra resserrer un si noble lien ;
Mais sa voix doit ici se taire au bruit des armes.

ARGIRE.

J'estime en un soldat cette mâle fierté ;
Mais la franchise plaît, & non l'austérité.
J'espere que bientôt ma chere Amenaïde
Pourra fléchir en vous ce courage rigide.
C'est peu d'être un guerrier, la modeste douceur
Donne un prix aux vertus, & sied à la valeur.
Vous sentez que ma fille au sortir de l'enfance,
Dans nos temps orageux de trouble & de malheur
Par sa mere elevée à la cour de Byzance,
Pourrait s'effaroucher de ce sévere accueil,
Qui tient de la rudesse, & ressemble à l'orgueil;
Pardonnez aux avis d'un vieillard & d'un pere.

ORBASSAN.

Vous-même, pardonnez à mon humeur austere ;
Elevé dans nos camps, je préferai toujours
A ce mérite faux des politesses vaines,
A cet art de flatter, à cet esprit des Cours,
La grossiere vertu des mœurs Républicaines.

Mais je sais respecter la naissance & le rang
D'un estimable objet formé de votre sang.
Je prétends par mes soins mériter qu'elle m'aime,
Vous regarder en elle, & m'honorer moi-même.
ARGIRE.
Par mon ordre en ces lieux elle avance vers vous.

SCENE III.

ARGIRE, ORBASSAN, AMENAIDE.

ARGIRE.

LE bien de cet Etat, les voix de Syracuse,
Votre pere, le Ciel, vous donnent un époux;
Leurs ordres réunis ne souffrent point d'excuse.
Ce noble Chevalier, qui se rejoint à moi,
Aujourd'hui par ma bouche a reçu votre foi.
Vous connaissez son nom, son rang, sa renommée;
Puissant dans Syracuse il commande l'armée :
Tous les droits de Tancrede entre ses mains remis..
AMENAIDE, *à part*.
De Tancrede !
ARGIRE.
... A mes yeux sont le moins digne prix
Qui releve l'éclat d'une telle alliance.
ORBASSAN.
Elle m'honore assez, Seigneur, & sa présence
Rend plus cher à mon cœur le don que je reçois.
Puissé-je, en méritant vos bontés & son choix,
Du bonheur de tous trois confirmer l'espérance !
AMENAIDE.
Mon pere, en tous les tems je sais que votre cœur
Sentit tous mes chagrins, & voulut mon bonheur.
Votre choix me destine un héros en partage;
Et quand ces longs débats qui troublerent vos jours,
Grace à votre sagesse, ont terminé leurs cours;

TRAGÉDIE.

Du nœud qui vous rejoint votre fille est le gage;
D'une telle union je conçois l'avantage.
Orbassan permettra que ce cœur étonné,
Qu'opprima dès l'enfance un sort toujours contraire
Par ce changement même au trouble abandonné,
Se recueille un moment dans le sein de son pere
ORBASSAN.
Vous le devez, Madame; & loin de m'opposer
A de tels sentimens dignes de mon estime,
Loin de vous détourner d'un soin si légitime,
Des droits que j'ai sur vous je craindrais d'abuser.
J'ai quitté nos guerriers, je vole à leur tête;
C'est peu d'un tel hymen, il le faut mériter :
La victoire en rend digne; & j'ose me flatter
Que bientôt des lauriers en orneront la fête.

SCENE IV.

ARGIRE, AMENAIDE.

ARGIRE.

Vous semblez interdite; & vos yeux pleins d'effroi,
De larmes obscurcis se détournent de moi.
Vos soupirs étouffés semblent me faire injure;
La bouche obéit mal, lorsque le cœur murmure.
AMENAIDE.
Seigneur, je l'avouerai, je ne m'attendais pas
Qu'après tant de malheurs, & de si longs débats,
Le parti d'Orbassan dût être un jour le vôtre;
Que mes tremblantes mains uniraient l'un & l'autre,
Et que votre ennemi dût passer dans mes bras.
Je n'oublierai jamais que la guerre civile
Dans vos propres foyers vous priva d'un asyle;
Que ma mere à regret évitant le danger,
Chercha loin de nos murs un rivage étranger;

Que des bras paternels avec elle arrachée,
A ſes triſtes deſtins dans Byzance attachée,
J'ai partagé long-temps les maux qu'elle a ſoufferts,
Au ſortir du berceau j'ai connu les revers :
J'appris ſous une mere abandonnée, errante,
A ſupporter l'exil & le ſort des proſcrits,
L'accueil impérieux d'une cour arrogante,
Et la fauſſe pitié pire que les mépris.
Dans un ſort avili noblement élevée,
De ma mere bientôt cruellement privée,
Je me vis ſeule au monde, en proye à mon effroi,
Roſeau faible & tremblant, n'ayant d'appui que moi
Votre deſtin changea, Syracuſe en allarmes
Vous remit dans vos biens, vous rendit vos honneurs,
Se repoſa ſur vous du deſtin de ſes armes,
Et de ſes murs ſanglants repouſſa ſes vainqueurs.
Dans le ſein paternel je me vis rappellée :
Un malheur inouï m'en avait exilée ;
Peut-être j'y reviens pour un malheur nouveau.
Vos mains de mon hymen allument le flambeau ;
Je ſais quel intérêt, quel eſpoir vous anime :
Mais de vos ennemis je me vis la victime :
Je ſuis enfin la vôtre ; & ce jour dangereux
Peut-être de nos jours ſera le plus affreux.

ARGIRE.

Il ſera fortuné : c'eſt à vous de m'en croire.
Je vous aime ma fille, & j'aime votre gloire
On a trop murmuré quand ce fier Solamir,
Pour le prix de la paix qu'il venait nous offrir,
Oſa me propoſer de l'accepter pour gendre :
Je vous donne au héros qui marche contre lui,
Au plus grand des guerriers armés pour nous défendre
Autrefois mon émule, à préſent notre appui.

AMENAIDE.

Quel appui ! vous vantez ſa ſuperbe fortune ;
Mes vœux plus modérés la voudroient plus commune :
Je voudrais qu'un héros ſi fier & ſi puiſſant
N'eut point pour s'aggrandir dépouillé l'innocent.

ARGIRE.

Du Conſeil, il eſt vrai, la prudence ſevere

TRAGÉDIE.

Veut punir dans Tancrede une race étrangere :
Elle abufa long-temps de fon autorité ;
Elle a trop d'ennemis.

AMENAIDE.

Seigneur, ou je m'abufe,
Ou Tancrede eft encor aimé dans Syracufe.

ARGIRE.

Nous rendons tous juftice à fon cœur indompté,
Sa valeur a, dit-on, fubjugué l'illirie :
Mais plus il a fervi fous l'aigle des Céfars,
Moins il doit efpérer de revoir fa Patrie.
Il eft par un décret chaffé de nos remparts.

AMENAIDE.

Pour jamais ! lui, Tancrede ? *

ARGIRE.

Oui l'on craint fa préfence,
Et fi vous l'avez vu dans les murs de Byzance,
Vous favez qu'il nous hait.

AMENAIDE.

je ne le croyais pas. *
Ma mere avoit penfé qu'il pouvait être encore
L'appui de Syracufe, & le vainqueur du Maure.
Et lorfque dans ces lieux des Citoyens ingrats
Pour ce fier Orbaffan contre vous s'animerent,
Qu'ils ravirent vos biens, & qu'ils vous opprimerent,
Tancrede aurait pour vous affronté le trépas.
C'eft tout ce que j'ai fu.

ARGIRE.

C'eft trop, Amenaïde :
Rendez-vous aux confeils d'un pere qui vous guide :
Conformez - vous au temps, conformez - vous aux lieux.
Solamir & Tancrede, & la Cour de Byzance
Sont tous également en horreur à nos yeux.
Votre bonheur dépend de votre complaifance.
J'ai pendant foixante ans combattu pour l'Etat :

---

* Si on joue cette Tragédie dans les Provinces, l'Actrice repréfentant *Amenaide* doit favoir que ces vers marqués * doivent être recités avec l'air & le ton d'une froideur contrainte

Je le servis injuste, & le chéris ingrat.
Je dois penser ainsi jusqu'à ma derniere heure;
Prenez mes sentimens : & devant que je meure,
Consolez mes vieux ans, dont vous faites l'espoir.
Je suis prêt à finir une vie orageuse :
La vôtre doit couler sous les loix du devoir ;
Et je mourrai content, si vous vivez heureuse.
AMENAIDE.
Ah, Seigneur ! croyez-moi, parlez moins de bonheur.
Je ne regrette point la Cour d'un Empereur.
Je vous ai consacré mes sentiments, ma vie;
Mais pour en disposer attendez quelques jours.
Au crédit d'Orbassan trop d'intérêt vous lie,
Ce crédit si vanté doit-il durer toujours ?
Il peut tomber; tout change : & ce héros peut-être
S'est trop tôt déclaré votre gendre & mon Maître.
ARGIRE.
Comment ? que dites-vous ?
AMENAIDE.
Cette témérité
Est peu respectueuse, & vous semble une injure.
Je sais que dans les Cours mon sexe plus flatté,
Dans votre République a moins de liberté :
A Byzance on le sert; ici la loi plus dure
Veut de l'obéissance, & défend le murmure.
Les Musulmans altiers, trop long-temps vos vain-
    queurs.
Ont changé la Sicile, ont endurci vos mœurs ;
Mais qui peut altérer vos bontés paternelles ?
ARGIRE.
Vous seule, vous, ma fille, en abusant trop d'elles
De tout ce que j'entends mon esprit est confus.
J'ai permis vos délais, mais non pas vos refus.
La Loi ne peut plus rompre un nœud si légitime
La parole est donnée, y manquer est un crime.
Vous me l'avez bien dit. je suis né malheureux :
Jamais aucun succès n'a couronné mes vœux;
Tous les jours de ma vie ont été des orages.
Dieu puissant ! détournez ces funestes présages;
Et puisse Amenaide, en formant ces liens,

e préparer des jours moins tristes que les miens !

SCENE V.

AMENAIDE, seule.

Tancrede, cher amant ! moi j'aurais la faiblesse
De trahir mes sermens pour ton persécuteur !
Plus cruelle que lui, perfide avec bassesse,
Partageant ta dépouille avec cet oppresseur,
Je pourrais....

SCENE VI.

AMENAIDE, FANIE.

AMENAIDE.

Viens, approche, ô ma chere Fanie :
Vois le trait détesté qui m'arrache la vie.
Orbassan par mon pere est nommé mon époux !

FANIE.

Je sens combien cet ordre est douloureux pour vous
J'ai vu vos sentimens, j'en ai connu la force ;
Le sort n'eut point de traits, la Cour n'eut point d'a-
    morce
Qui pussent arrêter ou détourner vos pas,
Quand la route par vous fut une fois choisie.
Votre cœur s'est donné, c'est pour toute la vie.
Tancrede & Solamir touchés de vos appas,
Dans la Cour des Césars en secret soupirerent :
Mais celui que vos yeux justement distinguerent,
Celui qui de vos vœux devint le digne objet,
Le sera pour jamais ; & puisque dans Byzance
Sur le fier Solamir il eut la préférence,

Orbassan dans ces lieux ne pourra l'emporter ;
Votre ame est trop constante
AMENAIDE.
Ah ! tu n'en peux douter.
On dépouille Tancrede, on l'exile, on l'outrage;
C'est le sort d'un héros d'être persécuté ;
Je sens que c'est le mien de l'aimer davantage.
Ecoute ; dans ces murs Tancrede est regretté,
Le Peuple le chérit....
FANIE.
Banni dans son enfance,
De son pere oublié les fastueux amis
Ont bientôt à son sort abandonné le fils.
Peu de cœurs comme vous tiennent contre l'absence ;
A leurs seuls intérêts les Grands sont attachés ;
Le Peuple est plus sensible.
AMENAIDE.
Il est aussi juste.
FANIE.
Mais il est asservi : nos amis sont cachés ;
Aucun n'ose parler pour ce proscrit auguste.
Un sénat tyrannique est ici tout-puissant.
AMENAIDE.
Oui, je sais qu'il peut tout quand Tancrede est absent.
FANIE.
S'il pouvait se montrer, j'espéreraist encore :
Mais il est loin de vous.
AMENAIDE.
Juste ciel, je t'implore !
(à Fanie)
Je me confie à toi ; Tancrede n'est pas loin :
Et quand de l'écarter on prend l'indigne soin,
Lorsque la tyrannie au comble est parvenue,
Il est temps qu'il paraisse & qu'on tremble à sa vue.
Tancrede est dans Messine....
FANIE.
Est-il vrai ? justes cieux !
Et cet indigne hymen est formé sous ses yeux !
AMENAIDE.
Il ne le sera pas,.....non, Fanie; & peut-être

TRAGEDIE.

Mes oppresseurs & moi nous n'aurons plus qu'un
　　maître.
Viens,.... je t'apprendrai tout,..... mais il faut tout
　　ofer :
Le joug est trop honteux, ma main doit le briser.
La persécution enhardit ma faiblesse ;
Le trahir est un crime ; obéir est bassesse.
S'il vient, c'est pour moi seule, & je l'ai mérité :
Et moi, timide esclave, à son tiran promise,
Victime malheureuse indignement soumise,
Je mettrais mon devoir dans l'infidélité !
Non, l'amour à mon sexe inspire le courage :
C'est à moi de hâter ce fortuné retour ;
Et s'il est des dangers que ma crainte envisage,
Ces dangers me sont chers, ils naissent de l'amour.

Fin du premier Acte.

ACTE II.

SCENE PREMIERE.

AMENAIDE *seule.*

OU porté-je mes pas ? .... d'où vient que je
　　frissonne ?
Moi des remords ! .... qui ! moi ? .... le crime seul
　　les donne....
Ma cause est juste. ... O cieux ! protégez mes des-
　　seins. ...
　　　　(*à Fanie qui entre.*)
Allons, rassurons nous,.... suis-je en tout obéie ?
FANIE.
Votre esclave est parti, la lettre est dans ses mains.
AMENAIDE.
Il est maître, il est vrai, du secret de ma vie ;....

Mais je connais son zèle : il m'a toujours servie.
On doit tout quelquefois aux dernier des humains.
Né d'aïeux Musulmans chez les Syracusains,
Instruit dans les deux Loix, & dans les deux Langages,
Du camp des Sarrasins il connait les passages,
Et des monts de l'Etna les plus secrets chemins :
C'est lui qui découvrit, par une course utile,
Que Tancrede en secret a revu la Sicile ;
C'est lui par qui le ciel veut changer mes destins.
Ma lettre par ses soins remise aux mains d'un Maure,
Dans Messine demain doit être avant l'aurore.
Des Maures & des Grecs les besoins mutuels
Ont toujours conservé, dans cette longue guerre,
Une correspondance à tous deux nécessaire ;
Tant la nature unit les malheureux mortels !

FANIE.

Ce pas est dangereux ; mais le nom de Tancrede,
Ce nom si redoutable à qui tout autre cede,
Et qu'ici nos tyrans ont toujours en horreur,
Ce beau nom que l'amour grava dans votre cœur,
N'est point dans cette lettre à Tancrede adressée.
Si vous l'avez toujours présent à la pensée,
Vous avez su du moins le taire en écrivant.
Au camp des Sarrasins votre lettre portée,
Vainement serait lue, ou serait arrêtée.
Enfin, jamais l'amour ne fut moins imprudent,
Ne fut mieux se violer dans l'ombre du mystere,
Et ne fut plus hardi, sans être téméraire.
Je ne puis cependant vous cacher mon effroi.

AMENAIDE.

Le Ciel jusqu'à présent semble veiller sur moi ?
Il ramene Tancrede, & tu veux que je tremble ?

FANIE.

Hélas ! qu'en d'autres lieux sa bonté vous rassemble ;
La haine & l'intérêt s'arment trop contre lui ;
Tout son parti se tait ; qui sera son appui ;

AMENAIDE.

Sa gloire. Qu'il se montre, il deviendra le maître.
Un héros qu'on opprime attendrit tous les cœurs ;
Il les anime tous quand il vient à paraître.

TRAGÉDIE.

FANIE.
Son rival est à craindre.

AMENAIDE.
Ah ! combats ces terreurs,
Et ne m'en donne point. Souvient-toi que ma mere
Nous unit l'un & l'autre à ses derniers moments ;
Que Tancrede est à moi ; qu'aucune loi contraire
Ne peut rien sur nos vœux & sur nos sentiments.
Hélas ! nous regrettions cette Isle si funeste,
Dans le sein de la gloire & des murs des Césars.
Vers ces champs trop aimés, qu'aujourd'hui je déteste,
Nous tournions tristement nos avides regards.
J'étais loin de penser que le sort qui m'obsede
Me gardât pour époux l'oppresseur de Tancrede,
Et que j'aurais pour dot l'exécrable présent
Des biens qu'un ravisseur enleve à mon amant.
Il faut l'instruire au moins d'une telle injustice ;
Qu'il apprenne de moi sa perte & mon supplice,
Qu'il hâte son retour, & défende ses droits.
Pour venger un héros je fais ce que je dois.
Ah ! si je le pouvais, j'en ferais davantage.
J'aime, je crains un pere, & respecte son âge ;
Mais je voudrais armer nos Peuples soulevés,
Contre cet Orbassan qui nous a captivés.
D'un brave Chevalier sa conduite est indigne ;
Interressé, cruel, il prétend à l'honneur !
Il croit d'un Peuple libre être le Protecteur !
Il ordonne ma honte & mon pere la signe !
Et je dois la subir, & je dois me livrer
Au maître impérieux qui pense m'honorer !
Hélas ! dans Syracuse on hait la tyrannie,
Mais la plus exécrable, & la plus impunie,
Est celle qui commande & la haine & l'amour,
Et qui veut nous forcer de changer en un jour.
Le sort en est jetté.

FANIE.
Vous aviez paru craindre.

AMENAIDE.
Je ne crains plus.

FANIE.
     On dit qu'un arrêt redouté
Contre Tancrede même est aujourd'hui porté ;
Il y va de la vie à qui le veut enfreindre.
AMENAIDE.
Je le sais, mon esprit en fut épouventé ;
Mais l'amour est bien faible alors qu'il est timide.
J'adore, tu le sais, un héros intrépide :
Comme lui je dois l'être.
FANIE.
     Une loi de rigueur
Contre vous, après tout, serait-elle écoutée ?
Pour effrayer le Peuple elle paraît dictée.
AMENAIDE.
Elle attaque Tancrede ; elle me fait horreur.
Que cette loi jalouse est digne de nos maîtres !
Ce n'était point ainsi que ses braves ancêtres,
Ces généreux Français, ces illustres vainqueurs,
Subjuguaient l'Italie, & conquéraient des cœurs.
On aimait leur franchise, on redoutait leurs armes ;
Ces soupçons n'entraient point dans leurs esprits
   altiers ;
L'honneur avait uni tous ces grands Chevaliers ;
Chez les seuls ennemis ils portaient les allarmes ;
Et le peuple amoureux de leur autorité,
Combattait pour leur gloire & pour sa liberté.
Ils abaissaient les Grecs, ils triomphaient du Maure.
Aujourd'hui je ne vois qu'un Sénat ombrageux,
Toujours en défiance, & toujours orageux,
Qui lui-même se craint, & que le peuple abhorre.
Je ne sais si mon cœur est trop plein de ses feux ;
Trop de prévention peut-être me possede ;
Mai je ne puis souffrir ce qui n'est pas Tancrede ;
La foule des humains n'existe point pour moi ;
Son nom seul en ces lieux dissipe mon effroi,
Et tous ses ennemis irritent ma colere.

SCENE

TRAGÉDIE.

SCENE II.

AMENAIDE, FANIE, *sur le devant.*
ARGIRE, les Chevaliers, *au fond.*

ARGIRE.

Chevaliers,.... je succombe à cet excès d'horreur.
Ah j'espérais du moins mourir sans deshonneur.
(*à sa fille, avec des sanglots mêlés de colere.*)
Retirez-vous, ... sortez.

AMENAIDE.

Qu'entends-je ! vous ? mon pere.

ARGIRE.

Moi, ton pere !.... est-ce à toi de prononcer ce nom,
Quand tu trahis ton sang, ton pays, ta maison ?

AMENAIDE (*faisant un pas appuyée sur Fanie.*)
Je suis perdue !....

ARGIRE.

Arrête ..... ah ! trop chere victime,
Qu'as-tu fait ? ....

AMENAIDE (*pleurant.*)
Nos malheurs ....

ARGIRE.

Pleures-tu sur ton crime ?

AMENAIDE.

Je n'en ai point commis.

ARGIRE.

Quoi ! tu démens ton seing !

AMENAIDE.

Non ....

ARGIRE.

Tu vois que le crime est écrit de ta main
Tout sert à m'accabler, tout sert à te confondre
Ma fille !.... Il est donc vrai ? .... tu n'oses me ré-
    pondre ?
Laisse au moins dans le doute un pere au désespoir.
J'ai vecu trop long-temps, ... qu'as-tu fait ? ....

Tome XVIII.   N

AMÉNAIDE.

Mon devoir
Aviez-vous fait le vôtre ?
ERGIRE.

Eh ! c'en est trop, cruelle !
Oses-tu te vanter d'être si criminelle ?
Laisse-moi, malheureuse ! ôte-toi de ces lieux :
Vas sors, ... une autre main saura fermer mes yeux
AMÉNAIDE (*sort presqu'évanouie entre les bras de Fanie.*

Je me meurs !

SCENE III.

ARGIRE, les Chévaliers.

ARGIRE.

Mes amis, dans une telle injure,
Après son aveu même, ... après ce crime affreux ....
Excusez d'un vieillard les sanglots douloureux ....
Je dois tout à l'Etat, ... mais tout à la nature.
Vous n'exigerez pas qu'un pere malheureux
A vos séveres voix mêle sa voix tremblante.
Aménaide, hélas ! ne peut être innocente ;
Mais signer à la fois mon opprobre & sa mort,
Vous ne le voulez pas, ... c'est un barbare effort;
La nature en frémit, & j'en suis incapable.
LOREDAN.
Nous plaignons tous, Seigneur, un pere respectable :
Nous sentons sa blessure, & craignons de l'aigrir :
Mais vous-même avez vu cette lettre coupable ;
L'esclave la portait au camp de Solamir ;
Auprès de ce camp même on a surpris le traître ;
Et l'insolent Arabe a pu le voir punir.
Ses odieux desseins n'ont que trop su paraître :
L'Etat était perdu. Nos dangers, nos sermens,

TRAGÉDIE.

Ne souffrent point de nous de vains ménagements.
Les Loix n'écoutent point la pitié paternelle;
L'Etat parle, il suffit.

ARGIRE.

Seigneur, je vous entends.
Je sais ce qu'on prépare à cette criminelle;
Mais elle était ma fille, ... & voilà son époux ....
Je céde à ma douleur, ... je m'abandonne à vous....
Il ne me reste plus qu'à mourir avant elle. (*Il sort*)

SCENE IV.
LES CHEVALIERS.

CATANE.

Déja de la saisir l'ordre est donné par nous.
Sans doute il est affreux de voir tant de noblesse,
Les graces, les attraits, la plus tendre jeunesse,
L'espoir de deux maisons, le destin le plus beau,
Par le dernier supplice enfermés au tombeau.
Mais telle est parmi nous la Loi de l'Hymenée;
C'est la Religion lâchement profanée,
C'est la Patrie enfin que nous devons venger.
L'infidelle en nos murs appelle l'Etranger !
La Grece & la Sicile ont vu des Citoyennes,
Renonçant à leur gloire, au titre de Chrétiennes,
Abandonner nos Loix pour ces fiers Musulmans,
Vainqueurs de tous côtés, & par-tout nos tyrans,
Mais que d'un Chevalier la fille respectée,
   (*à Orbassan.*)
Sur le point d'être à vous, & marchant à l'autel,
Exécute un complot si lâche & si cruel !
De ce crime nouveau Syracuse infectée,
Veut de notre justice une exemple éternel

LORADAN.

Je l'avoue en tremblant; sa mort est légitime.

Plus sa race est illustre, & plus grand est le crime;
On sait de Solamir l'espoir ambitieux,
On connait ses desseins, son amour téméraire,
Ce malheureux talent de tromper & de plaire,
D'imposer aux esprits, & d'éblouir les yeux.
C'est à lui que s'adresse un écrit si funeste.
Regnez dans nos Etats! Ces mots trop odieux
Nous revelent assez un complot manifeste.
Pour l'honneur d'Orbassan je supprime le reste;
Il nous ferait rougir. Quel est le Chevalier
Qui daignera jamais, suivant l'antique usage
Pour ce coupable objet signaler son courage,
Et hazarder sa gloire à la justifier?

CATANE.

Orbassan, comme vous nous sentons votre injure;
Nous allons l'effacer au milieu des combats,
Le crime rompt l'hymen. Oubliez la parjure.
Son supplice vous venge, & ne vous fletrit pas.

ORBASSAN.

Il me consterne, au moins : .... on approche;...
  c'est elle,
Qu'au sejour des forfaits conduisent des soldats....
Cette honte m'indigne autant qu'elle m'offense;
Laissez-moi lui parler.

SCENE V.

Les Chevaliers sur le devant, AMENAIDE
au fond entourée de Gardes.

AMENAIDE *dans le fond.*

   O Céleste puissance!
Ne m'abandonnez point dans ces moments affreux;
Grand Dieu! vous connaissez l'objet de tous mes
  vœux
Vous connaissez mon cœur; est-il donc si coupable

TRAGÉDIE.

CATANE.
Vous voulez voir encor cet objet condamnable ?
ORBASSAN
Oui, je le veux.
CATANE.
Sortons : parlez-lui, Mais songez
Que les loix, les autels, l'honneur sont outragés ;
Syracuse à regret exige une victime.
ORBASSAN.
Je le sais comme vous : un même soin m'anime.
Eloignez-vous, soldats.

SCENE VI.

AMENAIDE, ORBASSAN.

AMENAIDE.

Qu'osez-vous attenter ?
A mes derniers moments venez-vous insulter ?
ORBASSAN.
Ma fierté jusques-là ne peut être avilie.
.... Je vous donnais ma main, je vous avais choisie ;
Peut-être l'amour même avait dicté ce choix.
Je ne sais si mon cœur s'en souviendrait encore,
Ou s'il est indigné d'avoir connu des loix ;
Mais il ne peut souffrir ce qui le deshonore.
Je ne veux point penser qu'Orbassan soit trahi
Pour un Chef étranger, pour un chef ennemi,
Pour un de ces Tyrans que notre culte abhorre ;
Ce crime est trop indigne, il est trop inouï :
Et pour vous, pour l'Etat, & sur tout pour ma gloire,
Je veux fermer les yeux, & prétends ne rien croire.
Syracuse aujourd'hui voit en moi votre époux :
Ce titre me suffit, je me respecte en vous ;
Ma gloire est offensée, & je prends sa défense.
Les loix des Chevaliers ordonnent ces combats ;

Le jugement de Dieu (*a*) dépend de notre bras ;
C'est le glaive qui juge, & qui fait l'innocence.
Je suis prêt.

AMENAIDE.
Vous (

ORBASSAN.
Moi seul : & j'ose me flatter
Qu'après cette démarche, après cette entreprise,
(Qu'aux yeux de tout guerrier mon honneur autorise)
Un cœur qui m'était dû, me saura mériter.
Je n'examine point si votre ame surprise
Ou par mes ennemis, ou par un séducteur,
Un moment aveuglée, eut un moment d'erreur ;
Si votre aversion fuyait mon hymenée :
Les bienfaits peuvent tout sur une ame bien née,
La vertu s'affermir par un remords heureux,
Je suis sûr, en un mot, de l'honneur de tous deux.
Mais ce n'est point assez : j'ai le droit de prétendre
(Soit fierté, soit amour,) un sentiment plus tendre.
Les loix veulent ici des serments solemnels ;
J'en exige un de vous, non tel que la contrainte
En dicte à la faiblesse, en impose à la crainte,
Qu'en se trompant soi-même on prodigue aux autels :
A ma franchise altiere il faut parler sans feinte ;
Prononcez. Mon cœur s'ouvre, & mon bras est armé ;
Je peux mourir pour vous ; .... mais je dois être aimé.

AMENAIDE.
Dans l'abyme effroyable où je suis descendue,
A peine avec horreur à moi-même rendue,
Cet effort généreux, que je n'attendais pas,
Porte le dernier coup à mon ame éperdue,
Et me plonge au tombeau qui s'ouvrait sous mes pas.
Vous me forcez, Seigneur, à la reconnaissance ;
Et tout près du sépulcre où l'on va m'enfermer,
Mon dernier sentiment est de vous estimer.
Connaissez moi : sachez que mon cœur vous offense ;
Mais je n'ai point trahi ma gloire & mon pays ;
Je ne vous trahis point ; je n'avais rien promis.

(*a*) On sait assez qu'on appellait ces combats le Jugement de Dieu.

TRAGÉDIE.

Mon ame envers la vôtre est assez criminelle ;
Sachez qu'elle est ingrate, & non pas infidelle...
Je ne peux vous aimer ; je ne peux à ce prix
Accepter un combat pour ma cause entrepris.
Je sais de votre loi la dureté barbare,
Celle de mes Tyrans, la mort qu'on me prépare.
Je ne me vante point du fastueux effort
De voir sans m'allarmer les apprêts de ma mort ;...
Je regrette la vie,.... elle dut m'être chere ;
Je pleure mon destin, je gémis sur mon pere.
Mais, malgré ma faiblesse, & malgré mon effroi,
Je ne peux vous tromper ; n'attendez rien de moi.
Je vous parais coupable après un tel outrage ;
Mais ce cœur, croyez-moi, le serait davantage,
Si jusqu'à vous complaire il pouvait s'oublier.
Je ne veux (pardonnez à ce triste langage)
De vous, pour mon époux, ni pour mon Chevalier.
J'ai prononcé ; jugez, & vengez votre offense.

ORBASSAN.

Je me borne, Madame, à venger mon pays,
A dédaigner l'audace, à braver le mépris,
A l'oublier. Mon bras prenait votre défense,
Mais quitte envers ma gloire aussi-bien qu'envers vous,
Je ne suis plus qu'un Juge à son devoir fidele,
Soumis à la loi seule, insensible comme elle,
Et qui ne doit sentir ni regrets ni courroux.

SCENE VII.

AMENAIDE,.... Soldats *dans l'enfoncement.*

J'Ai donc dicté l'arrêt,... & je me sacrifie !
O toi seul des humains qui méritas ma foi,
Toi pour qui je mourrai, pour qui j'aimais la vie,
Je suis donc condamnée !..... Oui, je le suis pour toi.
Allons,.... je l'ai voulu..... Mais tant d'ignominie ;
Mais un pere accablé dont les jours vont finir !
Des liens, des bourreaux,.... ces apprêts d'infamie !

O mort, affreuse mort! puis-je vous soutenir!
Tourments, trépas honteux,.... tout mon courage
cede.
.... Non, il n'est point de honte en mourant pour
Tancrede.
On peut m'ôter le jour, & non pas me punir.
Quoi! je meurs en coupable!.... un pere! une patrie!
Je les servais tous deux, & tous deux m'ont flétrie;
Et je n'aurai pour moi, dans ces moments d'horreur,
Que mon seul témoignage, & la voix de mon cœur!
(à Fanie qui entre.)
Quels moments pour Tancrede! O! ma chere Fanie,
(Fanie lui baise la main en pleurant, & Amenaide l'embrasse.)
La douceur de te voir ne m'est donc point ravie!

FANIE.
Que ne puis-je avant vous expirer en ces lieux!

AMENAIDE.
Ah! je vois s'avancer ces monstres odieux....
(Les Gardes qui étaient dans le fond s'avancent pour l'emmener.)
Porte un jour au héros à qui j'étais unie,
Mes derniers sentimens, & mes derniers adieux,
Fanie;.... il apprendra si je mourus fidelle;
Je coûterai du moins des larmes à ses yeux :
Il pourra me venger :.... ma mort est moins cruelle.

Fin du second Acte.

ACTE III.

SCENE PREMIERE.

TANCREDE, *suivi de deux Ecuyers qui portent sa lance, son écu, &c.* ALDAMON.

TANCREDE.
A Tous les cœurs bien nés que la Patrie est chere!
Qu'avec ravissement je revois ce séjour!

TRAGÉDIE.

Cher & brave Aldamon, digne ami de mon pere,
C'est toi dont l'heureux zéle a servi mon retour;
Que Tancrede est heureux ! que ce jour m'est prospere !
Tout mon sort est changé. Cher ami, je te dois
Plus que je n'ose dire, ... & plus que tu ne crois.

ALDAMON.

Seigneur, c'est trop vanter mes services vulgaires,
Et c'est trop relever un sort tel que le mien;
Je ne suis qu'un soldat, un simple Citoyen....

TANCREDE.

Je le suis comme vous : les Citoyens sont freres.

ALDAMON.

Deux ans dans l'Orient sous vous j'ai combattu;
Je vous vis effacer l'éclat de vos ancêtres;
J'admirai d'assez près votre haute vertu;
C'est là mon seul mérite : élevé par mes maîtres,
Né dans votre maison, je vous suis asservi.
Je dois......

TANCREDE.
Vous ne devez être que mon ami.
... Voilà donc ces remparts que je voulais défendre,
Ces murs toujours sacrés pour le cœur le plus tendre,
Ces murs qui m'ont vu naître, & dont je suis banni !
... Apprends-moi dans quels lieux respire Aménaïde.

ALDAMON.

Dans ce palais antique où son pere réside.
Cette place y conduit; plus loin vous contemplez
Ce tribunal auguste, où l'on voit assemblés
Ces vaillants Chevaliers, ce Sénat intrépide,
Qui font les loix du Peuple & combattent pour lui,
Et qui vaincraient toujours le Musulman perfide,
S'ils ne s'étaient privés de leur plus grand appui.
Voilà leurs boucliers, leurs lances, leurs devises,
Dont la pompe guerriere annonce aux Nations
La splendeur de leurs faits, leurs nobles entreprises.
Votre nom seul ici manquait à ces grands noms.

TANCREDE.

Que ce nom soit caché, puisqu'on le persécute;
Peut-être en d'autres lieux il est célebre assez.

à ses Ecuyers.)
Vous, qu'on suspende ici mes chiffres effacés ;
Aux fureurs des partis qu'ils ne soient plus en bute ;
Que mes armes sans faste, emblême des douleurs,
Telles que je les porte au milieu des batailles,
Ce simple bouclier, ce casque sans couleurs,
Soient attachés sans pompe à ces tristes murailles.
(*Les Ecuyers suspendent ses armes aux places vuides,*
au milieu des autres trophées.)
Conservez ma devise, elle est chere à mon cœur ;
Elle a dans mes combats soutenu ma vaillance,
Elle a conduit mes pas & fait mon espérance ;
Les mots en sont sacrés : c'est *l'amour & l'honneur.*
  Lorsque les Chevaliers descendront dans la place,
Vous direz qu'un Guerrier, qui veut être inconnu,
Pour les suivre aux combats dans leurs murs est venu,
Et qu'à les imiter il borne son audace.
    (*à Aldamon*)
Quel est leur chef, ami ?
    ALDAMON.
      Ce fut depuis trois ans,
Comme vous l'avez su, le respectable Argire.
  TANCREDE. (*à part.*)
Pere d'Aménaïde !...
    ALDAMON.
      On le vit trop long-temps
Succomber au parti dont nous craignons l'empire ;
Il reprit à la fin sa juste autorité ;
On respecte son rang, son nom, sa probité :
Mais l'âge l'affaiblit ; Orbassan lui succede.
    TANCREDE.
Orbassan ! l'ennemi, l'oppresseur de Tancrede ?
Ami, quel est le bruit répandu dans ces lieux ?
Ah parle, est-il bien vrai que cet audacieux,
D'un pere trop facile ait surpris la faiblesse,
Que de son alliance il ait eu la promesse,
Que sur Aménaide il ait levé les yeux,
Qu'il ait osé prétendre à s'unir avec elle ?
    ALDAMON.
Hier confusément j'en appris la nouvelle ;

TRAGÉDIE.

Pour moi, loin de la Ville, établi dans ce fort,
Où je vous ai reçu, grace à mon heureux sort,
A mon poste attaché, j'avouerai que j'ignore
Ce qu'on a fait depuis dans ces murs que j'abhorre ;
On vous y persécute ; ils sont affreux pour moi.

TANCREDE.

Cher ami, tout mon cœur s'abandonne à ta foi ;
Cours chez Amenaïde, & parais devant elle :
Dis-lui qu'un inconnu brûlant du plus beau zèle,
Pour l'honneur de son sang, pour son auguste nom,
Pour les prospérités de sa noble maison,
Attaché dès l'enfance à sa mere, à sa race,
D'un entretien secret lui demande la grace.

ALDAMON.

Seigneur, dans sa maison j'eus toujours quelqu'accès.
On y voit avec joye, on accueille, on honore,
Tous ceux qu'à votre nom le zele attache encore.
Plût au Ciel qu'on eût vu le pur sang des Français
Uni dans la Sicile au noble sang d'Argire !
Quel que soit le dessein, Seigneur, qui vous inspire,
Puisque vous m'envoyez, je réponds du succès.

SCENE II.

TANCREDE, Ses Ecuyers *au fond.*

Il sera favorable : & ce Ciel qui me guide,
Ce Ciel qui me ramene aux pieds d'Amenaïde,
Et qui dans tous les temps accorda sa faveur
Au véritable amour, au véritable honneur,
Ce Ciel qui m'a conduit dans les tentes du Maure,
Parmi mes ennemis soutient ma cause encore.
Amenaïde m'aime, & son cœur me répond
Que le mien dans ces lieux ne peut craindre un affront
Loin des camps des Césars, & loin de l'Illyrie,
Je viens enfin pour elle au sein de ma Patrie,
De ma Patrie ingrate, & qui dans mon mâlheur

Après Amenaïde est si chere à mon cœur.
J'arrive ici ; un autre l'obtiendrait de son pere !
Et sa fille à ce point aurait pu me trahir !
Quel est cet Orbassan ? quel est ce téméraire ?
Quels sont donc les exploits dont il doit s'applaudir ?
Qu'a-t-il fait de si grand qui le puisse enhardir
A demander un prix qu'on doit à la vaillance,
Qui des plus grands Héros serait la récompense,
Qui m'appartient du moins par les droits de l'amour ?
Avant de me l'ôter il m'ôtera le jour.
Après mon trépas même elle serait fidelle ;
L'oppresseur de mon sang ne peut regner sur elle :
Oui, ton cœur m'est connu ; je n'en redoute rien,
Ma chere Amenaïde, il est tel que le mien,
Incapable d'effroi, de crainte & d'inconstance.

SCENE III.

TANCREDE, ALDAMON.

TANCREDE.

AH ! trop heureux ami, tu sors de sa présence ;
Tu vois tous mes transports ; allons, conduis
   mes pas.

ALDAMON.

Vers ces funestes lieux, Seigneur, n'avancez pas.

TANCREDE.

Que me dis-tu ? les pleurs innondent ton visage !

ALDAMON.

Ah ! fuyez pour jamais ce malheureux rivage.
Après les attentats que ce jour a produits,
Je n'y puis demeurer, tout obscur que je suis.

TANCREDE.

Comment ?....

ALDAMON.

    Portez ailleurs ce courage sublime !
La gloire vous attend aux tentes des Césars ;

TRAGÉDIE.

Elle n'est point pour vous dans ces affreux remparts,
Fuyez, vous n'y verriez que la honte & le crime.
TANCREDE.
De quels traits inouïs viens-tu percer mon cœur !
Qu'as-tu vu ? que t'a dit, que fait Amenaïde ?
ALDAMON.
J'ai trop vu vos desseins.... Oubliez-la, Seigneur.
TANCREDE.
Ciel ! Orbassan l'emporte, Orbassan ! la perfide !
L'ennemi de son pere & mon persécuteur !
ALDAMON.
Son pere a ce matin signé cet hymenée,
Et la pompe fatale en était ordonnée....
TANCREDE.
Et je serais témoin de cet excès d'horreur !
ALDAMON.
Votre dépouille ici leur fut abandonnée.
Vos biens étaient sa dot.... Un rival odieux,
Seigneur, vous enlevait le bien de vos aïeux.
TANCREDE.
Le lâche ! il m'enlevait ce qu'un Héros méprise.
Amenaïde, ô Ciel ! en ses mains est remise ?
Elle est à lui ?
ALDAMON.
   Seigneur, ce sont les moindres coups
Que le Ciel irrité vient de lancer sur vous.
TANCREDE.
Acheve donc, cruel, de m'arracher la vie,
Acheve,..... parle,..... hélas !
ALDAMON.
     Elle allait être unie
Au fier persécuteur de vos jours glorieux,
Le flambeau de l'Hymen s'allumait en ces lieux,
Losqu'on a reconnu qu'elle est sa perfidie.
C'est peu d'avoir changé, d'avoir trompé vos vœux
L'infidelle, Seigneur, vous trahissait tous deux.
TANCREDE.
Pour qui ?
ALDAMON.
  Pour une main étrangere, ennemie,

Pour l'oppresseur altier de notre Nation,
Pour Solamir.

TANCREDE.

O Ciel! ô trop funeste nom!
Solamir!... dans Byzance il soupira pour elle :
Mais il fut dédaigné, mais je fus son vainqueur ;
Elle n'a pu trahir ses serments & mon cœur ;
Tant d'horreur n'entre point dans une ame si belle,
Elle en est incapable.

ALDAMON.

A regret j'ai parlé :
Mais ce secret horrible est par-tout révelé.

TANCREDE.

Ecoute, je connais l'envie & l'imposture ;
Eh! quel cœur généreux échappe à leur injure!
Proscrit dès mon berceau, nourri dans le malheur,
Moi toujours éprouvé, moi qui suis mon ouvrage,
Qui d'Etats en Etats ai porté mon courage,
Qui par-tout de l'envie ai senti la fureur,
Depuis que je suis né, j'ai vu la calomnie
Exhaler les venins de sa bouche impunie,
Chez les Républicains, comme à la Cour des Rois.
Argire fut long-temps accusé par sa voix ;
Il souffrit comme moi : cher ami, je m'abuse,
Ou ce monstre odieux regne dans Syracuse.
Ses serpents sont nourris de ces mortels poisons,
Que dans les cœurs trompés jettent les factions.
De l'esprit de parti je sais quelle est la rage ;
L'auguste Amenaïde en éprouve l'outrage.
Entrons : je veux la voir, l'entendre & m'éclairer.

ALDAMON.

Ah! Seigneur, arrêtez, il faut donc tout vous dire :
On l'arrache des bras du malheureux Argire.

TANCREDE.

Qu'entends-je?

ALDAMON.

Et l'on va la livrer,
Dans cette place même, au plus affreux supplice.

TANCREDE.

Amenaïde!

TRAGÉDIE.

ALDAMON.
Hélas si c'est une justice,
Elle est bien odieuse ; on ose en murmurer,
On pleure ; mais, Seigneur, on se borne à pleurer.

TANCREDE.
Amenaïde ! ô Cieux !.... crois moi, ce sacrifice,
Cet horrible attentat ne s'achevera pas.

ALDAMON.
Le Peuple au Tribunal précipite ses pas ;
Il la plaint, il gémit, en la nommant perfide,
Et d'un cruel spectacle indignement avide,
Turbulent, curieux avec compassion,
Il s'agite en tumulte autour de la prison.
Etrange empressement de voir des misérables !
On hâte en gémissant ces moments formidables.
Ces portiques, ces lieux, que vous voyez déserts,
De nombreux Citoyens seront bientôt couverts.
Eloignez-vous, venez.

TANCREDE.
   Quel vieillard vénérable
Sort d'un temple en tremblant, les yeux baignés de pleurs ?
Ses suivants consternés imitent ses douleurs.

ALDAMON.
C'est Argire, Seigneur, c'est ce malheureux pere...

TANCREDE.
Retire-toi,..... surtout ne me découvre pas.
Que je le plains !

SCENE IV.

ARGIRE *dans un des ôtés de la Scene,* TAN-
CREDE *sur le devant,* ALDAMON *loin
de lui dans l'enfoncement.*

ARGIRE.

O Ciel ! avance mon trépas ;

TANCREDE,

Ô mort ! viens me frapper, c'est ma seule prière!

TANCREDE.

Noble Argire, excusez un de ces Chevaliers
Qui contre le Croissant déployant leur bannière,
Dans de si saints combats vont chercher des lauriers.
Vous voyez le moins grand de ces dignes Guerriers.
Je venais, ... pardonnez .... dans l'état où vous êtes,
Si je mêle à vos pleurs mes larmes indiscrettes.

ARGIRE.

Ah ! vous êtes le seul qui m'osiez consoler,
Tout le reste me fuit, ou cherche à m'accabler.
Vous-même, pardonnez à mon désordre extrême.
A qui parlé-je ? hélas !

TANCREDE.

Je suis un étranger,
Plein de respect pour vous, touché comme vous-
même,
Honteux & frémissant de vous interroger,
Malheureux comme vous. .... Ah ! par pitié, ... de
grace,
Une seconde fois excusez tant d'audace.
Est-il vrai ? .... votre fille ! .... est-il possible ? ....

ARGIRE.

Hélas !
Il est trop vrai, bientôt on la mene au trépas.

TANCREDE.

Elle est coupable ?

ARGIRE (avec des soupirs & des pleurs)

Elle est .... la honte de son pere.

TANCREDE.

Votre fille ! .... Seigneur, nourri loin de ces lieux,
Je pensais, sur le bruit de son nom glorieux,
Que si la vertu même habitait sur la terre,
Le cœur d'Amenaïde était son sanctuaire.
Elle est coupable ? ô jour ! ô détestables bords !
Jours à jamais affreux !

ARGIRE.

Ce qui me désespere,
Ce qui creuse ma tombe, & ce qui chez les morts
Avec plus d'amertume encor me fait descendre,

C'est qu'elle aime son crime, & qu'elle est sans remords;
Aussi, nul Chevalier ne cherche à la défendre :
Ils ont en gémissant signé l'arrêt mortel ;
Et malgré notre usage antique & solemnel,
Si vanté dans l'Europe, & si cher au courage,
De défendre en champ clos le sexe qu'on outrage,
Celle qui fut ma fille à mes yeux va périr,
Sans trouver un guerrier qui l'ose secourir.
Ma douleur s'en accroît, ma honte s'en augmente :
Tout frémit, tout se tait, aucun ne se présente.
TANCREDE.
Il s'en présentera : gardez-vous d'en douter.
ARGIRE.
De quel espoir, Seigneur, daignez-vous me flatter ?
TANCREDE.
Il s'en présentera,..... non pas pour votre fille :
Elle est loin d'y prétendre & de le mériter ;
Mais pour l'honneur sacré de sa noble famille,
Pour vous, pour votre gloire, & pour votre vertu.
ARGIRE.
Vous rendez quelque vie à ce cœur abattu.
Eh ! qui pour nous défendre entrera dans la lice ?
Nous sommes en horreur, on est glacé d'effroi ;
Qui daignera me tendre une main protectrice ?
Je n'ose m'en flatter :.... qui combattra ?
TANCREDE.
Qui ? moi,
Moi, dis-je ; & si le ciel seconde ma vaillance,
Je demande de vous, Seigneur, pour récompense,
De partir à l'instant sans être retenu,
Sans voir Amenaïde, & sans être connu.
ARGIRE.
Ah ! Seigneur, c'est le Ciel, c'est Dieu qui vous
envoye.
Mon cœur tistre & flétri ne peut goûter de joye ;
Mais je sens que j'expire avec moins de douleur.
Ah ! ne puis-je savoir à qui, dans mon malheur,
Je dois tant de respect & de reconnaissance ?
Tout annonce à mes yeux votre naissance.
Hélas ! qui vois-je en vous ?

TANCREDE.
Vous voyez un vengeur.

SCENE V.

ORBASSAN, ARGIRE, TANCREDE, Chevaliers, Suite.

ORBASSAN (*à Argire.*)

L'Etat est en danger ; songeons à lui, Seigneur.
Nous prétendions demain sortir de nos murailles;
Nous sommes prévenus. Ceux qui nous ont trahis,
Sans doute avertissaient nos cruels ennemis.
Solamir veut tenter le destin des batailles ;
Nous marcherons à lui. Vous, si vous m'en croyez,
Dérobez à vos yeux un spectacle funeste,
Insuportable, horrible, à nos sens effrayés.

ARGIRE.
Il suffit, Orbassan ; tout l'espoir qui me reste,
C'est d'aller expirer au milieu des combats.
(*montrant Tancrede.*).
Ce brave Chevalier y guidera mes pas ;
Et malgré les horreurs dont ma race est flétrie,
Je périrai du moins en servant ma Patrie.

ORBASSAN.
Des sentimens si grands sont bien dignes de vous.
Allez, aux Musulmans portez vos derniers coups.
Mais, avant tout fuyez cet appareil barbare,
Si peu fait pour vos yeux, & déja qu'on prépare;
On approche.

ARGIRE.
Ah ! grand Dieu !

ORBASSAN.
Les regards paternels
Doivent se détourner de ces moments cruels.
Ma place me retient, & mon devoir sévère
Veut qu'ici je contienne un Peuple téméraire ;

TRAGÉDIE.

L'inexorable loi ne fait rien ménager :
Toute horrible qu'elle est, je la dois protéger.
Mais vous qui n'avez point cet affreux ministere,
Qui peut vous retenir ? & qui peut vous forcer
A voir couler le sang que la loi va verser ?
On vient, éloignez-vous.

TANCREDE. (à Argire.)
　　　　Non, demeurez, mon pere.

ORBASSAN.
Eh qui donc êtes-vous ?

TANCREDE.
　　　　Votre ennemi, Seigneur,
L'ami de ce vieillard, peut-être son vengeur,
Peut-être autant que vous à l'Etat néceflaire.

SCENE VI.

La Scene s'ouvre : on voit AMENAIDE *au milieu des* Gardes *; les* Chevaliers, *le* Peuple *rempliffent la place.*

ARGIRE. (*à Tancrede.*)

Généreux inconnu, daignez me foutenir ;
Cachez-moi ces objets,....c'est ma fille elle-même.

TANCREDE.
Quels momens pour tous trois !

AMENAIDE.
　　　　O juftice fuprême !
Toi qui vois le paffé, le préfent, l'avenir,
Tu lis feule en mon cœur, toi feule es équitable.
Des profanes humains la foule impitoyable
Parle & juge en aveugle, & condamne au hazard.
　Chevaliers, Citoyens, vous qui tous avez part
Au fanguinaire arrêt porté contre ma vie.
Ce n'eft pas devant vous que je me juftifie.

Que ce Ciel qui m'entend, juge entre vous & moi.
Organes odieux d'un jugement inique,
Oui, je vous outrageais, j'ai trahi votre loi ;
Je l'avais en horreur, elle était tyrannique.
Oui, j'offenſais un pere, il a forcé mes vœux,
J'offenſais Orbaſſan, qui, fier & rigoureux,
Prétendait ſur mon ame une injuſte puiſſance.
Citoyens, ſi la mort eſt due à mon offenſe,
Frappez : mais écoutez ; ſachez tout mon malheur.
Qui va répondre à Dieu, parle aux hommes ſans peur
Et vous, mon pere, & vous, témoin de mon ſupplice,
Qui ne deviez pas l'être, & de qui la juſtice
 (appercevant Tancrede.)
Aurait pu.... Ciel ! ô ciel ! qui vois-je à ſes côtés ?
Eſt ce lui ?... je me meurs.
 (elle tombe évanouie entre les gardes.)

TANCREDE.

Ah ! ma ſeule préſence
Eſt pour elle un reproche ! il n'importe,... arrêtez,
Miniſtres de la mort ; ſuſpendez la vengeance ;
Arrêtez, Citoyens, j'entreprends ſa défenſe,
Je ſuis ſon Chevalier. Ce pere infortuné,
Prêt à mourir comme elle, & non moins condamné,
Daigne avouer mon bras propice à l'innocence.
Que la ſeule valeur rende ici des arrêts ;
Des dignes Chevaliers, c'eſt le plus beau partage.
Que l'on ouvre la lice à l'honneur, au courage ;
Que les juges du camp faſſent tous les apprêts....
Toi, ſuperbe Orbaſſan, c'eſt toi que je défie ;
Viens mourir de mes mains, ou m'arracher la vie.
Tes exploits & ton nom ne ſont pas ſans éclat ;
Tu commandes ici, je veux t'en croire digne :
Je jette devant toi le gage du combat.
 (il jette ſon gantelet ſur la Scene.)
L'oſes-tu relever ?

ORBASSAN.

Ton arrogance inſigne
Ne méritait pas qu'on te fit cet honneur:
 (il fait ſigne à ſon Ecuyer de ramaſſer le gage de bataille.)

TRAGÉDIE.

Je le fais à moi même, & consultant mon cœur,
Respectant ce vieillard qui daigne ici t'admettre,
Je veux bien avec toi descendre à me commettre,
Et daigner te punir de m'oser défier.
Quel est ton rang, ton nom ? ce simple bouclier
Semble nous annoncer peu de marques de gloire.

TANCREDE.

Peut-être il en aura des mains de la victoire.
Pour mon nom, je le tais, & tel est mon dessein;
Mais je te l'apprendrai les armes à la main.
Marchons.

ORBASSAN.

Qu'à l'instant même on ouvre barriere;
Qu'Amenaïde ici ne soit plus prisonniere,
Jusqu'à l'événement de ce léger combat.
Vous, sachez, Compagnons, qu'en quittant la carriere,
Je marche à votre tête, & je défends l'Etat.
D'un combat singulier la gloire est périssable,
Mais servir la Patrie est l'honneur véritable.

TANCREDE.

Viens : & vous, Chevaliers, j'espere qu'aujourd'hui
L'Etat sera sauvé par d'autres que par lui.

SCENE VII.

ARGIRE *sur le devant.* AMENAIDE *au fond, à qui l'on a ôté les fers.*

AMENAIDE (*revenant à elle.*)

Ciel! que deviendra-t-il ? si l'on sait sa naissance,
Il est perdu.

ARGIRE.

Ma fille,...

AMENAIDE *appuyée sur Fanie, & se retournant vers son pere.*

Ah ! que me voulez-vous ?
Vous m'avez condamnée.

ARGIRE.

Ô destins en courroux!
Voulez-vous, ô mon Dieu, qui prenez sa défense,
Ou pardonner la faute, ou venger l'innocence ?
Quels bienfaits à mes yeux daignez vous accorder ?
Est-ce justice ou grace ? Ah ! je tremble & jespere.
Qu'as-tu fait ? & comment dois-je te regarder ?
Avec quels yeux, hélas !

AMENAIDE.

Avec les yeux d'un pere.
Votre fille est encor au bord de son tombeau ;
Je ne sais si le Ciel me sera favorable ;
Rien n'est changé : je suis encor sous le couteau.
Tremblez moins pour ma gloire, elle est inaltérable.
Mais si vous êtes pere, ôtez-moi de ces lieux ;
Dérobez votre fille accablée, expirante,
A tout cet appareil, à la foule insultante,
Qui sur mon infortune arrête ici ses yeux,
Observe mes affronts, & contemple des larmes
Dont la cause est si belle, ... & qu'on ne connaît pas.

ARGIRE.

Viens ; mes tremblantes mains rassureront tes pas,
Ciel ! de son défenseur favorisez les armes,
Ou d'un malheureux pere avancez le trépas.

Fin du troisiéme Acte.

ACTE IV.

SCENE PREMIERE.

TANCREDE, LOREDAN, Chevaliers.

Marche guerriere, on porte les armes de Tancrede devant lui.

LOREDAN.

Seigneur, votre victoire est illustre & fatale ;
Vous nous avez privés d'un brave Chevalier,

TRAGÉDIE.

Dont le cœur à l'Etat se livrait tout entier,
Et de qui la valeur fut à la vôtre égale :
Ne pouvons-nous savoir votre nom, votre sort ?

TANCREDE.

Orbassan ne l'a su qu'en recevant la mort ;
Il emporte au tombeau mon secret & ma haine.
De mon sort malheureux ne soyez point en peine ;
Si je peux vous servir, qu'importe qui je sois ?

LOREDAN.

Demeurez ignoré, puisque vous voulez l'être ;
Mais que votre vertu se fasse ici connaître,
Par un courage utile & de dignes exploits.
Les Drapeaux du Croissant dans nos champs vont
    paraître ;
Défendez avec nous notre culte & nos loix.
Voyez dans Solamir un plus grand adversaire.
Nous perdons notre appui, mais vous le remplacez ;
Rendez-nous le Héros que vous nous ravissez ;
Le vainqueur d'Orbassan nous devient nécessaire,
Solamir vous attend.

TANCREDE.

   Oui, je vous ai promis.
De marcher avec vous contre vos ennemis ;
Je tiendrai ma parole ; & Solamir peut-être
Est plus mon ennemi que celui de l'Etat ;
Je le hais plus que vous.... mais quoi qu'il en puisse
    être,
Sachez que je suis prêt pour ce nouveau combat.

CATANE.

Nous attendons beaucoup d'une telle vaillance.
Attendez tout aussi de la reconnoissance
Que devra Syracuse à votre illustre bras.

TANCREDE.

Il n'en est point pour moi, je n'en exige pas ;
Je n'en veux point, Seigneur, & cette triste enceinte
N'a rien qui désormais soit l'objet de mes vœux.
Si je peux vous servir, si je meurs malheureux,
Je ne prétends ici récompense ni plainte,
Ni gloire, ni pitié. Je ferai mon devoir ;
Solamir me verra ; c'est là tout mon espoir.

C'est celui de l'État ; déjà le temps nous presse.
Ne songeons qu'à l'objet qui tous nous intéresse,
A la victoire ; & vous qui l'allez partager,
Vous serez averti quand il faudra vous rendre
Au poste où l'ennemi croit bientôt nous surprendre;
Dans le sang Musulman tout prêts à nous plonger,
Tout autre sentiment nous doit être étranger ;
Ne pensons, croyez-moi, qu'à servir la Patrie.
TACREDE.
Qu'elle en soit digne, ou non, je lui donne ma vie.
(Les Chevalier sortent.

SCENE II.
TANCRE, ALDAMON.
ALDAMON.

Ils ne connoissent pas quel trait envenimé
Est caché dans ce cœur trop noble & trop charmé.
Mais malgré vos douleurs, & malgré votre outrage,
Ne remplirez-vous pas l'indispensable usage
De paraître en vainquer aux yeux de la Beauté
Qui vous doit son honneur, ses jours, sa liberté,
Et de lui présenter, de vos mains triomphantes,
D'Orbassan terrassé les dépouilles sanglantes ?
TANCREDE.
Non, sans doute, Aldamon, je ne la verrai pas.
ALDAMON.
Eh ! quoi, pour la servir vous cherchiez le trépas,
Et vous fuyez loin d'elle ?
TANCREDE.
        Et son cœur le mérite.
ALDAMON.
Je vois trop à quel point son crime vous irrite.
Mais pour ce crime enfin vous avez combattu.
TANCREDE,
Oui, j'ai tout fait pour elle, il est vrai ; je l'ai dû.
Je n'ai pu, cher ami, malgré sa perfidie,

Supporter

TRAGÉDIE.

Supporter ni sa mort, ni son ignominie,
Et l'eusse-je aimé moins, comment l'abandonner ?
J'ai dû sauver ses jours, & non lui pardonner.
Q'elle vive, il suffit, & que Tancrede expire.
Elle regrettera l'amant qu'elle a trahi,
Le cœur qu'elle a perdu, ce cœur qu'elle déchire....
A quel excès, ô ciel, je lui fus asservi !
Pouvais-je craindre, hélas ! de la trouver parjure ?
Je pensais adorer la vertu la plus pure ;
Je croyais les sermens, les Autels moins sacrés,
Q'une simple promesse, un mot d'Amenaïde...

ALDAMON.

Tout est-il en ces lieux ou barbare ou perfide ?
A la proscription vos jours furent livrés,
Sa loi vous persécute, & l'amour vous outrage.
Eh bien, s'il est ainsi, fuyons de ce rivage.
Je vous suis aux combats, je vous suis pour jamais,
Loin de ces murs affreux trop souillés de forfaits.

TANCREDE.

Quel charme dans son crime à mes esprits rappelle
L'image des vertus que je crus voir en elle !
Toi qui me fais descendre avec tant de tourment
Dans l'horreur du tombeau dont je t'ai délivrée,
Odieuse, coupable... & peut-être adorée !
Toi qui fais mon destin jusqu'au dernier moment
Ah ! s'il étoit possible, ah ! si tu pouvais être
Ce que mes yeux trompés t'ont vu toujours paraître !
Non, ce n'est qu'en mourant que je peux l'oublier ;
Ma foiblesse est affreuse :.... il la faut expier.
Ah ! mourons, s'il se peut, sans nous occuper d'elle.

ALDAMON.

Elle vous a paru tantôt moins criminelle :
L'Univers, disiez vous, au mensonge est livré,
La calomnie y regne.

TANCREDE.

    Ah ! tout est avéré ;
Tout est approfondi dans cet affreux mistere.
Solamir en ces lieux adora ses attraits ;
Il demanda sa main pour le prix de la paix :
Hélas ! l'eût-il osé s'il n'avoit pas su plaire ?

Ils sont d'intelligence. En vain j'ai cru mon cœur;
En vain j'avais douté : je dois en croire un pere.
Le pere le plus tendre est son accusateur;
Il condamne sa fille; elle-même s'accuse :
Enfin mes yeux l'ont vu ce billet plein d'horreur,
*Puissiez-vous vivre en maitre aux murs de Syracuse,
Et regner dans nos murs, ainsi que dans mon cœur!*
Mon malheur est certain.

ALDAMON.

Que ce grand cœur l'oublie;
Qu'il dédaigne une ingrate à ce point avilie..

TANCREDE.

Et pour comble d'horreur elle a cru s'honorer,
Au plus grand des humains elle a cru se livrer!
Que cette idée encor m'accable & m'humilie!
L'Arabe impérieux domine en Itatalie!
Et le sexe imprudent que tant d'éclat séduit,
Ce sexe à l'esclavage en leurs Etats réduit,
Frappé de ce respect que des vainqueurs impriment,
Se livre par faiblesse aux maitres qui l'oppriment!
Il nous trahit pour eux, nous, son servile appui,
Qui vivons à ses pieds, & qui mourons pour lui!
Ma fierté suffiroit dans une telle injure,
Pour détester ma vie, & pour fuir la parjure.

SCENE III.

TANCREDE, ALDAMON, plusieurs Chevaliers.

CATANE.

Nos Chevaliers sont prêts; le tems est précieux.

TANCREDE

Oui, j'en ai trop perdu, je m'arrache à ces lieux :
Je vous suis c'en est fait.

TRAGÉDIE.

SCENE IV.

TANCREDE, AMENAIDE, ALDA-
MON, FANIE, Chevaliers.

AMENAIDE. (*arrivant avec précipitation.*)

O Mon Dieu tutélaire !
Maître de mon destin, j'embrasse vos genoux.
(*Tancrede la releve, mais en se détournant.*)
Ce n'est point m'abaisser ; & mon malheureux pere
A vos pieds comme moi va tomber devant vous.
Pourquoi nous dérober votre auguste présence ?
Qui pourra condamner ma juste impatience ?
Je m'arrache à ses bras :.... mais ne puis-je, Seigneur,
Me permettre ma joye & montrer tout mon cœur ?
Je n'ose vous nommer, ... & vous baissez la vue....
Ne puis-je vous revoir en cette affreux séjour,
Qu'au milieu des bourreaux qui m'arrachaient le jour ?
Vous êtes consterné, mon ame est confondue ;
Je crains de vous parler ;.... qu'elle contrainte, hélas !
Vous détournez les yeux, ... vous ne m'écoutez pas.
TANCREDE (*d'une voix entrecoupée.*)
Retournez,.... consolez ce vieillard que j'honore,
D'autres soins plus pressants me rappellent encore ;
Envers vous, envers lui, j'ai rempli mon devoir,
J'en ai reçu le prix, ... je n'ai point d'autre espoir ;
Trop de reconnoissance est un fardeau peut-être,
Mon cœur vous en dégage, ... & le vôtre est le maître
De pouvoir à son gré disposer de son sort.
Vivez heureuse .... & moi je vais chercher la mort.

SCENE V.

AMENAIDE, FANIE.

AMENAIDE.

Veillé-je ? & du tombeau suis-je en effet sortie !
Est-il vrai que le Ciel m'ait rendue à la vie ?
Ce jour, ce triste jour éclaire-t-il mes yeux ?
Ce que je viens d'entendre, ô ma chere Fanie,
Est un arrêt de mort plus dur, plus odieux,
Plus affreux que les loix qui m'avaient comdamnée.

FANIE.

L'un & l'autre est horrible à mon ame étonnée.

AMENAIDE.

Est-ce Tancrede, ô Ciel ! qui vient de me parler ?
As-tu vu sa froideur altiere, avilissante,
Ce courroux dedaigneux dont il m'ose accabler !
Fanie, avec horreur il voyoit son amante !
Il m'arrache à la mort, & c'est pour m'immoler !
Q'ai-je donc fait, Tancrede ? ai-je pu vous déplaire !

FANIE.

Il est vrai que son front respirait la colére ;
Sa voix entrecoupée affectait des froideurs ;
Il détournait les yeux : mais il cachait ses pleurs.

AMENAIDE.

Il me rebute, il fuit, me renonce & m'outrage !
Quel changement affreux a formé cet orage ?
Que veut-il ? quelle offense excite son courroux !
De qui dans l'Univers peut-il être jaloux ?
Oui, je lui dois la vie, & c'est toute ma gloire ;
Seul objet de mes vœux il est mon seul appui.
Je mourais, je le sais, sans lui, sans sa victoire :
Mais s'il sauva mes jours, je les perdais pour lui.

FANIE.

Il le peut ignorer, la voix publique entraîne ;

TRAGÉDIE.

Même en s'en défiant, on lui résiste à peine ;
Cet esclave, sa mort, ce billet malheureux,
Le nom de Solamir, l'éclat de sa vaillance,
L'offre de son hymene, l'audace de ses feux,
Tout parlait contre vous, jusqu'à votre silence,
Ce silence si fier, si grand, si généreux,
Qui dérobait Tancrede à l'injuste vengeance
De vos communs Tyrans armés contre vous deux,
Quels yeux pouvaient percer ce voile ténébreux ?
Le préjugé l'emporte ; & l'on croit l'apparence.

AMENAIDE.
Lui me croire coupable !

FANIE.
                     Ah ! s'il peut s'abuser,
Excusez un amant.

AMENAIDE (*reprenant sa fierté & ses forces.*)
           Rien ne peut l'excuser.
.... Quand l'Univers entier m'accuserait d'un crime,
Sur son jugement seul un grand homme appuyé
A l'Univers séduit oppose son estime.
Il aura donc pour moi combattu par pitié !
Cet opprobre est affreux, & j'en suis accablée.
Hélas ! mourant pour lui, je mourais consolée :
Et c'est lui qui m'outrage, & m'ose soupçonner !
C'est est fait je ne veux jamais lui pardonner.
Ses bienfaits sont toujours présents à ma pensée ;
Ils resteront gravés dans mon ame offensée :
Mais s'il a pu me croire indigne de sa foi,
C'est lui qui pour jamais est indigne de moi.
Ah ! de tous mes affronts, c'est le plus grand peut-être.

FANIE.
Mais il ne connaît pas....

AMENAIDE.
                     Il devait me connaître ;
Il devait respecter un cœur tel que le mien ;
Il devait présumer qu'il était impossible
Que jamais je trahisse un si noble lien.
Ce cœur est aussi fier que son bras invincible ;
Ce cœur était en tout aussi grand que le sien,
Moins soupçonneux sans doute, & sur-tout plus sensible.

Je renonce à Tancrede, au reste des mortels:
Ils sont faux ou méchants, ils sont faibles, cruels,
Ou trompeurs, ou trompés; & ma douleur profonde,
En oubliant Tancrede, oubliera tout le monde.

SCENE VI.

ARGIRE, AMENAIDE, Suite.

ARGIRE (*soutenu par ses Ecuyers.*)

Mes amis, avancez, sans plaindre mes tourments.
On va combattre, allons, guidez mes pas tremblants.
Ne pourrai-je embrasser ce Héros tutélaire ?
Ah ! ne puis-je savoir qui t'a sauvé le jour ?

AMENAIDE (*plongée dans sa douleur, appuyée d'une main sur Fanie, & se tournant à moitié vers son pere.*)

Un mortel autrefois digne de mon amour,
Un Héros en ces lieux opprimé par mon pere,
Que je n'osais nommer, que vous aviez proscrit,
Le seul & cher objet de ce fatal écrit,
Le dernier rejetton d'un famille auguste,
Le plus grand des humains, hélas ! le plus injuste,
En un mot c'est Tancrede.

ARGIRE.

O Ciel ! que m'as-tu dit ?

AMENAIDE.

Ce que ne peut cacher la douleur qui m'égare,
Ce que je vous confie en craignant tout pour lui.

ARGIRE.

Lui, Tancrede !

AMENAIDE.

Et quel autre eût été mon appui ?

ARGIRE.

Tancrede, qu'opprima notre Sénat barbare ?

TRAGÉDIE.

AMENAIDE.

Oui, lui-même.

ARGIRE.

Et pour nous il fait tout aujourd'hui !
Nous lui ravissions tout, biens, dignités, patrie,
Et c'est lui qui pour nous vient prodiguer sa vie !
O Juges malheureux, qui dans nos faibles mains
Tenons aveuglément le glaive & la balance,
Combien nos jugements sont injustes & vains,
Et combien nous égare une fausse prudence !
Que nous étions ingrats ! que nous étions tyrans!

AMENAIDE.

Je peux me plaindre à vous, je le sais, ... mais, mon pere,
Votre vertu se fait des reproches si grands,
Que mon cœur désolé tremble de vous en faire.
Je les dois à Tancrede.

ARGIRE.

A lui par qui je vis ?
A qui je dois tes jours ?

AMENAIDE.

Ils sont trop avilis;
Ils sont trop malheureux. C'est en vous que j'espere.
Réparez tant d'horreurs & tant de cruauté;
Ah ! rendez-moi l'honneur que vous m'avez ôté.
Le vainqueur d'Orbassan n'a sauvé que ma vie :
Venez, que votre voix parle & me justifie.

ARGIRE.

Sans doute je le dois.

AMENAIDE.

Je vole sur vos pas.

ARGIRE.

Demeure.

AMENAIDE.

Moi, rester ! je vous suis aux combats.
J'ai vu la mort de près, & je l'ai vue horrible ;
Croyez qu'aux champs d'honneur elle est bien moins terrible
Qu'à l'indigne échafaud où vous me conduisiez.
Seigneur, il n'est plus temps que vous me refusiez ;

J'ai quelques droits sur vous; mon malheur me les
    donne :
Faudra-t-il que deux fois mon pere m'abandonne ?
ARGIRE.
Ma fille, je n'ai plus d'autorité sur toi ;
J'en avais abusé, je dois l'avoir perdue.
Mais quel est ce dessein qui me glace d'effroi ?
Crains les égaremens de ton ame éperdue :
Ce n'est point en ces lieux, comme en d'autres climats,
Où le sexe élevé loin d'une triste gêne,
Marche avec les Héros & s'en distingue à peine ;
Et nos mœurs & nos loix ne le permettent pas.
AMENAIDE.
Quelles loix, quelles mœurs, indignes & cruelles !
Sachez qu'en ce moment je suis au-dessus d'elles ;
Sachez que dans ce jour d'injustice & d'horreur,
Je n'écoute plus rien que la voix de mon cœur.
Quoi ces affreuses loix dont le poix vous opprime,
Auront pris dans vos bras votre sang pour victime !
Elles auront permis qu'aux yeux des Citoyens
Votre fille ait paru dans d'infâmes liens ;
Et ne permettront pas qu'aux champs de la victoire
J'accompagne mon pere & défende ma gloire ?
Et le sexe en ces lieux conduit aux échafauds,
Ne pourra se montrer qu'au milieu des bourreaux !
L'injustice à la fin produit l'indépendance.
Vous frémissez, mon pere, ah ! vous deviez frémir,
Quand de vos ennemis carressant l'insolence,
Au superbe Orbassan vous pûtes vous unir
Contre le seul mortel qui prend votre défense ;
Quand vous m'avez forcée à vous désobéir.
ARGIRE.
Vas, c'est trop accabler un pere deplorable ;
N'abuse point du droit de me trouver coupable :
Je le suis, je le sens, je me suis condamné.
Ménage ma douleur, & si ton cœur encore
D'un pere au désespoir ne s'est point détourné,
Laisse-moi seul mourir par les fléches du Maure.
Je vais joindre Tancrede, & tu n'en peux douter.
Vous, observez ses pas.

SCENE VII.

AMENAIDE *seule*.

Qui pourra m'arrêter;
Tancrede, qui me hais, & qui m'as outragée,
Qui m'oses méprifer après m'avoir vengée.
Oui, je veux à tes yeux combattre & t'imiter,
Des traits sur toi lancés affronter la tempête,
En recevoir les coups, en garantir ta tête,
Te rendre à tes côtés tout ce que je te dois,
Punir ton injuftice en expirant pour toi,
Surpafler, s'il se peut, ta rigueur inhumaine,
Mourante entre tes bras t'accabler de ma haine,
De ma haine trop jufte, & laiffer, à ma mort,
Dans ton cœur qui m'aima le poignard du remord,
L'éternel repentir d'un crime irréparable,
Et l'amour que j'abjure, & l'horreur qui m'accable.

Fin du quatriéme Acte.

ACTE V.

SCENE PREMIERE.

Les Chevaliers & leurs Ecuyers, *l'épée à la main.* Des Soldats *portant des trophées.* Le Peuple *dans le fond.*

LOREDAN.

Allez & préparez les chants de la victoire;
Peuple, au Dieu des combats prodiguez votre
encens;

C'est lui qui nous fait vaincre, à lui seul est la gloire,
S'il ne conduit nos coups, nos bras sont impuissants.
Il a brisé les traits, il a rompu les pieges,
Dont nous environnaient ces brigands sacrileges,
De cent Peuples vaincus dominateurs cruels.
Sur leur corps tout sanglants érigez vos trophées,
Et foulant à vos pieds leurs fureurs étouffées,
Des trésors du Croissant ornez nos saints autels.
Que l'Espagne opprimée, & l'Italie en cendre,
L'Egypte terrassée, & la Syrie aux fers,
Apprennent aujourd'hui comme on peut se défendre,
Contre ces fiers tyrans l'effroi de l'Univers.
C'est à nous maintenant de consoler Argire.
Que le bonheur public appaise ses douleurs ;
Puissions-nous voir en lui, malgré tous ses malheurs
L'homme d'Etat heureux quand le pere soupire !

 Mais pourquoi ce Guerrier, ce Héros inconnu,
A qui l'on doit, dit-on, le succès de nos armes,
Avec nos Chevaliers n'est-il point revenu ?
Ce triomphe à ses yeux a-t-il si peu de charmes ?
Croit-il de ses exploits que nous soyons jaloux ?
Nous sommes assez grands pour être sans envie.
Veut-il fuir Syracuse après l'avoir servie ?
    (à Catane.)
Seigneur, il a long-temps combattu près de vous,
D'où vient qu'ayant voulu courir notre fortune,
Il ne partage point l'allégresse commune ?

CATANE.

Apprenez-en la cause, & daignez m'écouter.
Quand du chemin d'Etna vous fermiez le passage,
Placé loin de vos yeux j'étais vers le rivage,
Où nos fiers ennemis osaient nous résister :
Je l'ai vu courir seul & se précipiter.
Nous étions étonnés qu'il n'eût point ce courage
Inaltérable & calme au milieu du carnage,
Cette vertu d'un chef & ce don d'un grand cœur;
Un désespoir affreux égarait sa valeur ;
Sa voix entrecoupée & son regard farouche
Annonçaient la douleur qui troublait ses esprits,
Il appellait souvent Solamir à grands cris ;

TRAGÉDIE.

Le nom d'Amenaïde échappait de sa bouche ;
Il la nommait parjure, & malgré ses fureurs,
De ses yeux enflammés j'ai vu tomber des pleurs :
Il cherchait à mourir, & toujours invincible,
Plus il s'abandonnait, plus il était terrible.
Tout cédait à nos coups, & sur-tout à son bras.
Nous revenions vers vous conduits par la victoire :
Mais lui, les yeux baissés, insensible à sa gloire,
Morne, triste, abattu, regrettant le trépas,
Il appelle en pleurant Aldamon qui s'avance,
Il l'embrasse, il lui parle, & loin de nous s'élance
Aussi rapidement qu'il avoit combattu.
C'est pour jamais, dit-il : ces mots nous laissent croire
Que ce grand Chevalier si digne de mémoire,
Veut être à Syracuse à jamais inconnu.
Nul ne peut soupçonner le dessein qui le guide.
Mais dans le même instant je vois Amenaïde
Je la vois éperdue au milieu des Soldats,
La mort dans les regards, pâle, défigurée ;
Elle appelle Tancrede, elle vole égarée ;
Son pere en gémissant suit à peine ses pas.
Il ramene avec nous Amenaïde en larmes ;
C'est Tancrede, dit-il, ce Heros dont les armes
Ont étonné nos yeux par de si grands exploits,
Ce vengeur de l'Etat vengeur d'Amenaïde,
C'est lui que ce matin d'une commune voix
Nous déclarions rebel, & nous nommions perfide :
C'est ce même Tancrede exilé par nos loix.
Amis, que faut-il faire, & quel parti nous reste :

LORÉDAN.

Il n'en est qu'un pour nous, celui du repentir ;
Persister dans sa faute est horrible funeste.
Un grand homme opprimé doit nous faire rougir.
On condamna souvent la vertu, le mérite ;
Mais quand ils sont connus, il les faut honorer.

SCÈNE II.

Les Chevaliers, ARGIRE, AMENAIDE
dans l'enfoncement, soutenue par ses femmes.

ARGIRE (*arrivant avec précipitation.*)

Il les faut secourir, il les faut délivrer ;
Tancrede est en peril, trop de zèle l'excite ;
Tancrede s'est lancé parmi les ennemis,
Contre lui ramenés, contre lui seul unis :
Hélas ! j'accuse en vain mon âge qui me glace.
Vous, qui du faix des ans n'êtes point affaiblis,
Courez tous, dissipez ma crainte impatiente,
Courez, rendez Tancrede à ma fille innocente.

LOREDAN.

C'est nous en dire trop ; le temps est cher, volons ;
Secourons sa valeur qui devient imprudente,
Et cet emportement que nous désaprouvons

SCÈNE III.

ARGIRE, AMENAIDE.

ARGIRE.

O Ciel ! tu prends pitié d'un pere qui t'adore ;
Tu m'as rendu ma fille, & tu me rends encore
L'heureux Libérateur qui nous a tous vengés !
(*Amenaïde entre.*)
Ma fille, un juste espoir dans nos cœurs doit renaître ;
J'ai causé tes malheurs, je les ai partagés,
Je les termine enfin ; Tancrede va paraître.
Ne puis-je consoler tes esprits affligés ?

AMENAIDE.

Je me consolerai quand je verrai Tancrede ;

TRAGÉDIE.

Quand ce fatal objet de l'horreur qui m'obsede,
Aura plus de justice, & sera sans danger;
Quand j'apprendrai de vous qu'il vit sans m'outrager,
Et lorsque ses remords expieront mes injures.

ARGIRE.

Je ressens ton état : sans doute il doit t'aigrir.
On n'essuya jamais des épreuves plus dures ;
Je sais ce qu'il en coûte, & qu'il est des blessures
Dont un cœur généreux peut rarement guérir.
La cicatrice en reste ; il est vrai. Mais, ma fille,
Nous avons vu Tancrede en ces lieux abhorré :
Apprends qu'il est cheri, glorieux, honoré,
Sur toi-même il répand tout l'éclat dont il brille.
Après ce qu'il a fait, il veut nous faire voir,
Par l'excès de sa gloire & de tant de services,
L'excès où ses rivaux portaient leurs injustices.
Le vulgaire est content s'il remplit son devoir :
Il faut plus au Héros ; il faut que sa vaillance
Aille au-de là du terme & de notre espérance.
C'est ce que fait Tancrede, ... il passe notre espoir.
Il te verra constante, il te sera fidele ;
Le peuple en ta faveur s'éléve & s'attendrit.
Tancrede va sortir de son erreur cruelle :
Pour éclairer ses yeux, pour calmer son esprit,
Il ne faudra qu'un mot.

AMENAIDE.

              Et ce mot n'est pas dit.
Que m'importe à présent ce Peuple & son outrage,
Et sa faveur crédule, & sa pitié volage,
Et la publique voix que je n'entendrai pas ?
D'un seul mortel, d'un seul dépend ma renommée.
Sachez que votre fille aime mieux le trépas,
Que de vivre un moment sans en être estimée.
Sachez (il faut enfin m'en vanter devant vous)
Que dans mon bienfaiteur j'adorais mon époux.
Ma mere au lit de mort a reçu nos promesses ;
Sa derniere priere a beni nos tendresses ;
Elle joignit nos mains qui fermerent ses yeux ;
Nous jurâmes par elle, à la face des Cieux,
Par ses Manes, par vous, vous, trop malheureux pere,

De nous aimer en vous, d'être unis pour vous plaire,
De former nos liens dans vos bras paternels.
Seigneur, les échaffauds ont été nos autels :
Mon amant, mon époux cherche un trépas funeste,
Et l'horreur de ma honte est tout ce qui me reste,
Voilà mon fort.

ARGIRE.

Eh bien ! ce fort est réparé,
Et nous obtiendrons plus que tu n'as espéré.

AMENAIDE.

Je crains tout.

SCENE IV.

ARGIRE, AMENAIDE, FANIE.

FANIE.

PArtagez l'allegresse publique,
Jouissez plus que nous de ce prodige unique.
Tancrede a combattu, Tancrede a dissipé
Le reste d'une armée au carnage échappé ;
Solamir est tombé sous cette main terrible,
Victime dévouée à notre Etat vengé,
Au bonheur d'un Pays qui devient invincible,
Sur-tout à votre nom qu'on avait outragé.
La prompte renommée en répand la nouvelle ;
Ce Peuple ivre de joye, & volant après lui,
Le nomme son Héros, sa gloire, son appui,
Parle même du trône où sa vertu l'appelle.
Un seul de nos guerriers, Seigneur l'avait suivi,
C'est ce même Aldamon qui sous vous a servi.
Lui seul a partagé ses exploits incroyables :
Et quand nos Chevaliers dans un danger si grand,
Lui sont venus offrir leurs armes secourables,
Tancrede avait tout fait ; il était triomphant.
Entendez-vous ces cris qui vantent sa vaillance !

TRAGEDIE.

On l'éleve au deſſus des Héros de la France,
Des Rolands, Des Lyſois, dont il eſt deſcendu.
Venez voir mille mains couronner ſa vertu;
Venez voir ce triomphe, & recevoir l'hommage
Que vous avez de lui trop long-temps attendu.
Tout vous rit, tout vous ſert, tout venge votre outrage
Et Tancrede à vos vœux eſt pour jamais rendu.

AMENAIDE.

Ah! je reſpire enfin; mon cœur connait la joye.
Ah! mon pere, adorons le Ciel qui me renvoye,
Par ces coups inouïs, tout ce que j'ai perdu.
De combien de tourments ſa bonté me délivre!
Ce n'eſt qu'en ce moment que je commence à vivre.
Mon bonheur eſt au comble; Hélas! il m'eſt bien dû.
Je veux tout oublier; pardonnez-moi mes plaintes.
Mes reproches amers, & mes frivoles craintes.
Oppreſſeurs de Tancrede, Ennemis, Citoyens,
Soyez tous à ſes pieds, il va tomber aux miens.

ARGIRE.

Oui, le Ciel pour jamais daigne eſſuyer nos larmes,
Je me trompe, ou je vois le fidele Aldamon,
Qui ſuivait ſeul Tancrede & ſecondait ſes armes:
C'eſt lui, c'eſt ce Guerrier ſi cher à ma Maiſon.
De nos proſpérités la nouvelle eſt certaine.
Mais d'où vient que vers nous il ſe traîne avec peine?
Eſt-il bleſſé? ſes yeux annoncent la douleur.

SCENE V.

ARGIRE, AMENAIDE, ALDAMON, FANIE.

AMENAIDE.

Parlez, cher Aldamon, Tancrede eſt donc vainqueur?

ALDAMON.

Sans doute, il l'eſt, Madame.

AMENAIDE.

A ces champs d'allégresse,
A ces voix que j'entends, il s'avance en ces lieux?

ALDAMON.

Ces chants vont se changer en en des cris de tristesse.

AMENAIDE.

Q'entends-je? Ah malheureuse!

ALDAMON.

Un jour si glorieux
Est le dernier des jours de ce Héros fidele.

AMENAIDE.

Il est mort!

ALDAMON.

La lumiere éclaire encor ses yeux,
Mais il est expirant d'une atteinte mortelle.
Je vous apporte ici de funestes adieux.
Cette lettre fatale, & de son sang tracée,
Doit vous apprendre, hélas! sa derniére pensée.
Je m'acquite en tremblant de cet affreux devoir.

ARGIRE.

O jour de l'infortune! ô jour du désespoir!

AMENAIDE *(revenant à elle)*

Donnez-moi mon arrêt, il me défend de vivre;
Il m'est cher.... ô Tancrede! ô maître de mon sort!
Ton ordre, quel qu'il soit, est l'ordre de te suivre;
J'obéirai.... donnez votre lettre, & la mort.

ALDAMON.

Lisez donc, pardonnez ce triste ministere.

AMENAIDE.

O mes yeux! lirez-vous ce sanglant caractere!
Le pourrai-je? il le faut, ... c'est mon dernier effort.

(Elle lit.)

Je ne pouvais survivre à votre perfidie;
Je meurs dans les combats, mais je meurs par vos coups.
J'aurais voulu, cruelle, en m'exposant pour vous,
Vous avoir conservé & la gloire & la vie.
Ah bien, mon pere!

(elle se rejette dans le bras de Fanie.)

TRAGÉDIE.

ARGIRE.

Enfin, les destins désormais
Ont assouvi leur haine, ont épuisé leurs traits :
Nous voilà maintenant sans espoir & sans crainte.
Ton état & le mien ne permet plus la plainte.
Ma chere Aménaïde ! avant que de quitter
Ce jour, ce monde affreux que je dois détester,
Que j'apprenne du moins à ma triste Patrie
Les honneurs qu'on devait à ta vertu trahie ;
Que dans l'horrible excès de ma confusion,
J'apprenne à l'Univers à respecter ton nom.

AMENAIDE.

Eh ! que fait l'Univers à ma douleur profonde ?
Que me fait ma Patrie & le reste du monde ?
Tancrede meurt.

ARGIRE.

Je cede aux coups qui m'ont frappé.

AMENAIDE.

Tancrede meurt, ô Ciel ! sans être détrompé !
Vous en êtes la cause,.... ah ! devant qu'il expire,....
Que vois-je ! mes Tyrans !

SCENE DERNIRE.

LOREDAN, Chevaliers, Suite, AMENAIDE, ARGIRE, FANIE, ALDAMON, TANCREDE *dans le fond porté par des Soldats.*

LOREDAN.

O Malheureux Argire !
O fille infortunée ! on conduit devant vous
Ce brave Chevalier percé de nobles coups.
Il a trop écouté son aveugle furie ;
Il a voulu mourir, mais il meurt en Héros.
De ce sang précieux versé pour la Patrie

Nos secours empressés ont suspendu les flots ;
Cette ame qu'enflammait un courage intrépide,
Semble encor s'arrêter pour voir Amenaïde ;
Il la nomme ; les pleurs coulent de tous les yeux,
Et d'un juste remord je ne puis me défendre.
(*Pendant qu'il parle on approche lentement Tancrede vers Amenaïde, presqu'évanouie entre les bras de ses femmes ; elle se débarrasse précipitamment des femmes qui la soutiennent, & se retournant avec horreur vers Loredan, dit :*)
Barbare, laisse-là ton remords odieux :
(*puis courant à Tancrede & se jettant à ses pieds.*)
Tancrede, cher amant, trop cruel & trop tendre,
Dans nos derniers instants, hélas ! peux-tu m'entendre ?
Tes yeux appésantis peuvent-ils me revoir ?
Hélas ! reconnais-moi, connais mon désespoir.
Dans le même tombeau souffre au moins ton épouse ;
C'est-là le seul honneur dont mon ame est jalouse.
Ce nom sacré m'est dû ; tu me l'avais promis.
Ne sois point plus cruel que tous nos ennemis ;
Honore d'un regard ton épouse fidelle.

(*Il la regarde.*)

.... C'est donc là le dernier que tu jettes sur elle !...
De ton cœur généreux son cœur est-il haï ?
Peux tu me soupçonner ?

TANCREDE (*se soulevant un peu.*)
Ah ! vous m'aviez trahi !

AMENAIDE.
Qui ! moi ? Tancrede !

ARGIRE (*se jettant aussi à genoux de l'autre côté, & embrassant Tancrede, puis se relevant.*)
Hélas ! ma fille infortunée,
Pour t'avoir trop aimé, fut par nous condamnée,
Et nous la punissions de te garder sa foi,
Nous fumes tous cruels, envers elle, envers toi.
Nos loix, nos Chevaliers, un tribunal auguste ;
Nous avons failli tous ; elle seule était juste,
Son écrit malheureux qui nous avait armés,
Cet écrit fut pour toi, pour le Héros qu'elle aime,

TRAGÉDIE,

Cruellement trompé, je t'ai trompé moi-même.

TANCREDE

Aménaïde!... ô Ciel! est il vrai? vous m'aimez!

AMENAIDE.

Vas, j'aurai en effet mérité mon supplice,
Ce supplice honteux dont tu m'as su tirer,
Si j'avois un moment cessé de t'adorer;
Si mon cœur eût commis cette horrible injustice.

TANCREDE (*en reprenant un peu de force, & élévant la voix.*)

Vous m'aimez! ô bonheur plus grand que mes revers!
Je sens trop qu'à ce mot je regrette la vie.
J'ai mérité la mort, j'ai cru la calomnie.
Ma vie étoit horrible, hélas! & je la perds,
Quand un mot de ta bouche allait la rendre heureuse.

AMENAIDE.

Ce n'est donc, juste Dieu! que dans cette heure affreuse,
Ce n'est qu'en le perdant que j'ai pu lui parler!
Ah! Tancrede!

TANCREDE.

Vos pleurs devroient me consoler.
Mais il faut vous quitter, ma mort est douloureuse;
Je sens qu'elle s'approche. Argire, écoutez-moi,
Voilà le digne objet qui me donna sa foi,
Voilà de nos soupçons la victime innocente:
A sa tremblante main joignez ma main sanglante,
Que j'emporte au tombeau le nom de son époux;
Soyez mon pere.

ARGIRE *prenant leurs mains.*

Hélas! mon cher fils, puissiez-vous
Vivre encore adoré d'une épouse chérie!

TANCREDE.

J'ai vécu pour venger ma femme & ma Patrie,
J'expire entre leurs bras, digne de toutes deux,
De toutes deux aimé,... j'ai rempli tous mes vœux...
Ma chere Aménaïde!...

AMENAIDE.

Eh bien!

TANCREDE.

TANCREDE.
Gardez de suivre
Ce malheureux amant, ... & jurez moi de vivre ....
(*il retombe.*)

CATANE.
Il expire .... & nos cœurs de regrets pénétrés ....
Qui l'ont connu trop tard ....

AMENAIDE (*se jettant sur le corps de Tancrede*)
Il meurt, & vous pleurez ...
Vous cruels, vous tyrans, qui lui coûtéz la vie!
(*elle se releve & marche.*)
Que l'enfer engloutisse, & vous, & ma Patrie!
Et ce Sénat barbare, & ces horribles droits
D'égorger l'innocence avec le fer des loix.
Que ne puis-je expirer dans Syracuse en poudre,
Sur vos corps tous sanglants écrasés par la foudre!
(*elle se rejette sur le corps de Tancrede.*)
Tancrede, cher Tancrede!
(*elle se releve en fureur*)
Il meurt, & vous vivez!
Vous vivez, ... je le suis, ... je l'entends, il m'appelle,
Il se rejoint à moi dans la nuit éternelle.
Je vous laisse aux tourments qui vous sont réservés.
(*elle tombe dans les bras de Fanie*)

ARGIRE.
Ah, ma fille!

AMENAIDE (*égarée & le repoussant*)
Arrêtez, ... vous n'êtes point mon pere;
Votre cœur n'en eut point le sacré caractere.
Vous fûtes leur complice; .... Ah pardonnez, hélas!
Je meurs en vous aimant, ... j'expire entre tes bras,
Cher Tancrede.
(*elle tombe à côté de lui.*)

ARGIRE.
O! ma fille! ô ma chere Fanie!
Q'avant ma mort, hélas! on la rende à la vie.

Fin du cinquiéme & dernier Acte.

A Mr. LE MARQUIS ALBERGATI CAPACELLI,

SÉNATEUR DE BOLOGNE.

Au Château de Ferney en Bourgogne 23 Décembre 1760.

MONSIEUR,

Ou sommes unis par les mêmes goûts, nous cultivons les mêmes Arts ; & ces beaux Arts ont produit l'amitié dont vous m'honorez : ce sont eux qui lient les ames bien nées, quand tout divise le reste des hommes.

J'ai su dès long-temps que les principaux Seigneurs de vos belles Villes d'Italie se rassemblent souvent pour répréfenter sur des Théâtres élevés avec goût, tantôt des Ouvrages dramatiques Italiens, tantôt même les nôtres. C'est aussi ce qu'ont fait quelquefois les Princes des Maisons les plus augustes & les plus puissantes ; c'est ce que l'esprit humain a jamais inventé de plus noble & de plus utile pour former les mœurs, & pour les polir ; c'est-là le chef-d'œuvre de la Société : car, Monsieur, pendant que le commun des hommes est obligé de travailler aux Arts méchaniques, & que leur temps est heureusement occupé, les Grands & les riches ont le malheur d'être abandonnés à eux-mêmes, à l'ennui inséparable de l'oisiveté, au jeu plus funeste que l'ennui, aux petites factions plus dangereuses que le jeu & que l'oisiveté.

Vous êtes, Monsieur, un de ceux qui on rendu le plus de services à l'esprit humain dans votre Ville de Bologne, cette mere des sciences. Vous avez représenté à la campagne sur le Théâtre de votre Palais, plus d'une de nos Pieces Françaises, élégamment traduites en vers Italiens ; vous daignez traduire actuellement la Tragédie de *Tancrede* : & moi qui vous imite de loin, j'aurai bientôt le plaisir de voir représenter chez moi la traduction d'une Piece de votre célebre *Goldoni*, que j'ai nommé, & que je nommerai toujours le peintre de la nature. Digne réformateur de la Comédie Italienne, il en a banni les farces insipides, les sottises grossieres, lorsque nous les avions adoptées sur quelques Théâtres de Paris. Une chose m'a frappé sur-tout dans les Pieces de ce génie fécond, c'est qu'elles finissent toutes par une moralité qui rappelle le sujet & l'intrigue de la Piece, & qui prouve que ce sujet & cette intrigue sont faits pour rendre les hommes plus sages & plus gens de bien.

Qu'est-ce en effet que la vraie Comédie ? c'est l'art d'enseigner la vertu & les bienséances en action & en dialogues. Que l'éloquence du monologue est froide en comparaison ! A-t-on jamais retenu une seule phrase de trente ou quarante mille discours moraux ? & ne sait-on pas par cœur ces sentences admirables, placées avec art dans des dialogues intéressants ?

Homo sum, humani nihil à me alienum puto.
Apprimè in vitâ est utile, ut ne quid nimis.
Naturâ tu illi pater es, consiliis ego, &c.

C'est ce qui fait un des grands mérites de *Térence* ; c'est celui de nos bonnes Tragédies, de nos bonnes Comédies. Elles n'ont pas produit une admiration stérile ; elles on souvent corrigé les hommes. J'ai vu un Prince pardonner une injure, après une repréentation de la clémence d'*Auguste*. Une Princesse qui avait méprisé sa mere, alla se jetter à ses pieds en sortant de la scene où *Rodope* demande pardon à sa mere. Un homme connu se raccommoda avec sa femme, en voyant *le Préjugé à la mode* J'ai vu l'homme du monde le plus fier, devenir modeste après la Comédie du *Glorieux* : & je pourrais citer plus de six fils de famille que la Comédie de l'*Enfant prodigue* a corrigés. Si les Financiers ne sont plus grossiers ; si les Gens de Cour ne sont plus de vains Petits-Maîtres ; si les Médecins ont abjuré la robe, le bonnet, & les consultations en Latin ; si quelques pédants sont devenus hommes ; à qui en a-t-on l'obligation ? au Théâtre, au seul Théâtre.

Quelle pitié ne doit-on donc pas avoir de ceux qui s'élevent contre ce premier Art de la littérature, qui s'imaginent qu'on doit juger du Théâtre d'aujourd'hui par les treteaux de nos siecles d'ignorance, & qui confondent les *Sophocles* & les *Ménandres*, les *Varius* & les *Térences*, avec les *Tabarins* & les *Polichinelles* !

Mais que ceux-là sont encore plus à plaindre, qui admettent les *Polichinelles* & les *Tabarins*, & qui rejettent les *Polieuctes*, les *Athalies*, les *Zaïres* & las *Alzires* ! ce sont-là de ces contradictions où l'esprit humain tombe tous les jours.

Pardonnons aux sourds qui parlent contre la musique, aux aveugles qui haïssent la beauté ; ce sont moins des ennemis de la société, coujurés pour en détruire la consolation & le charme, que des malheureux à qui la nature a refusé des organes.

Nos verò dulces teneant antè omnia Musa.

J'ai eu le plaisir de voir chez moi à la campagne représenter *Alzire*, cette Tragédie où le Chistianisme & les droits de l'humanité triomphent également. J'ai vu, dans *Mérope*, l'amour maternel faire répandre des larmes sans le secours de l'amour galant. Ces sujets remuent l'ame la plus grossiere, comme la plus délicate, & si le Peuple assistait à des spectacles honnêtes, il y aurait bien moins d'ames groffieres & dures. C'eſt ce qui fit des Athéniens une Nation ſi ſupérieure. Les ouvriers n'allaient point porter à des farces indécentes l'argent qui devait nourrir leurs familles ; mais les Magiſtrats appellaient dans des fêtes célebres la Nation entiere à des repréſentions qui enſeignaient la vertu & l'amour de la Patrie. Les ſpectacles que nous donnons chez nous, ſont une bien faible imitation de cette magnificence ; mais enfin, elles en retracent quelque idée. C'eſt la plus belle éducation qu'on puiſſe donner à la jeuneſſe, le plus noble délaſſement du travail, la meilleure inſtruction pour tous les ordres des Citoyens : c'eſt preſque la ſeule maniere d'aſſembler les hommes pour les rendre ſociables.

Emollit mores, nec ſinit eſſe feras.

Auſſi, je ne me laſſerai point de répéter que parmi vous le Pape *Léon X*, l'Archevêque *Triſſino*, le Cardinal *Bibiena*, & parmi nous les Cardinaux de *Richelieu* & *Mazarin*, reſſuſciterent la ſcene : ils ſavaient qu'il vaut mieux voir l'*Oedipe* de *Sophocle*, que de perdre au jeu la nourriture de ſes enfants, ſon temps dans un caffé, ſa raiſon dans un cabaret, ſa ſanté dans des réduits de débauche, & toute la douceur de ſa vie dans le beſoin & dans la privation des plaiſirs de l'eſprit.

Il ſerait à ſouhaiter, Monſieur, que les ſpectacles fuſſent dans les grandes Villes, ce qu'ils ſont dans vos terres & dans les miennes, & dans celles de tant d'amateurs ; qu'elles ne fuſſent point mercénaires ; que ceux qui ſont à la tête des Gouvernements, fiſſent ce que nous faiſons, & ce qu'on fait dans tant de Villes. C'eſt aux Ediles à donner les jeux publics ; s'ils deviennent une marchandiſe, ils riſquent d'être avilis. Les hommes ne s'accoutument que trop à mépriſer les ſervices qu'il payent. Alors l'intérêt, plus fort encore que la jalouſie, enfante les cabales. Les *Claverets* cherchent à perdre les *Corneilles* ; les *Pardons* veulent écraſer les *Racines*.

C'eſt un guerre toujours renaiſſante, dans laquelle
la

la méchanceté, le ridicule & la bassesse sont sans cesse sous les armes.

Un Entrepreneur des Spectacles de la Foire tâche à Paris de miner les Comédiens qu'on nomme Italiens; ceux-ci veulent anéantir les Comédiens Français par des Parodies; les Comédiens Français se défendent comme ils peuvent : l'Opéra est jaloux d'eux tous; chaque Compositeur a pour ennemis tous les autres Compositeurs & leurs Protecteurs, & les Maîtresses des Protecteurs.

Souvent pour empêcher une Piece nouvelle de paraître, pour la faire tomber au Théâtre; & si elle réussit; pour la décrier à la lecture, & pour abymer l'Auteur, on employe plus d'intrigue que les *Wighs* n'en ont tramé contre les *Torys*, les *Guelfes* contre les *Gibelins*, les *Molinistes* contre les *Jansénistes*, les *Coccéiens* contre les *Voétiens*, &c. &c. &c. &c.

Je sais de science certaine, qu'on accusa *Phédre* d'être Janséniste. Comment, disaient les ennemis de l'Auteur, sera-t-il permis de débiter à une Nation Chrétienne ces maximes diaboliques.

Vous aimez, ou ne peut vaincre sa destinée,
Par un charme fatal vous fûtes entraînée.

N'est-ce pas là évidemment un juste à qui la grace a manqué? J'ai entendu tenir ces propos dans mon enfance, non pas une fois, mais trente. On a vu une cabale de canailles, & un Abbé *Des F......* à la tête de cette cabale au sortir de Bicêtre, forcer le Gouvernement à suspendre les représentations de *Mahomet*, joué par ordre du Gouvernement; ils avaient pris pour prétexte que dans cette Tragédie de *Mahomet*, il y avait plusieurs traits contre ce faux Prophête, qui pouvaient rejaillir sur les Convulsionnaires : ainsi ils eurent l'insolence d'empêcher pour quelque tems les représentations d'un Ouvrage dédié à un Pape, approuvé par un Pape.

Si Mr. de *l'Empirée*, Auteur de Province, est jaloux de quelques autres Auteurs, il ne manque pas d'assurer dans un long discours public, que Messieurs ses rivaux sont tous des ennemis de l'Etat & de l'Eglise Gallicane. Bientôt *Arlequin* accusera *Polichinelle* d'être Janséniste, Moliniste, Calviniste, Athée, Déiste, collectivement.

Je ne sais quels Ecrivains subalternes se sont avisés, dit-on, de faire un Journal Chrétien, comme si les autres Journaux de l'Europe étaient Idolâtres. Mr. de *Saint-Foix*, Gentilhomme Breton, célebre par la charmante Comédie de l'*Oracle*, avait fait un livre très-utile & très-agréable sur plusieurs points curieux de notre Histoire de France. La plupart de ces petits Dictionnaires ne sont que des extraits des savants Ouvrages du siecle passé : celui-ci est d'un homme d'esprit qui a vu & pensé. Mais qu'est-il arrivé ? Sa Comédie de l'*Oracle*, & ses recherches sur l'Histoire, étaient si bonnes, que Mrs. du Journal Chrétien l'ont accusé de n'être pas Chrétien. Il est vrai qu'ils ont essuyé un procès criminel, & qu'ils ont été obligés de demander pardon ; mais rien ne rebute ces honnêtes gens.

La France fournissait à l'Europe un Dictionnaire Encyclopédique dont l'utilité était reconnue. Une foule d'articles excellents rachetaient bien quelques endroits qui n'étaient pas des mains des Maîtres. On le traduisait dans votre Langue ; c'était un des plus grands monument des progrès de l'esprit humain. Un Convulsionnaire s'avise d'écrire contre ce vaste dépôt des Sciences. Vous ignorez peut-être, Monsieur, ce que c'est qu'un Convulsionnaire ; c'est un de ces énergumenes de la lie du Peuple, qui pour prouver qu'une certaine Bulle d'un Pape est erronnée, vont faire des miracles de grenier en grenier, rôtissant des petites filles sans leur faire de mal, leur donnant des coups de buche & de fouet pour l'amour de Dieu, & criant contre le Pape. Ce Monsieur Convulsionnaire se croit prédestiné par la grace de Dieu, à détruire l'Encyclopédie ; il accuse, selon l'usage, les Auteurs de n'être pas Chrétiens ; il fait un insipide libelle en forme de dénonciation ; il attaque à tort & à travers tout ce qu'il est incapable d'entendre. Ce pauvre homme s'imaginant que l'article *Ame* de ce Dictionnaire n'a pu être composé que par un homme d'esprit, & n'écoutant que sa juste aversion pour les gens d'esprit, se persuade que cet article doit absolument prouver le matérialisme de son ame ; il dénonce donc cet article comme impie, comme Epicurien, enfin comme l'Ouvrage d'un Philosophe.

Il se trouve que l'article, loin d'être d'un Philosophe, c'est d'un Docteur en Théologie, qui établit l'immatérialité, la spiritualité, l'immortalité de l'ame de toutes ses forces. Il est vrai que ce Docteur Encyclopédiste ajoutait aux bonnes preuves que les Philosophes en ont apportés, de très-mauvaises qui sont de lui ; mais enfin la cause est si bonne, qu'il ne pouvait l'affaiblir : il combat le matérialisme tant qu'il peut ; il attaque même le système de *Locke*, supposant que ce système peut favoriser le matérialisme ; il n'entend pas un mot des opinions de *Locke*: cet article enfin est l'ouvrage d'un Ecolier orthodoxe, dont on peut plaindre l'ignorance, mais dont on doit estimer le zele, & approuver la saine Doctrine. Notre Convulsionnaire défere donc cet article de *l'ame*, & probablement sans l'avoir lu. Un Magistrat accablé d'affaires sérieuses, & trompé par ce malheureux, le croit sur sa parole ; on demande la suppression du Livre ; on l'obtient : c'est-à-dire, on trompe mille Souscripteurs qui ont avancé leur argent, on ruine cinq ou six Libraires considérables qui travaillaient sur la foi d'un privilege du Roi, on détruit un objet de commerce de trois cents mille écus. Et d'où est venu tout ce grand bruit, & cette persécution ? de ce qu'il s'est trouvé un homme ignorant, orgueilleux & passionné.

Voilà, Monsieur, ce qui s'est passé, je ne dis pas aux *yeux de l'Univers*, mais au moins aux yeux de tout Paris. Plusieurs aventures pareilles que nous voyons assez souvent, nous rendraient les plus méprisables de tous les Peuples policés, si d'ailleurs nous n'étions pas assez aimables. Et dans ces belles querelles, les partis se cantonnent, les factions se heurtent, chaque parti a pour lui un Folliculaire.* Maître *Aliboron*, par exemple, est le Folliculaire de Mr. de *l'Empirée* ; ce Maître *Aliboron* ne manque pas de décrier tous ses camarades Folliculaires, pour mieux débiter ses feuilles : l'un gagne à ce métier cent écus par an, l'autre mille, l'autre deux mille; ainsi l'on combat *pro focis*. Il faut bien que je vive, disait l'Abbé *Des Fontaines* à un Ministre d'Etat : le Ministre eut beau lui dire qu'il n'en voyait pas la nécessité ; *Des Fontaines* vécut, & tant qu'il y aura une pistole à gagner dans ce métier, il y aura des *Fréron* qui décrieront les beaux Arts & les bons Artistes.

L'envie veut mordre, l'intérêt veut gagner ; c'est là ce qui excita tant d'orages contre le *Tasse*, contre le *Guarini* en Italie ; conte *Dryden*, & contre *Pope*, en Angleterre; contre *Corneille*, *Racine*, *Moliere*, *Quinault*, en France. Que n'a point essuyé de nos jours votre célebre *Goldini* ! & si vous remontez aux Romains & aux Grecs, voyez les Prologues de *Térence*, dans lesquels il apprend à la postérité que les hommes de son temps étaient faits comme celui du nôtre : .... *tutto l' mondo e fatto come' la nostra famiglia*. Mais remarquez, Monsieur, pour la consolation des grands Artistes, que les persécuteurs sont assurés du mépris & de l'horreur du genre humain, & que les bons Ouvrages demeurent. Où sont les Ecrits des Ennemis de *Térence*, & les feuilles des *Bavius* qui insultérent *Virgile* ? où sont les impertinences des rivaux du *Tasse*, & des rivaux de *Corneille* & de *Moliere* ?

Qu'on est heureux, Monsieur, de ne point voir toutes ces miseres, toutes ces indignités, & de cultiver en paix les arts d'*Apollon*, loin des *Marsyas* & des *Midas* ! qu'il est doux de lire *Virgile* & *Homere*, en foulant à ses pieds les *Bavius* & les *Zoiles*; & de se nourrir d'ambroisie, quand l'envie mange des couleuvres !

* Faiseur de feuilles.

Despréaux disait autrefois, en parlant de la rage des cabales.

Qui méprise Cotin, n'estime point son Roi,
Et n'a, selon Cotin, ni Dieu, ni foi, ni loi.

Le grand *Corneille*, c'est-à-dire le premier homme par qui la France littéraire commença à être estimée en Europe, fut obligé de répondre ainsi à ses ennemis littéraires, (car les Auteurs n'en ont point d'autres. (*Je déclare que je soumets tous mes écrits au jugement de l'Eglise ; je doute fort qu'ils en fassent autant.*

Je prends la liberté de dire ici la même chose que le grand *Corneille*, & il m'est agréable de le dire à un Senateur de la seconde Ville de l'Etat du St. Pere; il est doux encore de le dire dans des terres aussi voisines des hérétiques que les miennes. Plus je suis rempli de charité pour leurs personnes & d'indulgence pour leurs erreurs, plus je suis ferme dans ma foi. Mes Ouvrages sont *la Hanriade*, qui peut-être ne déplairait pas au Roi qui en est le Héros, s'il revenait dans le monde, & qui ne déplaît pas au digne héritier de ce bon Roi. J'ai donné quelques Tragédies, médiocres à la vérité, mais qui toutes sont morales, & dont quelqus-unes sont Chrétiennes. J'ai écrit l'*Histoire de Louis XIV*, dans laquelle j'ai célébré ma Nation sans la flatter ; j'ai fait un *Essai sur l'Histoire générale*, dans lequel je n'ai eu d'autre intention que de rendre une exacte justice à toutes les vertus & à tous les vices; une *Histoire de Charles XII*, une de *Pierre le Grand*, fondées toutes les deux sur les Monuments les plus authentiques. Ajoutez-y une légere explication des découvertes de *Newton*, dans un temps où elles étaient très-peu connues en France : ce sont là, s'il m'en souvient, à peu près tous mes véritables Ouvrages, dont le seul mérite consiste dans l'amour de la vérité & de l'humanité.

Presque tout le reste est un recueil de bagatelles que les Libraires ont souvent imprimées sans ma participation. On donne tous les jours sous mon nom des choses que je ne connais pas. Je ne réponds de rien. Si *Chapelain* a composé dans le siecle passé le beau Poëme de la *Pucelle* ; si dans celui-ci une Société de jeunes gens s'amusa, il y a trente ans, à faire une autre *Pucelle* ; si je fus admis dans cette Société ; si j'eus peut-être la complaisance de me prêter à ce badinage, en y insérant les choses honnêtes & pudiques qu'on trouve par-ci par-là dans ce rare Ouvrage dont il ne me souvient plus du tout, je ne réponds en aucune façon d'aucune *Pucelle* ; je nie d'avance à tout délateur que j'aye jamais vu une *Pucelle*. On en a imprimé une, qui a été faite apparemment à la place Maubert ou aux Halles ; ce sont les aventures & le langage de ce Pays-là : ceux qui ont été assez idiots pour s'imaginer qu'ils pouvaient me nuire eu publiant sous mon nom cette rapsodie, devraient savoir que quand on veut imiter la maniere d'un Peintre de l'Ecole du *Titien* & du *Correge*, il ne faut pas lui attribuer une enseigne de cabaret de village. *

On sait assez quel est le malheureux qui a voulu gagner quelqu'argent, en imprimant sous le titre de la *Pucelle d'Orléans* un Ouvrage abominable ; on

---

* Voici des Vers de ce prétendu Poëme, intitulé *la Pucelle*.

> *Chandos suant & soufflant comme un bœuf,*
> *Cherche du doigt si l'autre est une fille :*
> *Au Diable soit, dit-il, la sotte aiguille ;*
> *Bientôt le Diable emporte l'étui neuf.*

. . . .

> *En ce moment, en un seul haut le corps,*
> *Il met à bas la belle créature ;*
> *Il la subjugue, & d'un rein vigoureux*
> *Il fait jouer le bélier monstreux.*

Il y a mille autres vers plus infames, & plus encore dans le style de la plus vile canaille, & que l'honnêteté ne permet pas de rapporter. C'est là ce qu'un misérable ose imputer à l'Auteur de *la Henriade*, de *Mérope*, & d'*Alzire*.

je reconnait assez aux noms de *Luther* & de *Calvin* dont il parle sans cesse, & qui certainement ne devaient pas être placés sous le regne de *Charles VII*. On sait que c'est un Calviniste du Languedoc, qui a falsifié les Lettres de Madame de *Maintenon*; qui l'outrage indignement dans sa rapsodie de la *Pucelle*; qui a inséré dans cette infamie des vers contre les personnes les plus respectables, & contre le Roi même; qui a été deux fois en prison à Paris pour de pareilles horreurs, & qui est aujourd'hui exilé : les hommes qui se distinguent dans les arts, n'ont presque jamais que de tels ennemis.

Quant à quelques Messieurs, qui, sans être Chrétiens, inondent le public depuis quelques années de Satyres Chrétiennes; qui nuiraient, s'il était possible, à notre Religion, par les ridicules appuis qu'ils osent prêter à cet édifice inébranlable; enfin, qui la deshonorent par leurs impostures; si on faisait jamais quelqu'attention aux libelles de ces nouveaux *Garasses*, on pourrait leur faire voir qu'on est aussi ignorant qu'eux, mais beaucoup meilleur Chrétien qu'eux.

C'est une plaisante idée qui a passé par la tête de quelques barbouilleurs de notre siecle, de crier sans cesse que tous ceux qui ont quelqu'esprit ne sont pas Chrétiens ! pensent-ils rendre en cela un grand service à notre Religion ? Quoi ! la saine doctrine, c'està-dire, la doctrine Apostolique & Romaine, ne seraitelle, selont eux, que le partage des sots ? *Sans penser être quelque chose*, je ne pense pas être un sot ; mais il me semble que si je me trouvais jamais avec l'Abbé *Guyon* dans la rue, (car je ne peux le rencontrer que là) * je lui dirais : Mon ami, de quel droit prétendstu être meilleur Chrétien que moi ? est-ce parce que tu affirmes dans un livre aussi plat que calomnieux, que je t'ai fait bonne chere, quoique tu n'ayes jamais dîné chez moi ? est-ce parce que tu as révélé au Public, c'est-à-dire à quinze ou seize Lecteurs oisifs, tout ce que je t'ai dit du Roi du Prusse, quoique je

---

* L'Abbé *Guyon* Auteur d'un libelle détestable, intitulé *l'Oracle des Philosophes*.

ne t'aye jamais parlé, & que je ne t'aye jamais vu. Ne sais-tu pas que ceux qui mentent sans esprit, ainsi que ceux qui mentent avec esprit, n'entreront jamais dans le Royaume des Cieux;

Je te prie d'exprimer l'unité de l'Eglise, & l'invocation des Saints, mieux que moi :

L'Eglise toujours une, une, & par-tout étendue,
Libre, mais sous un chef, adorant en tout lieu,
Dans le bonheur des Saints, la grandeur de son Dieu.

Tu me feras encore plaisir de donner une idée plus juste de la Transsubstantiation, que celle que j'en ai donnée.

Le Christ, de nos péchés victime renaissante,
De ses Elus chéris nourriture vivante,
Descend sur les Autels à ses yeux éperdus,
Et lui découvre un Dieu sous un pain qui n'est plus.

Crois-tu définir plus clairement la Trinité qu'elle ne l'est dans ces vers :

La puissance, l'amour, avec l'intelligence,
Unis & divisés, composent son essence.

Je t'exhorte toi & tes semblables, non seulement à croire les dogmes que j'ai chantés en vers, mais à remplir tous les devoirs que j'ai enseignés en prose; à ne te jamais écarter du centre de l'unité, sans quoi il n'y a plus que trouble, confusion, anarchie. Mais ce n'est pas assez de croire ; il faut faire : il faut être soumis dans le spirituel à son Evêque, entendre la Messe de son Curé, communier à sa Paroisse, procurer du pain aux pauvres. Sans vanité, je m'acquitte mieux que toi de ces devoirs, & je conseille à tous les polissons qui crient, d'être Chrétiens, & de ne point crier. Ce n'est pas encore assez ; je suis en droit de te citer *Corneille*.

Servez bien votre Dieu, servez votre Monarque.

Il faut, pour être bon Chrétien, être sur-tout bon

Sujet, bon Citoyen : or pour être tel, il faut n'être ni Janséniste, ni Moliniste, ni d'aucune faction ; il faut respecter, aimer, servir son Prince ; il faut, quand notre Patrie est en guerre, ou aller se batre pour elle, ou payer ceux qui se battent pour nous. Il n'y a pas de milieu. Je ne peux pas plus m'aller battre à l'âge de soixante & sept ans, qu'un Conseiller de Grand-Chambre ; il faut donc que je paye sans la moindre difficulté ceux qui vont se faire estropier pour le service de mon Roi, & pour ma sûreté particuliere.

J'oubliais vraiment l'article du pardon des injures. Les injures les plus sensibles, dit-on, sont les railleries. Je pardonne de tout mon cœur à tous ceux dont je me suis mocqué.

Voilà, Monsieur, à peu près ce que je dirais à tous ces petits Prophêtes du coin, qui écrivent contre le Roi, contre le Pape, & qui daignent quelquefois écrire contre moi & contre des personnes qui valent mieux que moi. J'ai le malheur de ne point regarder du tout comme des Peres de l'Eglise, ceux qui prétendent qu'on ne peut croire en Dieu sans croire aux convulsions, & qu'on ne peut gagner le Ciel qu'en avalant des cendres du cimetiere de *St. Médard*, en se faisant donner des coups de buche dans le ventre, & des claques sur les fesses. * Pour moi, je crois que si on gagne le Ciel, c'est en obéissant aux Puissances établies de Dieu, & en faisant du bien à son prochain.

Un journaliste a remarqué que je n'étais pas adroit, puisque je n'épousais aucune faction, & que je me déclarais également contre tous ceux qui veulent former des partis. Je fais gloire de cette mal-adresse ; ne soyons ni à *Apollo*, ni à *Paul*, mais à Dieu seul, & au Roi que Dieu nous a donné. Il y a des gens qui entrent dans un parti pour être quelque chose ; il y en a d'autres qui existent sans avoir besoin d'aucun parti.

* Ce sont les mysteres des Jansénistes Convulsionnaires.

Adieu, Monsieur, je pensais ne vous envoyer qu'une Tragédie, & je vous ai envoyé ma profession de foi. Je vous quitte pour aller à la Messe de minuit avec ma famille & la petite fille du Grand *Corneille*. Je suis fâché d'avoir chez moi quelques Suissses qui n'y vont pas; je travaille à les ramener au giron; & si Dieu veut que je vive encore deux ans, j'espere aller baiser les pieds du St. Pere avec les Huguenots que j'aurai convertis, & gagner les Indulgences.

In tanto la prego di gradire gli auguri di felicità ch'io le reco nella congiuntura delle prossime sante feste natalizie.

FIN.

ZULIME,
TRAGÉDIE.
EN CINQ ACTES.
Par M. DE VOLTAIRE.

Repréſentée par les Comédiens Français ordinaires du Roi.

ACTEURS.

BENASSAR, Roi de Tremizène.

ZULIME, Fille de Benassar.

RAMIRE, Roi de Valence, en Espagne, Epoux d'Alide, Prisonnier de Benassar.

ALIDE, Epouse de Ramire.

MENODORE, Confident de Ramire.

MOHADIR, ancien Officier de Benassar.

SERAME, Suivante de Zulime.

SOLDATS.

La Scène est à Arzenie, dans le Palais de Zulime.

ZULIME,
TRAGÉDIE.

ACTE PREMIER.

SCENE PREMIERE.

ZULIME, MOHADIR, ALIDE, MENODORE, *suite*, SERAME.

ZULIME.

ALLEZ laissez Zulime aux remparts d'Azenie :
Partez, loin de vos yeux je vais cacher ma vie.
Je vais mettre à jamais dans un autre Univers,
Entre mon pere & moi, la barriere des mers.
Je n'ai plus de patrie, & mon destin m'entraîne,
Retournez Mohadir aux murs de Tremizène,
Consolez les vieux ans de mon pere affligé ;
Je l'outrage, & je l'aime, il est assez vengé.
Je ne demande point le pardon de mon crime.
Puisse-t'il oublier jusqu'au nom de Zulime !

MOHADIR.

Noble & cher rejetton des Héros & des Rois,
Quel ordre imposez-vous à ma tremblante voix ?

Faudra-t'il rapporter des réponses si dures,
D'un cœur désespéré déchirer les blessures ?
Irai-je empoisonner ses chagrins paternels ?
ZULIME.
Epargne, épargne-moi ces reproches cruels,
Je ne m'en fais que trop. Coupable, mais sincére,
Ma douleur est égale aux douleurs de mon pere.
MOHADIR.
Et vous l'abandonnez !
ZULIME.
Que dis-tu ?
MOHADIR.
Ses soldats
Par vous-même séduits ont donc guidé vos pas ?
Nos captifs Espagnols ce prix de son courage,
Dont jadis la victoire avait fait son partage ;
Ces trésors des Héros, vous les lui ravissez !
Vous l'aimez, vous, Madame, & vous le trahissez !
Pressés de tous côtés, dans ces troubles funestes
Qui de son faible Etat ont déchiré les restes,
Redoutans à la fois, & les Européans,
Et les divisions des tristes Musulmans,
Opprimé de l'Egypte, & craignant le Castille,
Faut-il qu'il ait encore à combattre sa fille ?
ZULIME.
Me préserve le Ciel de m'armer contre lui !
MOHADIR.
De sa triste vieillesse unique & cher appui,
Pourquoi donc fuirez-vous le pere le plus tendre,
Qui pour vous de son Trône était prêt à descendre,
Qui vous laissant le choix de tant de Souverains,
De son Sceptre avec joie allait orner vos mains ?
Hélas ! si la vertu, si la gloire vous guide ...
Mais il n'appartient point à ma bouche timide
D'oser d'un tel reproche affliger vos appas,
Mes conseils autrefois ne vous révoltaient pas ;
Cette voix d'un vieillard qui sauva votre enfance,
Flattait de votre cœur la docile indulgence,
Et Bénassar encor esperait aujourd'hui

TRAGÉDIE.

Que mes soins plus heureux pourraient vous rendre
à lui.
Ah! Princesse, ordonnez, que faut-il que j'annonce?
ZULIME.
Porte-lui mes soupirs & mes pleurs pour réponse.
Mon destin que je hais, me force à l'outrager,
Mes remords sont affreux, mais je ne peux changer.
Pars, adieu, c'en est fait.
MOHADIR.
Hélas! je vais peut-être
Porter les derniers coups au sein qui vous fit naître.

SCENE II.
ZULIME, ALIDE.
ZULIME.

AH! je succombe, Alide, & ce cœur désolé
Céde aux tourmens honteux dont il est accablé.
Tu sçais ce que j'ai fait, & ce que je redoute,
Tu vois ce que Ramire & mon penchant me coûte.
L'amour qui me conduit sur ces funestes bords
Ne m'a fait jusqu'ici sentir que des remords.
Je ne me cache point ma honte & mon parjure,
J'outrage mes ayeux, j'offense la nature.
Mais Ramire expiroit, & vous allez périr,
Qoiqu'il en ait coûté j'ai dû vous secourir.
Le fier Egyptien, dont l'orgueil téméraire
Domine insolemment dans l'Etat de mon pere,
Sur Ramire, sur vous, était prêt à venger
Nos Soldats qu'à Valence on venait d'égorger.
Des Nations, dit-on, tel est le droit horrible.
La vengeance parlait, mon pere, envain sensible,
Laissait ployer bientôt sa faible autorité
Sous le poids malheureux de ce droit détesté.
Les Autels & les Loix demandaient votre vie,
Vous sçavez si la mienne à la vôtre est unie;
L'amitié dont mon cœur au vôtre était lié,

L'amour plus fort que tout, plus grand que l'amitié,
Votre danger, ma crainte, hélas si l'on m'accuse,
Voilà tous mes forfaits, mais voilà mon excuse.
Si j'ai trahi mon pere & quitté ses Etats,
Ciel, qui me connaissez, ne m'en punissez pas.

ALIDE.

Hélas! Ramire & moi nous vous devons la vie,
Vous rendez un Héros, un Prince à sa patrie.
Le Ciel peut-il haïr un soin si généreux ?
Arrachez votre Amant à ces bords dangéreux.
Ma vie est peu de chose, & je ne suis encore
Qu'une esclave tremblante au rivage du Maure :
Quoique des plus grands Rois mes ayeux sont issus,
Tout ce que vous quittez est encore au-dessus.
J'étais votre captive, & vous ma protectrice ;
Je ne pouvais prétendre à ce grand sacrifice :
Mais Ramire en est digne, il pourra désormais
Payer d'un digne prix vos augustes bienfaits ;
Son destin chez les siens l'appelle au rang suprême,
Et puisque vous l'aimez...

ZULIME.

    Alide, si je l'aime!
Tu ne l'ignorais pas ; t'ai-je jamais caché
Les secrets de ce cœur que lui-seul a touché ?
Je corrigeai le sort qui te fit ma captive.
Tu sçai si j'enhardis ton amitié craintive ;
Si fuyant de mon rang la dure austérité,
Ma tendresse entre nous remit l'égalité.
Nos cœurs se confondaient ; tu vis naître en mon
 ame
Les traits mal démêlés de ma secrette flâme ;
Ton œil vit avant moi de tant d'égarremens
La prémiére étincelle & les embrâsemens.
Que n'eussé-je point fait pour conserver Ramire !
J'abandonne pour lui, parens, peuples, empire,
Et frémissant encor de ses périls passés,
Mon cœur craint seulement de n'en pas faire assez.
Cependant loin de moi se peut-il qu'il s'arrête ?
Quoi! Ramir, aujourd'hui trop sûr de sa conquête,
Ne prévient point mes pas, ne vient point consoler

TRAGÉDIE,

Ce cœur trop asservi que lui seul peut troubler.
ALIDE.
Eh ! ne voyez-vous pas avec quel prudence
De l'Envoyé d'un pere il fuyait la présence ?
ZULIME
J'ai tort, je te l'avoue, il a dû s'écarter.
Mais pourquoi si long-tems se plaire à m'éviter ?
Je ne l'accuse point, mais mon cœur en murmure.
ALIDE.
Je sçai trop qu'un conseil est souvent une injure.
Mais n'est-il point permis de vous réprésenter
Que sur ces bords affreux, qu'il est tems de quitter,
Tant d'amour, tant de crainte & de délicatesse
Conviennent mal peut-être au péril qui nous presse ;
Qu'un moment peut nous perdre, & ravir tout le prix
De tant d'heureux travaux par l'amour entrepris,
Q'entre cet océan, ces rochers & l'armée,
Ce jour, ce même jour peut vous voir enfermée,
Et que de tant d'amour un cœur toujours troublé !
Sur ses vrais intérêts est souvent aveuglé.
ZULIME.
Non sur mes intérêts c'est l'amour qui m'éclaire.
Ramire va presser ce départ nécessaire,
L'ordre dépend de lui ; tout est entre ses mains,
Souverain de mon ame, il l'est de mes destins.
Que fait-il, cher Alide ? Est-ce nous qu'il évite !
ALIDE.
Le voici.... Ciel, témoin du trouble qui m'agite
Ciel ! renferme à jamais dans ce sein malheureux
Le funeste secret qui nous perdrait tous deux.

SCENE III.
ZULIME, ALIDE, RAMIRE.
RAMIRE.
MADAME, enfin du Ciel la clémence suprême
Semble en notre défense agir comme nous même ;

Et les mers & les vents secondant vos bontés,
Vont nous conduire aux bords si long-tems souhaités.
J'ai vû de ces rochers, dont la cîme élevée
Commande à ces deux mers dont l'Europe est lavée.
Un vaisseau que les vents font voler vers ces lieux,
Les pavillons d'Espagne éclaitaient à nos yeux.
Bien-tôt l'heureux reflux des mers obéissantes
Apportera vers lui nos dépouilles flottantes ;
Une barque légere est auprès de ces bords,
Mes mains la chargeront de nos plus chers trésors.
(à Zulime.)
Vous y serez, Alide... Et vous, Princesse auguste,
Vous dont la seule main changea le sort injuste,
Vous par qui nos captifs ne portent désormais
Que les heureux liens formés par vos bienfaits....
Quoi! vos yeux, à ma voix, semblent mouillés de larmes !

ZULIME.

Dans des pareils momens on n'est point sans allarmes.
L'amour veut que je parte, il lui faut obéir.
Vous sçavez qui je quitte, & qui je pû trahir!
J'ai mis entre vos mains ma fortune, ma vie,
Ma gloire encor plus chere, & que je sacrifie.
Je dépens de vous seul... Ah ! Prince, avant ce jour
Plus d'un cœur a gémi d'écouter trop d'amour.
Plus d'une femme, hélas ! cruellement séduite,
A pleuré vainement sa faiblesse & sa fuite.

RAMIRE.

Je ne condamne point cette juste terreur,
Vous faites tout pour moi, je le sçais, & mon cœur
N'a pour vous rassurer dans votre défiance
Qu'un hommage inutile, & beaucoup d'espérance.
Esclave auprès de vous, mes yeux à peine ouverts
Ont connu vos grandeurs, ma misère & des fers.
Mais j'attefte le Dieu qui soutient mon courage,
Et qui donne à son gré l'empire & l'esclavage,
Que ma reconnaissance & mes engagemens....

ZULIME

Pour me prouver vos feux vous faut-il des sermens?
En ai-je demandé quand cette main tremblante

TRAGEDIE.

A détourné la mort à vos regards présente ?
Si mon ame aux frayeurs se peut abandonner,
Je ne crains que le sort ; puis-je vous soupçonner ?
Ah ! les sermens sont faits pour un cœur qui sçait feindre ;
Si j'en avais besoin, nous serions trop à plaindre.

RAMIRE.

Que mes jours immolés a votre sûreté !...

ZULIME.

Conservez-les cher Prince, ils m'ont assez coûté.
Mais quels discours, grand Dieux, que je ne puis comprendre !
Pourquoi me parlez-vous de sang prêt à repandre ;
Est-ce ainsi que mon cœur doit être rassuré ?

ALIDE.

Eh ! Madame, à quels soins votre amour est livré !
Prête à voir avec nous les rives de Valence,
Contre le sort jaloux faut-il d'autre assurance ?
Partons, dérobons-nous aux peuples irrités
Qui poursuivent sur nous l'excés de vos bontés.
Ce Palais est peut-être un rempart inutile.
L'océan vous attend ; l'Espagne est votre asile.
Fuyez d'un vain soupçon l'importune douleur,
Vous avez trop de droits sur nous, & sur son cœur,
Vous comdamnez sans doute une crainte odieuse,
Votre Amant vous doit tout. Vous êtes trop heureuse.

ZULIME.

Je dois l'être, & l'hymen qui va nous engager ...

SCENE IV.

ZULIME, ALIDE, RAMIRE, MENODORE.

MENODORE.

Dans une heure au plûtard on vient vous assiéger.

ALIDE.

Ciel !

MENODORE
On entend de loin la trompette guerriere,
On voit des tourbillons de flâme & de poussiere ;
D'armes & d'Africains les champs sont inondés.
Le peu de nos soldats dont ces murs sont gardés,
Sur ces bords escarpés qu'à formé la nature,
Et qui de ce Palais entourent la structure,
En défendent l'approche, & seront glorieux
De chercher un trépas honoré par vos yeux.

RAMIRE, à Alide.
Dans ce malheur pressant je goute quelque joie.
 (à Zulime)
Eh bien, pour vous servir le ciel m'ouvre une voie ;
Indigne jusqu'ici de vos généreux soins,
Je vais en combattant, les mériter du moins.
Armé par votre main, je peux tout entreprendre,
Et mes premiers exploits seront de vous défendre.

ZULIME.
Ramire, gardes-toi des ces exploits affreux,
Epargne un tel danger, un tel crime à tous deux.
Tombe sur moi, des Cieux l'éternelle colere,
Plutôt que mon amant s'arme contre mon pere !
Avant que les soldats environent nos tours,
Les flots nous offriront un plus juste secours :
Ils favoriseront une union si belle ;
L'aspect de ces climats me rend trop criminelle ;
Je vais hâter ta fuite, & j'y cours de ce pas.

RAMIRE.
Moi, je vais fuir la honte, & hâter mon trépas.

SCENE V.
RAMIRE, ALIDE.
ALIDE.
Vous n'irez point sans moi, non, cruel que vous êtes,

TRAGÉDIE.

Je ne souffrirai point vos fureurs indiscrettes :
Cher objet de ma crainte, arbitre de mon sort,
Cher époux, commencez par me donner la mort.
Au nom des nœuds secrets qu'à son heure derniere,
De ses mourantes mains vient de former mon pere,
Par ce Dieu qui m'entend, ce Dieu, mon seul recours,
L'auteur & le témoin de nos chastes amours.
Songez aux droits sacrés que j'ai sur votre vie,
Songez qu'elle est à moi, qu'elle est à la patrie,
Que nos peuples en vous attendent leur vengeur.
Allez les déliver de l'Arabe oppresseur ;
Et quittant, sans tarder, cette rive fatale,
Partez, vivez, régnez, fût-ce avec ma rivale.

RAMIRE.

Non, desormais ma vie n'est qu'un tissu d'horreurs,
Je rougis de moi-même, & surtout de vos pleurs.
Il faut trahir mon ame, il faut tromper Zulime !
Non, ce cœur malheureux n'est point fait pour le crime.
Je senti l'esclavage & son poids accablant,
Le fardeau de la feinte est cent fois plus pesant.
J'ai connu tous les maux, la vertu les surmonte :
Mais quel cœur généreux peut supporter la honte !
Quel supplice effroyable, alors qu'il faut tromper,
Et que tout mon secret est prêt à m'échapper !

ALIDE.

Si vous m'osez tenir ce langage sévere,
Je ne suis qu'un objet de honte & de colere,
Coupable du silence où nous sommes forcez,
Qui vous entraîne au crime, & que vous haïssez.

RAMIRE.

Je vous adore, Alide ! & l'amour qui m'enflâme,
Ferme à tout autre objet tout accès de mon ame :
Mais plus je vous adore, & plus je dois rougir
De fuir avec Zulime afin de la trahir.
Je suis bien malheureux, si votre jalousie
De ses nouveaux poisons persécute ma vie !
Entouré de forfaits & d'infidélités,
Je les commets pour vous, & vous seul en doutez.
Ah ! mon crime est trop vrai, trop affreux envers elle

Ce cœur eſt un perfide, & c'eſt pour vous, cruelle!

ALIDE.

Non, il eſt généreux, le mien n'eſt point jaloux,
La fraude & les ſoupçons ne ſont point faits pour nous.
Zulime, en écoutant ſes aveugles tendreſſes,
N'a point reçu de vous d'infidéles promeſſes.
Menodore a parlé; ſûre de ſes appas,
Elle a crû des diſcours que vous ne dictiez pas.
Eh! peut-on s'étonner que vous ayez ſçu plaire?
Peut-on vous reprocher ce charme involontaire
Qui vous ſoumet ſon cœur prompt à ſe déſarmer?
Ah! le mien m'eſt temoin que l'on doit vous aimer.
Peut-être cet amour nous ſera bien funeſte.
Mais vivez, mais regnez, le ciel fera le reſte.
Fermez les yeux, cher Prince, aux pleurs que je répands.

RAMIRE.

Je ne vois que ces pleurs, ils font tous mes tourmens.
Tous trois pleins de remords, & punis l'un par l'autre,
J'ai cauſé, malgré moi, ſon malheur & le vôtre.
Je vais....

ALIDE.

Ah! demeurez. Quel eſt ce bruit affreux?

RAMIRE.

Il m'annonce du moins des combats moins honteux.
C'eſt l'ennemi, ſans doute, & je vole à la gloire.
Adieu.

ALIDE.

Je vous ſuivrai. La chûte ou la victoire,
Les fers ou le trépas, je ſçais tout partager,
Et je vous aime trop pour craindre le danger.

Fin du premier Acte.

TRAGÉDIE.

ACTE II.

SCENE PREMIERE.
RAMIRE, MENODORE.

MENODORE.

OUI, Dieu même est pour nous, oui ce Dieu de la guerre
Nous appelle sur l'onde, & défarme la terre.
Vous voyez les sujets du triste Benassar,
Suspendre leurs fureurs au pied de ce rempart.
Ils ont quitté ces traits, ces funestes machines
Qui des murs d'Arzenie apportaient les ruines,
Tout ce grand appareil, qui dans quelques momens
Pouvait de ce Palais briser les fondemens.
Cependant l'heure approche, où la mer favorable
Va quitter avec nous ce rivage effroyable.
Seigneur, au nom d'Alide, au nom de vos amis,
Dont les tristes destins à vous seuls sont remis,
Par ce salut public, devant qui tout s'efface,
Par ce premier devoir des Rois de votre race,
Ne songez qu'à partir, & ne rougissez pas
Des bontés de Zulime & de ses attentats.
Ne craignez point les dons de sa main bienfaisante;
Envers les siens coupable envers vous innocente,
Je sçais combien de loix & combien de raisons
Ont banni l'alliance entre vos deux maisons.
Plus puissant que les loix, le préjugé sépare
Les Peuples de l'Espagne & ce peuple Barbare.
Mais d'une loi plus juste entendez mieux la voix.
Que tout préjugé cede à l'intérêt des Rois.
Que vous, l'Etat, Alide....

RAMIRE.
Arrêtez, Menodore;

Faut-il pour vivre heureux que je me deshonore ?
Et le trône & la vie ont-ils donc tant d'appas ?
MENODORE.
Vous vous trompez, Seigneur, & ne m'entendez pas.
Quele est donc cet opprobre, & quel est donc le crime,
De payer dignement le bontés de Zulime ?
Vos jours à la servir doivent se consacrer,
Et l'oubli des bienfaits peut seul deshonorer.
RAMIRE.
Je le sçai comme toi, juge de mes supplices.
Le premier des liens est celui des services,
C'est celui d'un cœur juste ; & malgré tous mes feux,
Celui de l'amour même est moins fort à mes yeux.
Mais tu sçais quels saints nœuds ont enchaîné ma vie,
Quels sermens j'ai formés, quel tendre hymen me lie.
Que je rentre à jamais aux fers où je suis né,
Tombe en cendre le trône où je suis destiné,
Si je trahis jamais la malheureuse Alide !
Mais aussi que la foudre écrase ce perfide,
Que je sois en horreur aux siécles à venir ;
S'il faut tromper Zulime, & s'il faut la trahir !
MENODORE.
Ah ! Seigneur, croyez-moi, son erreur est trop chére,
N'arrachez point un voile à tous trois nécessaire ;
Il n'est de malheureux que les cœurs détrompés,
D'un jour trop odieux ses yeux seraient frappés.
Cessez....
RAMIRE.
   Ah ! fallait-il que ta funeste adresse
De Zulime à ce point égarât la faiblesse ?
Fallait-il lui promettre & ma main & mon cœur ?
Ils n'étaient point à moi, tu m'as perdu d'honneur.
MENODORE.
C'est moi qui vous sauvai, vous, Alide & Valence.
Un Trône vous appelle, & votre esprit balance,
Et d'un vain repentir vous écoutez la voix ?
RAMIRE.
J'écoute mon devoir.
MENODORE.
    Il est celui des Rois.
RAMIRE

TRAGÉDIE.
RAMIRE.
Je suis bien loin de l'être, & c'est un triste augure
D'être esclave en Afrique, & d'en fuir en parjure.
MENODORE.
Feignez un jour du moins.
RAMIRE.
     C'en est trop pour mon cœur.
Avec ses ennemis on feint sans deshonneur ;
Mais tromper une femme & tendre & magnanime,
L'entraîner dans le piége, & la conduire au crime,
De ce crime si cher la punir de ma main,
M'armer de ses bienfaits pour lui percer le sein,
Prendre à la fois les noms de Monarque & de traître...
MENODORE.
Dans vos Etats rendu, Seigneur, vous serez Maître ;
Vous pouvez accorder l'intérêt, la grandeur,
Et la reconnaissance & l'amour & l'honneur.
Remettez à ce tems plus sûr & plus tranquile
De ces droits délicats l'examen difficile.
Lorsque vous serez Roi, jugez & décidez,
Ici Zulime regne, & vous en dépendez.
RAMIRE.
Elle est ma bienfaitrice, il me faudrait la craindre,
M'avilir par frayeur à la honte de feindre !
Je la respecte trop ; un cœur tel que le mien
Lui tiendra sa parole, ou ne promettra rien.
MENODORE.
Songez-y, quelquefois l'amour se tourne en rage ;
Alide de son sang peut payer cet outrage.
RAMIRE.
Ah ! Menodore, au bruit de ce moindre danger,
De ces lieux ennemis, vas, cours la dégager ;
Sois sûr que de Zulime arrêtant la poursuite,
Avant que d'expirer j'assurerai sa fuite.
MENODORE.
Vous nous connaissez mal, en ces extrémités
Alide & votre ami mourront à vos côtés.
Mais non, votre prudence & la faveur céleste
Ne nous annoncent point une fin si funeste.
Zulime est encor loin de vouloir se venger,

Tome XVIII.

Peut-elle craindre, hélas ! qu'on la veuille outrager ?
Son ame toute entiere à son espoir livrée,
Aveugle en ses desirs & d'amour enyvrée,
Goûte d'un calme heureux le dangereux sommeil.

RAMIRE.

Que je crains le moment de son affreux reveil !

MENODORE.

Cachez donc à ses yeux la vérité cruelle,
Au nom de la patrie... On approche... C'est elle

RAMIRE.

Vas, cours après Alide, & reviens m'avertir
Si les mers & les vents m'ordonnent de partir.

SCENE II.

ZULIME, RAMIRE, SERAME.

ZULIME.

Oui, nous touchons, Ramire, à ce moment prospere
Qui met en sûreté cette tête si chere.
En vain nos ennemis (car j'ose ainsi nommer
Qui voudrait désunir deux cœurs faits pour s'aimer.)
En vain tous ces Guerriers, ces Peuples que j'offense
De mon malheureux pere ont armé la vengeance :
Profitons des instans qui nous sont accordés,
L'amour nous conduira, puisqu'il nous a gardés,
Et je puis, dès demain, rendre à votre patrie
Ce dépôt précieux qu'à moi seul il confie.
Il ne me reste plus qu'à m'attacher à vous
Par les nœuds éternels de l'hymen le plus doux.
Grace à ces noms si saints, ma tendresse épurée
En est plus respectable, & non plus assurée ;
Le pere, les amis que j'ose abandonner,
Le ciel, tout l'univers doivent me pardonner,
Si de tant de héros la déplorable fille

TRAGÉDIE.

Pour un Epoux si cher oublia sa famille.
Prenons donc à témoin ce Dieu de l'Univers,
Que nous servons tous deux par des cultes divers,
Attestons cet Auteur de l'amour qui nous lie,
Non que votre grande ame à la mienne est unie,
(Nos cœurs n'ont pas besoin de ces vœux solemnels)
Mais que demain, Seigneur, aux pieds de vos autels,
Vos Peuples béniront dans la même journée,
Et votre heureux retour, & ce grand hymenée.
Mettons près des humains ma gloire en sûreté,
Et du Dieu qui m'entend méritons la bonté.
Eh quoi, vous soupirez ! quel trouble vous agite ?

RAMIRE.

Pleine de vos bontés, mon ame est interdite :
Je suis un malheureux, destiné désormais
A d'éternels chagrins plus grands que vos bienfaits.

ZULIME.

Eh ! qui peut vous troubler quand vous m'avez sçu
  plaire ?
Les chagrins sont pour moi ; la douleur de mon pere,
Sa vertu, cet opprobre à ma fuite attaché,
Voilà les déplaisirs dont mon cœur est touché.
Mais vous qui retrouvez un Sceptre, une Couronne,
Vos parents, vos sujets, tout ce que j'abandonne,
Qui de votre bonheur n'avez point à rougir,
Vous qui m'aimez enfin !......

RAMIRE.

Je ne peux vous trahir.

ZULIME.

Comment ?...

RAMIRE.

Tout nous unit, mais le ciel nous divise ;
Ignorez-vous les loix où l'Espagne est soumise ?

ZULIME.

Je ne crains point ces loix, leur triste dureté
Cede aux Rois, à l'amour, à la nécessité.
Des plus austéres loix que puis-je avoir à craindre ?
Si nos droits sont sacrés, qui pourrait les enfreindre ?
Quels sont donc les humains qui peuplent vos Etats ?
Ont-ils fait quelques loix pour former des ingrats ?

Q 2

RAMIRE.
Je suis loin d'être igrat, & mon cœur ne peut l'être.
ZULIME.
Sans doute.
RAMIRE.
Mais le sang dont le ciel nous fit naitre
Mit entre nos ayeux, entre nos nations,
Tant de mépris, de haine & de divisions !
Mon peuple avec dépit verrait parmi ses Reines
La Fille des Tyrans dont il reçut des chaînes.
ZULIME.
Votre Peuple verra, sans haine & sans effroi,
Cette main qui brisa les chaînes de son Roi.
RAMIRE.
Oui vous adoucirez leur courage inflexible,
Quel cœur à vos vertus pourrait être insensible ?
Mais malgré ces vertus, malgré tant de liens,
Malgré les vœux du Peuple unis avec les miens....
Il est une barriere invincible, éternelle...
ZULIME.
Vous m'arrachez le cœur, achevez, qu'elle est-elle ?
RAMIRE.
C'est la Religion, la premiere des Loix,
Souveraine immortelle & du Peuple & des Rois.
Ce puissant Mahomet, auteur de votre Race,
De la moitié du monde a pu changer la face,
De l'Inde au Mont-Atlas il est presque adoré :
Mais chez nos Nations son culte est abhorré ;
De nos Autels jaloux l'inflexible puissance
Entre Zulime & moi proscrit toute alliance.
ZULIME.
Je t'entends, cher Ramire, il faut t'ouvrir mon cœur,
Pour ma Religion j'ai connu ton horreur ;
Arrachée à moi-même, à tes destins livrée,
Elle me fut dès-lors moins chere & moins sacrée,
Soit erreur ou raison, soit ou crime ou devoir,
Soit du plus tendre amour l'invincible pouvoir.
Puisse le juste Ciel excuser mes faiblesses !
Du sang, en ta faveur, j'ai bravé les tendresses,
Je te peux immoler, par de plus grands efforts,

TRAGÉDIE.

Ce culte mal connu de ce sang dont je sors;
Puisqu'il t'est odieux, sans doute il le doit être.
Fidéle à mon Epoux, & soumise à mon Maître,
J'attendrai tout du tems & d'un si cher lien.
Mon cœur servirait-il d'autres Dieux que le tien ?
Je vois couler tes pleurs ; tant de soins, tant de flâme,
Tant d'abandonnement ont pénétré ton ame ;
Adressons l'un & l'autre au Dieu de tes Autels
Ces pleurs que l'amour verse, & ces vœux solemnels ;
Qu'Alide y soit présente ; elle approche, elle m'aime.
Alide....

RAMIRE.
C'en est trop, mon cœur déchiré....

SCENE III.
ZULIME, RAMIRE, ALIDE, SERAME.

ALIDE.
Madame, dans ces murs votre pere est entré.
ZULIME.
Mon pere !
RAMIRE.
Lui ?
ZULIME.
Grands Dieux !
ALIDE.
Sans Soldats, sans escorte ;
Sa voix de ce Palais s'est fait ouvrir la porte.
A l'aspect de ses pleurs & de ses cheveux blancs,
De ce front couronné respecté si long-tems,
Nos Gardes interdits, baissant pour lui les armes,
N'ont pas cru vous trahir en partageant ses larmes.
Il approche, il vous cherche.
ZULIME.
O mon pere, ô mon Roi!

Q 3

354 ZULIME,
Devoir, nature, amour, qu'exigez-vous de moi?
ALIDE
Il va, n'en doutez point, demander notre vie.
RAMIRE
Donnez-lui tout mon sang, je vous le sacrifie;
Mais conservez du moins...
ZULIME
Dans l'état où je suis,
Pouvez-vous bien, cruel, irriter mes ennuis?
Tombent, tombent sur moi les traits de sa vengeance.
Allez, Alide, & vous évitez sa présence;
C'est le premier moment où je puis souhaiter
De me voir sans Ramire & de vous éviter.
Allez, trop digne Epoux de la triste Zulime,
Ce titre si sacré me laisse au moins sans crime.
ALIDE
Qu'entens-je! ô ciel, Seigneur!
RAMIRE
On vient. Suivez mes pas.
Plaignez mon sort, Alide, & ne m'accusez pas.

SCENE IV.

ZULIME, BENASSAR, SERAME.

ZULIME

Le voici, je frissonne, & mes yeux s'obscurcissent.
Terre, que devant lui tes gouffres m'engloutissent;
Serame, soutiens-moi.
BENASSAR
C'est elle.
ZULIME
O desespoir!
BENASSAR
Tu détournes les yeux, & tu crains de me voir.
ZULIME
Je me meurs.... Ah, mon pere!

TRAGÉDIE.

BENASSAR.

     O toi, qui fus ma fille,
Toi, l'espoir & l'horreur de ma triste famille,
Toi, qui dans mes chagrins étais mon seul recours,
Tu ne me connais plus

   ZULIME, *(se jettant à genoux.)*

      Je vous connais toujours,
Je tombe en frémissant à ces pieds que j'embrasse,
Je les baigne de pleurs, & je n'ai point l'audace
D'élever jusqu'à vous un regard criminel,
Qui ferait trop rougir votre front paternel.

BENASSAR.

Sçais-tu quelle est l'horreur dont ton crime m'accable ?

ZULIME.

Je sçais trop qu'à vos yeux il est inexcusable.

BENASSAR.

J'aurais pû te punir, j'aurais pû dans ces Tours
Ensevelir ma honte & tes coupables jours.

ZULIME.

Votre colere est juste, & je l'ai méritée,

BENASSAR.

Tu vois que mes bontés ne l'ont point écoutée.
Leve-toi, ta douleur commence à m'attendrir,
Et le cœur de ton pere attend ton repentir.
Tu sçais si dans ce cœur trop indulgent, trop tendre,
Les cris de la nature ont sçu se faire entendre.
Je vivais dans toi seule, & jusques à ce jour
Jamais pere à son sang n'a marqué tant d'amour.
Tu sçais si j'attendais qu'au bout de ma carriere,
Ma bouche en expirant nommât son héritiere,
Et cédât, malgré moi, par des dons superflus,
Ce qui dans ces momens ne nous appartient plus.
Je n'ai que trop vécu ; ma prodigue tendresse
Prévenait par ses dons la caduque vieillesse ;
Je te donnais pour dot, en engageant ta foi,
Ces Trésors, ces Etats que je quittais pour toi,
Et tu pouvais choisir entre les plus grands Princes
Qui des bords Africains gouvernent les Provinces.

Et c'est dans ces momens que fuyant de mes bras,
Toi seule à la révolte excites mes Soldats,
M'arraches mes Sujets, m'enleves mes Esclaves,
Outrages mes vieux ans, m'abandonnes, me braves!
Quel démon t'a conduit à cet excès d'horreur?
Quel monstre a corrompu les vertus de ton cœur?
Veux-tu ravir un rang que je te sacrifie?
Veux-tu me dépouiller de ce reste de vie?
Ah Zulime! Ah mon sang! par tant de cruauté
Veux-tu punir ainsi l'excès de ma bonté?

ZULIME.

Seigneur, mon Souverain, j'ose dire mon pere,
Je vous aime encor plus que je ne vous fus chere;
Vivez, régnez heureux, ne vous consumez plus
Pour cette criminelle en regrets superflus.
De mon aveuglement moi-même épouvantée,
Expirant des regrets dont je suis tourmentée,
Et de votre tendresse & de votre courroux,
Je donnerais mon sang pour mon crime & pour vous:
Mais ce crime si cher a sur moi trop d'empire,
Vous n'avez plus de fille, & je suis à Ramire.

BENASSAR.

Que dis-tu, malheureuse, opprobre de mon sang,
Tu me donnes la mort pour suivre ton amant!
Quoi! Ramire, un captif, Ramire t'a séduite!
Un barbare t'enleve, & te force à la fuite!
Non dans ton cœur séduit; d'un fol amour atteint,
Tout l'honneur de mon sang n'est point encore éteint.
Tu ne souilleras point d'une tache si noire
La race des Héros, ma vieillesse & ma gloire.
Quelle honte, grands Dieux, suivrait un sort si beau!
Veux-tu deshonorer ma vie & mon tombeau?
De mes folles bontés quel horrible salaire!
Ma fille, un suborneur est-il donc plus qu'un pere?
Repens-toi, suis mes pas, viens sans plus m'outrager...

ZULIME.

Seigneur, il n'est plus tems, mon sort ne peut changer.
Approuvée en Europe, en vos climats flétrie,
Il n'est plus de retour pour moi dans ma patrie.

TRAGÉDIE.

Je n'ose vous prier de pardonner mon choix,
Dexcuser un hymen condamné par nos loix,
D'accepter un Héros, un Souverain pour gendre,
Dont l'alliance un jour....

BENASSAR.

Je ne veux plus t'entendre,
Barbare, que les Cieux partagent ma douleur,
Que ton indigne Amant soit un jour mon vengeur,
Il le fera sans doute, & j'en reçois l'augure ;
Tous les enlevemens sont suivis du parjure.
Puissent la perfidie & la division
Etre le digne fruit d'une telle union !
J'espere que le Ciel, sensible à mon outrage,
Accourcira bien-tôt, dans les pleurs, dans la rage,
Tes jours infortunés que ma bouche a maudits,
Et qu'on te trahira comme tu me trahis.
Coupable de ma mort, qu'ici tu me prépares,
Lâche, tu périras par des mains plus barbares ;
Je le demande aux Cieux, perfide, tu mourras
Aux pieds de ton Amant, qui ne te plaindra pas.
Mais avant de combler ton opprobre & sa rage,
Avant que le cruel t'arrache à ce rivage,
J'y cours, & nous verrons si tes lâches Soldats
Seront assez hardis pour t'ôter de mes bras,
Et si pour se ranger sous les drapeaux d'un traître,
Ils fouleront aux pieds, & ton pere, & leur Maître
Adieu.

SCENE V.

ZULIME SERAME.

ZULIME.

SEigneur... Hélas ! cher auteur de mes jours,
Voilà quel est le fruit de mes tristes amours !
Dieu, qui l'as entendu, Dieu puissant que j'irrite,

Aurais-tu confirmé l'Arrêt que je mérite?
La mort & les enfers paraissent devant moi,
Ramire avec plaisir j'y descendrai pour toi.
Tu me plaindras sans doute... O passion funeste!
Quoi! les larmes d'un pere & le courroux céleste,
Les malédictions prêtes à m'accabler,
Tout irrite les feux dont je me sens brûler.
Dieu, je me livre à toi, si tu veux que j'expire,
Frappe, mais réponds-moi des larmes de Ramire.

Fin du second Acte.

ACTE III.

SCENE PREMIERE.
ZULIME, ALIDE.

ZULIME.

Je ne sçais où je suis, non, tu ne conçois pas
Tous ces soulévemens, ces craintes, ces combats;
Quelquefois je déteste & l'amour & mon crime,
C'est pour lui que j'outrage un pere magnanime;
Un pere qui m'est cher, & qui me tend les bras:
Que dis-je, l'outrager, j'avance son trépas.
Malheureuse!

ALIDE.

Après tout si votre ame attendrie
Craint d'offenser un pere & tremble pour sa vie,
Pardonnez, mais peut-être en de tels déplaisirs,
Un grand cœur quelquefois, maître de ses soupirs,
Pourrait sacrifier...

ZULIME.

Que prétends-tu me dire?

TRAGEDIE.

Sacrifier l'amour qui m'enchaîne à Ramire!
A quels conseils, grands Dieux, faut-il m'abandonner!
Ai-je pu les entendre, ose-t'on les donner?
Toute prête à partir, vous proposez barbare,
Que moi qui l'ai conduit, de lui je me sépare?
Non, mon pere en courroux, mes remords, ma
    douleur,
De ces conseils affreux n'égalent point l'horreur.

ALIDE.
Mais vous-même, à l'instant, à vos devoirs fidele
Vous disiez que l'amour vous rend trop criminelle.

ZULIME.
Non, je ne l'ai point dit, mon trouble m'emportait,
Si je parlais ainsi, mon cœur le démentait.

ALIDE.
Vous plaignez les malheurs du plus tendre des peres,
J'applaudissais, Madame, à ces remords sinceres,
Et ma triste amitié....

ZULIME.
        Vous m'en devez du moins;
Mais que cette amitié prend de funestes soins!
Ne me parlez jamais que d'adorer Ramire,
Rappelez dans mon cœur tout l'amour qu'il m'ins-
    pire,
Hélas! m'assurez-vous qu'il réponde à mes vœux
Comme il le doit, Alide, & comme je le veux?

ALIDE.
De notre prompt depart toute entiere occupée,
Lorsque de vos frayeurs mon ame possedée,
Soupire après l'Espagne & des climats plus doux,
Quand je me vois peut être à plaindre autant que vous,
Que puis-je vous répondre, & comment puis-je lire
Dans les secrets du cœur du malheureux Ramire;
Il est à vos bontés enchaîné pour jamais.

ZULIME.
Son cœur semble accablé du poids de mes bienfaits,
Je lui parlais d'hymen.....

ALIDE.
      Mais, Madame,....

Q 6

ZULIME.

Et Ramire
Ofoit bien me parler des loix de fon empire.
Il était maître affez de fes vœux amoureux,
Pour voir en ma préfence un obftacle à mes feux!
Ma tendreffe un moment s'eft fentie allarmée,
Chere Alide, eft-ce ainfi que je dois être aimée?
Alide, il me trahit, s'il ne m'adore pas,
S'il penfe à fa grandeur autant qu'à mes appas?
Si de quelqu'intérêt fon ame eft occupée,
Si je n'y fuis pas feule, Alide, il m'a trompée.

ALIDE.
Il ne vous trompe point, fon amour, tant d'appas,
Tant d'amitié fur-tout ne feront point d'ingrats.

SCENE III.

ZULIME, ALIDE, RAMIRE.

ALIDE.

Venez, Prince, il eft tems qu'un aveu légitime
Efface devant moi les foupçons de Zulime.
Seigneur immolez tout, quoiqu'il puiffe en couter.
Ses bienfaits font trop grands, il les faut mériter.
Votre devoir......

RAMIRE.
Madame, en ce moment funefte
Mon devoir eft de vaincre & d'oublier le refte.
Votre pere à grands cris appelle fes foldats,
Je viens pour vous fauver; volez, fuivez mes pas;
Déja quelques Guerriers qui devaient vous défendre,
Aux pleurs de Benaffar étaient prêts à fe rendre,
Honteux de vous prêter un facrilege appui,
Leurs fronts en rougiffant s'abaiffaient devant lui:
Ne perdons point de tems, courez vers le rivage,
Je puis avec les miens défendre le paffage,

TRAGÉDIE.

Déja des Matelots entendez les clameurs,
Venez, ne craignez rien de vos persécateurs.
ZULIME.
Moi craindre ! ah c'est pour vous que j'ai connu la crainte,
Croyez-moi, je commande encor dans cette enceinte,
La porte de la mer ne s'ouvre qu'à ma voix,
Voyons mon pere au moins pour la derniere fois,
Apprenez à mon pere, à l'Afrique jalouse
Que je fais mon devoir en partant votre épouse.
RAMIRE.
Eh ! pouvez-vous, Madame, en ces momens d'horreurs,
D'un amour qu'il déteste écouter la douceur ?
Si le ciel qui m'entend me rend mon héritage,
Valence est à vos pieds, je ne puis davantage;
Et je ne réponds point......
ZULIME.
Ciel, qu'est-ce que j'entends ?
De quelle bouche, hélas ! en quels lieux, dans quels tems !
Pour m'éclaircir un doute à tous deux si funeste,
Ramire, attendais-tu qu'immolant tout le reste,
Perfide à ma patrie, à mon pere, à mon Roi:
Je n'eusse en ces climats d'autre maître que toi,
Sur ces rochers déserts, hélas ! m'as-tu conduite,
Pour traîner en Espagne une esclave à ta suite ?
RAMIRE.
Je vous y mene en Reine, & mon peuple à genoux
En imitant son Roi, fléchira devant vous.
ZULIME.
Ton peuple, tes respects ; quel prix de ma tendresse !
Va, périssent les noms de Reine, de Princesse.
Le nom de ton épouse est le seul qui m'est dû,
Le seul qui me rendrait l'honneur que j'ai perdu,
Le seul que je voulais : ah ! barbare que j'aime,
Peux-tu me proposer d'autre prix que toi-même ?
Triste & soudain effet, où j'aurais dû penser,
Des malédictions qu'on vient de prononcer.
Loin de me rassurer tu gardes le silence,
Est-ce confusion, repentir, innocence ?

Ramire, Alide, eh quoi! vous détournez les yeux,
Vous, pour qui j'ai tout fait, me trompez-vous tous deux :
Je te rends grace, ô ciel, dont la main falutaire
Au devant de mon crime a fait courir mon pere,
Un pere que pour eux j'avais deshonoré,
Et qui n'a pû haïr ce cœur dénaturé.
Du devoir, il est vrai, la barriere est franchie,
Mais il reste un retour à ma vertu trahie.
J'irai me joindre à lui, j'y vole de ce pas,
Ou de sa main du moins il faudra que j'obtienne,
Dirai-je, hélas! ta mort? non ingrat, mais la mienne?
Tu le veux? c'en est fait.

ALIDE.
Madame!

RAMIRE.
Alide, ô ciel,

ALIDE.
Madame, écoutez-vous ce désespoir mortel?
C'est votre ouvrage, hélas! que vous voulez détruire,
Vous vous perdez. Eh quoi! vous balancez, Ramire?

ZULIME.
Madame, épargnez vous ces transports empressés,
Son silence & vos pleurs m'en ont appris assez.
Je sçai sur mon malheur ce qu'il faut que je pense,
Et je n'ai pas besoin de tant de confidence;
Ni des secours honteux d'une telle pitié,
J'ai prodigué pour vous la plus tendre amitié;
Vous m'en payez le prix, je vais le reconnaître,
Sortez, rentrez aux fers où vous avez dû naître,
Esclave, recevez mes ordres absolus;
Sans mon ordre à mes yeux ne vous présentez plus,
Laissez-moi.

RAMIRE.
Non, Madame, & je perdrai la vie
Avant d'être témoin de tant d'ignominie.
Vous ne flétrirez point cet objet malheureux,
Ce cœur digne de vous, comme vous généreux.
 (En montrant Alide.)
Si vous la connaissiez! si vous sçaviez...

TRAGÉDIE.
ZULIME.

                                    Parjure,
Ta fureur à ce point infulte à mon injure,
Tu m'outrage pour elle ! ah ! vil couple d'ingrats,
Du fruit de mes douleurs vous ne jouirez pas.
Vous expierez tous deux mes feux illégitimes,
Tremblez, ce jour affreux fera le jour des crimes,
Je n'en ai commis qu'un, ce fut de vous chérir,
Ce fut de vous fauver, je cours vous en punir.

SCENE III.

ALIDE, RAMIRE.

RAMIRE.

AH! fuyez fon courroux, Alide, & que je meure.
ALIDE.
Non je veux qu'à fes pieds vous vous jettiez fur l'heure.
Tout change ; il faut me perdre & vous juftifier,
Laiffer périr Alide, & même l'oublier.
Vos jours, votre devoir, votre reconnaiffance
Avec ce trifte hymen n'entrent point en balance ;
Nos liens font facrés, & je les brife tous,
Mon cœur vous idolâtre, & je renonce à vous.
RAMIRE.
Vous, Alide !
ALIDE.
          Acceptez ce fatal facrifice,
Zulime en eft trop digne & je me rends juftice.
Vous devez à fes foins la liberté, le jour,
Zulime a tous les droits, je n'ai que mon amour,
Cet amour eft pour vous le don le plus funefte,
Autant il me fut cher, autant je le détefte.
Si je vous vois partir, je bénirai mon fort,
Qu'on me rende à mes fers, qu'on me rende à la mort.

ZULIME,

N'importe, aux gré des vents fuyez sous ses auspices,
Ma rivale aura fait de moindres sacrifices,
Mes mains auront brisé de plus puissans liens
Et mes derniers bienfaits sont au-dessus des siens.

RAMIRE.
Gardez-vous de m'offrir un bienfait si barbare.
Périssent des bontés dont l'excès vous égare !
Venez, votre péril est tout ce que je vois.

ALIDE.
Non, je cours lui parler, je le veux, je le dois.

RAMIRE.
Je ne vous quitte point.

ALIDE.
     Vous vous perdez, Ramire.
Arrêtez, je l'ordonne.

RAMIRE.
     Ah ! plutôt que j'expire :
Je vous suis, chere Alide.

SCENE IV.

RAMIRE, BENASSAR.

BENASSAR.
Arreste malheureux !

RAMIRE.
Que vois je ! que veux-tu ?

BENASSAR.
     Cruel, ce que je veux !
Après les attentats de cette fuite infâme,
Quelque reste d'honneur entre-t-il dans ton ame !

RAMIRE
C'est à toi d'en juger quand tu vois que mon bras
Pardonne à cet outrage & ne t'en punit pas.
L'honneur est dans un cœur qui brava la misere.

BENASSAR.
Tu ne braves, ingrat, que les larmes d'un pere.

TRAGÉDIE.

Ta barbarie insulte à ce cœur déchiré,
Tu pars, & cet assaut est encor différé.
J'ai craint, tu le vois trop, qu'en vengeant ma famille,
Quelque trait malheureux ne tombât sur ma fille,
Je t'avoue encor plus, sur ce triste rempart,
Mes soldats, tu le vois, arriveraient trop tard.
La mer t'ouvre ses flots pour enlever ta proye,
Eh bien prend donc pitié des pleurs où je me noye ;
Connais le cœur d'un pere, & conçois sa douleur,
Je m'abaisse à prier jusqu'à son ravisseur :
Tu m'enleves mon sang, ta détestable adresse
Deshonore à la fois ma fille & ma vieillesse.
Suborneur, malheureux, ma funeste bonté
Adoucissait le poids de ta captivité,
Je t'aimais, & tu sçais qu'aux murs de Trémizène
De mes voisins, pour toi, j'avais cherché la haine,
Je t'ai traité quinze ans comme mon propre fils,
J'ai protégé ton sang contre tes ennemis.
Ah ! si malgré la loi, qui toujours nous sépare,
La loi des nations parle à ton cœur barbare,
Si la mourante voix d'un pere au désespoir,
Si l'horreur de ton crime a de quoi t'émouvoir
Sois sensible à mes pleurs, plutôt qu'à ma colere,
Mes tresors sont à toi, je suis ton tributaire,
Rends-moi mon sang, rends-moi ce trésor précieux,
Sans qui pour moi la vie est un poids odieux,
Et ne déchires point ces blessures mortelles
Qu'au plus tendre des cœurs ont fait tes mains cruelles.
Tu ne me réponds rien, barbare !

RAMIRE.

Ecoute moi
Nous devons à Zulime autant & plus qu'à toi.
Soit vertu, soit pitié, soit intérêt plus tendre,
Au péril de sa gloire elle osa nous défendre,
Pour toi de mille morts elle eût bravé les coups ;
Elle adore son pere & le quitte pour nous,
Et je crois la payer du plus noble salaire,
En la rendant aux mains d'un si vertueux pere.

BENASSAR.

Toi, Ramire !

RAMIRE.
              Zulime est un objet sacré
Que mes profanes yeux n'ont point deshonoré,
Et si dans ton courroux je te croyais capable
D'oublier pour jamais que ta fille est coupable,
Si ton cœur généreux pouvait se désarmer,
Chérir encor Zulime !

BENASSAR.
              Ah si je puis l'aimer !
Que me demandes-tu ? Conçois-tu bien la joye
D'un malheureux vieillard à sa douleur en proye,
A qui l'on a ravi le plus pur de son sang,
Un bien plus précieux que l'éclat de son rang ?
L'unique & cher objet qui dans cette contrée
Soutenait de mes ans la faiblesse honorée,
Et qui poussant au ciel tant de cris superflus,
Reprend sa fille enfin quand il ne l'attend plus.
Moi ne la plus chérir ! jeune & noble infidelle,
Crois les emportemens d'une ame paternelle.
Crois mes sermens, Ramire, & ces pleurs que tu vois,
Parmi les Africains je tiens le rang des Rois,
Je le dois à sa mere, & ma chere Zulime
N'a point perdu ses droits, quelqu'ait été son crime,
Et toi de tous mes maux, cruel, mais cher auteur,
Va, Benassar en toi ne voit qu'un bienfaiteur,
Je te crois ; je me livre au transport qui m'anime.

RAMIRE
Goûte un plaisir plus pur, & vois qu'elle est Zulime.
Autant que ta bonté te presse en sa faveur,
Autant la voix d'un sang sollicitait son cœur.
Tu couta plus de pleurs à son ame séduite
Que n'en coute à tes yeux sa déplorable fuite,
Le tems fera le reste, & tu verras un jour
Qu'il soutient la nature, & qu'il détruit l'amour.
Entre son pere & moi, son ame déchirée,
Dans ses sacrés devoirs sera bien-tôt rentrée ;
Mais dis, peux-tu toi-même à ces bords ennemis
Arracher à l'instant Alide & mes amis ?
Ta fille les guidoit, peux-tu devancer l'heure
Nous n'avons qu'un instant.

TRAGÉDIE.
BENASSAR.
     J'y vole, & que je meure
Si je n'assure ici leur départ & leurs jours !
Je vais tout disposer en ces secrets détours,
Vers la porte du nord qui conduit au rivage,
Les Soldats de ma fille ont respecté mon âge,
Et déja quelques-uns, honteux de me trahir,
Se sentant mes sujets, & nés pour m'obéir,
A mes pieds en secret ont demandé leur grace :
Aux miens en un moment on peut ouvrir la place ;
Mais j'attends encor plus de ton cœur & du mien,
Mon plus cher intérêt s'unit avec le tien,
Et je ne puis te croire un ame assez cruelle
Pour abuser encor mon amour paternelle.
    RAMIRE.
Je vais chercher Alide, & la mettre en tes mains,
Et toi si je trahis tes généreux desseins,
Egorge devant moi la malheureuse Alide.
Est-ce assez Benassar, & me crois-tu perfide ?
Quel prix plus précieux te donner de ma foi !
Parle, es-tu satisfait ?
    BENASSAR.
       Oui, puisque je te crois,
Oui, sûr de ta parole, à toi je m'abandonne.
Dieu, vois du haut des cieux la foi que je te donne.
    RAMIRE.
Adieu, reçois la mienne.

SCENE V.
RAMIRE, ALIDE.

ALIDE, *arrêtant Ramir.*

AH ! Prince on vous attend.
Il n'est plus de dangers, l'amour seul nous défend.
Zulime est appaisée, & tant d'éfiance,

De transports, de courroux, de desseins, de vengeance,
Tout céde à la douceur d'un repentir profond,
L'orage était soudain, le calme est aussi prompt.
J'ai juré d'épargner à sa douleur mortelle
Un objet malheureux qui s'immole pour elle,
J'ai promis vôtre amour, j'ai promis cette foi
Que vous m'aviez donnée, & qui n'est plus pour moi.
J'ai dit ce que j'ai dit pour adoucir sa rage,
Et son cœur éperdu s'en disoit davantage
L'amour attendrissait ses esprits offensés,
Elle a mêlé ses pleurs aux pleurs que j'ai versés.
Partez, votre devoir loin de moi vous appelle,
Ce n'est qu'en me fuyant que je vous crois fidele,
Allez de ma rivale auguste & cher époux,
Dégager les sermens qu'Alide a faits pour vous.

RAMIRE.

Venez, il faut me suivire.

ALIDE.

Ah! courez vers Zulime,
Portez à ses genoux tout l'amour qui m'anime,
Mais ne balancez pas, achevez à ses piéds,
De terminer mes jours déja sacrifiés.
Le tems presse.

RAMIRE.

Oui sans doute, & le ciel me délivre
Du malheur d'être ingrat, de celui de la suivre.
Tout est changé.

ALIDE.

Seigneur!

RAMIRE.

Vous ne la craindrez plus.

ALIDE.

Que dites-vous? gardez de trahir vos vertus.

RAMIRE.

Si je trahis jamais l'honneur & la justice,
Dieu qui sçavez punir, qu'Alide me haïsse.
Venez, à Benassar mes mains vont vous livrer,
En ôtage un moment il vous faut demeurer.
J'irai trouver Zulime, oui j'y cours, & j'espere
Assurer ton repos & celui de son pere,

TRAGÉDIE.

Mon bonheur est le vôtre, & partir votre époux.
ALIDE.
Hélas s'il était vrai ! je m'abandonne à vous

Fin du troisième Acte.

ACTE IV.

SCENE PREMIERE.

RAMIRE *seul*.

Alide ne vient point, quel Dieu trompeur me guide ?
C'est ici qu'en mes mains on doit remettre Alide,
Elle ne paraît point à mes yeux égarés,
Où courir, où porter mes pas désespérés ?

SCENE II.

RAMIRE, MENODORE.

RAMIRE.

Qu'as-tu vû, qu'a-ton fait ?
MÉNODORE.
Une aveugle puissance
Détruit tout vos desseins, & confond l'innocence
Lu fureur en ces lieux conduisit à la fois
Zulime, Alide & vous, pour vous perdre tous trois,
Le dessein de Zulime était d'être trompée,

Des promesses d'Alide aveuglément frappée,
Et surtout de vos pleurs répandus à ses pieds,
De ces pleurs qu'arrachaient les maux que vous causiez
Elle se croit aimée ; elle a droit d'y pretendre,
Seigneur, jamais un cœur plus séduit & plus tendre
D'un mouvement si prompt ne parut emporté
De l'excès des terreurs à la sécurité.
Libre de ses soupçons, sans crainte de rivale,
Elle vole avec joye à la rive fatale,
Fait déployer la voile, & n'attend plus que vous
Vous qu'elle ose appeller du nom sacré d'époux.
Son pere en sçait bien-tôt la funeste nouvelle,
Il vous croit son complice, il veut se venger d'elle.
Il veut vous perdre, il court, & sa prompte fureur
De ses sens éperdus ranime la vigueur,
De ceux qu'il a gagnés il rassemble l'escorte,
Il ordonne, on le suit, il fait ouvrir la porte,
Les siens entrent en foule à pas précipités.
On se mêle, on s'égare, on fuit de tous côtés !
On combat, on n'entend que des clameurs plaintives
Au dehors, au-dedans, aux portes, sur les rives,
Alide suit en pleurs le triste Benassar,
Vingt fois sa main sur elle a levé le poignard,
Il ne l'écoute pas, il la nomme perfide.
Il la menace.

RAMIRE.
O ciel ! allons sauver Alide.

SCENE III.

RAMIRE, ZULIME, MENODORE, SERAME.

ZULIME.

QUel nom Prononcez-vous ! où portez-vous vos pas ?

TRAGÉDIE.

Je vous appelle en vain, vous ne me voyez pas.
N'ai-je pas expié mon injuste colere,
Vous m'aviez pardonné, puis-je encor vous déplaire ?
Au nom du tendre amour qui nous unit tous deux ...
Tout est prêt.

RAMIRE.
Oubliez cet amour malheureux.
C'en est fait !

SCENE IV.
ZULIME, SERAME.

ZULIME.

IL me fuit, & le jour m'abandonne!
SERAME.
Dans ce péril qui presse, & qui vous environne,
Suivez l'heureux conseil que Ramir a donné.
Chassez de votre cœur ce trait empoisonné.
Croyez-moi, jettez-vous entre les bras d'un pere,
A son cœur éperdu sa fille est toujours chere.
Cet amour malheureux dont il aura pitié
N'égale point l'ardeur de sa tendre amitié.
Votre faiblesse enfin de vos rémords suivie,
Lui rendrait à la fois & la gloire & la vie.
ZULIME.
Je le sçai, je l'avoue, il avait mérité
Et plus d'obéissance, & moins de cruauté.
Je vois toute ma faute, & mon ignominie,
Il ne sçait point, hélas! combien je suis punie,
Mon châtiment, Serame est dans mes attentats ;
Je fus denaturée, & j'ai fait des ingrats !
Ramire ingrat! Ramire! au moment où mon ame
Eût pensé que mes feux n'égalaient point sa flamme
Quand ses yeux d'un regard appaisant mes douleurs
Ont arrosés mes mains des trésors de ses pleurs,

ZULIME,

Il méditait, le lâche, un complot si perfide,
Il préparait ma mort, il adorait Alide !
Oubliez-moi, dit-il, cœur farouche & sans foi,
Mon cœur, malgré ton ordre, est encor plein de toi
Je ne t'oublirai point, ma rivale adorée
Par mes mourantes mains devant toi déchirée,
Fera voir que du moins je n'oublierai jamais,
Infidele Ramire, à quel point je t'aimais.

SÉRAME.

Mais Alide en effet est-elle sa complice,
Ne la traitez-vous pas avec trop d'injustice ?
Son cœur tranquille & simple, à vous plaire occupé,
Vous fut toujours ouvert, & n'a jamais trompé.
Elle a de vos soupçons souffert en paix l'outrage,
Elle est prête à rester sur ce fatal rivage,
Loin de Ramire même elle veut demeurer.

ZULIME.

Ah de Ramire ainsi se peut on séparer !
Cependant il m'échappe, & ma crainte redouble

SÉRAME.

Ah que je crains, madame, un plus funeste trouble !
Vous nourrissez ici d'impuissantes douleurs,
Sans doute on vous attaque, entendez ces clameurs!
Ce bruit confus, affreux !

ZULIME

        Je n'entends point Ramire ;
Peut-être on le poursuit, peut-être qu'il expire !
Il faut mourir pour lui, puisqu'il veut mon trépas.
Allons, quoi l'on m'arrête ! ah ! barbares soldats,
Laissez-moi dans vos rangs me frayer un passage,
Respectez ma douleur, respectez mon courage,
Ou terminez des jours que je dois détester.

SCENE.

TRAGÉDIE.

SCENE V.
ZULIME, MOHADIR, SERAME, SOLDATS.

ZULIME.

Mohadir!... est-ce vous qui m'osez arrêter?
Vous!
MOHADIR.
  Recevez, Madame, une ordre salutaire
D'un pere encor sensible à travers sa colere,
Il prend soin de vos jours, il épargne à vos yeux
D'un combat effrayant le spectacle odieux.
ZULIME.
On combat! mon amant s'arme contre mon pere!
MOHADIR.
C'est le funeste fruit d'un amour téméraire.
ZULIME.
Laissez-moi l'expier, s'il en est encor tems,
Laissez-moi me jetter entre les combattans.
Après tous mes forfaits que je prévienne un crime:
Je vais les séparer, ou tomber leur victime.
Tu dédaignes mes pleurs, & je vois tout mon sort,
Je suis ta prisonniere, & mon amant est mort.
MOHADIR.
Il vit & j'avouerai que son cœur m'agnanime
Sembloit justifier les fautes de Zulime.
Madame, je l'ai vû, maître de son courroux,
Respecter votre pere, en détourner ses coups.
Je l'ai vû des siens même arrêter la vengeance,
Et dédaigner le soin de sa propre défense.
Enfin pressé par nous, Ramire allait périr,
Croiriez-vous quelle main vient de le secourir?
Alide, Alide même, au milieu du carnage,
D'un pas déterminé, d'un œil plein de courage,

R

S'élançait dans la foule, étonnait les Soldats,
Sa voix & son audace ont arrêté leurs bras ;
Elle seule, en un mot, vient de sauver Ramire,
Il l'a suit vers la rive, il marche, il se retire ;
Sauvé par elle seule, il combat à ses yeux,
Et peut-être à nos mains ils échappent tous deux.

ZULIME.

Il vit ! il doit le jour à d'autres qu'à moi-même !
Serame, une autre main conserve ce que j'aime !
Et c'est Alide ! ah Dieu ! n'importe, il voit le jour,
Et du moins ma rivalle a servi mon amour.
Qu'elle est heureuse, ô ciel ! elle marche à sa suite,
Elle va partager son trépas ou sa fuite.

   (*à Mohadir.*)

Je ne le puis souffrir, va, cours les arrêter
Aux pieds de ce vaisseau qui devait nous porter.
Mohadir, prends encor pitié de ma faiblesse,
Si jamais tu m'aimas, & si le péril presse,
Cours aux pieds de mon pere, & ne perd point de tems,
Mesure tous tes soins à mes égarremens.
Réveille sa tendresse, autre fois prodiguée.
Que dans son cœur blessé mon crime a fatiguée,
Je ne veux que le voir, je ne veux que mourir.

MOHADIR.

Je doute que son cœur puisse encor s'attendrir,
Je vous obéirai.

ZULIME.

   Si ma douleur te touche,
Fais retirer de moi cette troupe farouche,
Epargne à mes douleurs leur aspect odieux ;
Qu'ils me gardent, du moins, sans offenser mes yeux.

MOHADIR.

Gardes, éloignez-vous.

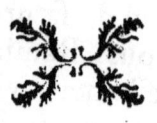

SCENE VI.

ZULIME SERAME.

ZULIME.

Enfin à la lumiere
L'indigne trahison se montre tout entiere.
SERAME.
Remerciez le ciel qui vous ouvre les yeux
Il veut vous délivrer d'un amant odieux,
Qui trouble votre vie, & qui la deshonore,
Qui vous perd, qui vous fuit, qui vous hait,
ZULIME.
Je l'adore.
Telle est dans les replis de mon cœur déchiré
La force du poison dont il est pénétré.
Que si pour couronner sa lâche perfidie,
Ramire en me quittant eût demandé ma vie,
S'il m'eût aux pieds d'Alide immolée en fuyant,
S'il eût insulté même à mon dernier moment,
Je l'eusse aimé toujours; & mes mains défaillantes,
Auraient cherché ses mains de mon sang degoutantes,
Quoi, c'est ainsi que j'aime, & c'est moi qu'on trahit!
Ma voix n'a plus d'accens, tout mon cœur se flétrit,
Je veux marcher en vain, mes genoux s'affaiblissent,
Sur moi d'un Dieu vengeur les coups s'appesantissent,
Je meurs.
SERAME.
On vient à nous.

SCENE VII.

ZULIME, ALIDE, SERAME.

ZULIME.

Ciel ! qu'est-ce que je voi ?
Ramire est-il vivant ? Dissipez mon effroi.
ALIDE.
J'y viens mettre le comble ainsi qu'à nos miseres,
Toutes deux en ces lieux nous sommes prisonnieres.
Ramire est dans les fers.
ZULIME
Lui !
ALIDE.
Tout couvert de coups
Et baigné dans son sang, qu'il prodiguoit pour vous,
Pressé de tous côtés, & las de se défendre,
A ses cruels vainqueurs il a fallu se rendre ;
Plus mourante que lui j'ignore encor son sort,
Hélas ! & je ne sçai s'il vit ou s'il est mort.
ZULIME.
S'il est mort, je sçai trop le parti qu'il faut prendre,
ALIDE.
S'il est encor vivant, vous pourriez le défendre,
Il n'eut jamais que vous & le ciel pour appui.
Eh ! n'est-ce pas à vous d'avoir pitié de lui ?
Quelques amis encor, échappés au carnage,
Sont avec vos soldats sur ce sanglant rivage,
Vous êtes mal gardée, on peut les réunir.
ZULIME.
Pouvez-vous bien douter que j'ose le servir ?
ALIDE.
Madame, en me parlant, quel front triste & severe
Avec tant de pitié marque tant de colere ?
Vous aviez condamné vos jalouses erreurs,

TRAGÉDIE.

Eh ! qui peut contre-moi vous irriter ?
ZULIME.
Vos pleurs
Votre attendrissement, votre excès de courage,
Votre crainte pour lui, vos yeux, votre langage,
Vos charmes, mon malheur, & mes transports jaloux,
Tout m'irrite, cruelle, & m'arme contre vous.
Vous avez mérité que Ramire vous aime,
Vous me forcez enfin d'immoler pour vous-même
Et l'amour paternel, & l'honneur de mes jours,
Je vous sers, vous perfide, il le faut, & j'y cours,
Mais vous me répondrez...
ALIDE.
Ah ! c'en est trop Zulime,
Connaissez, respectez la vertu qui m'anime.
Quoi, j'ai sauvé Ramire, & vous me condamnez !
Percez cent fois ce cœur si vous le soupçonnez.
Quelle indigne fureur votre tendresse épouse !
Il s'agit de sa vie, & vous êtes jalouse !
Je jure ici par vous, par ce commun effroi,
J'en atteste le jour, ce jour que je vous doi,
Que vous n'aurez jamais à redouter Alide ;
Ne vous figurez pas que ma douleur timide
S'exhale en vains sermens qu'arrache le danger.
Sçachez que si le ciel prompt à nous protéger,
Permettait à mes mains de délivrer Ramire,
S'il osait me donner son cœur & son empire,
Si du plus tendre amour il payait mon ardeur,
Je vous sacrifierais son empire & son cœur.
Conservez-le à ce prix, au prix de mon sang même.
Que voulez-vous de plus, s'il vit & s'il vous aime ?
Je ne dispute rien, Madame, à votre amour,
Non pas même l'honneur de lui sauver le jour,
Vous en aurez la gloire, ayez-en l'avantage.
ZULIME.
Non, je ne vous crois point, je vois tout mon outrage,
Je vois jusqu'en vos pleurs un triomphe odieux ;
La douceur d'être aimée éclate dans vos yeux....
Suivez-moi seulement, je vous ferai connaître
Que je sçai tout tenter, & même pour un traître.

R 3

Au milieu du danger vous me verrez courir.
Obéissez, venez le venger, ou mourir.
Serame, quelle horreur a glacé ton visage !

SCENE VIII.

ZULIME, ALIDE, SERAME.

SERAME.

Madame, il faut du sort dévorer tout l'outrage,
Il faut boire à longs traits dans ce calice affreux
Que vous a préparé cet amour malheureux.
Au plus cruel supplice on condamne Ramire.

ZULIME.

Il ne mourra pas seul, & devant qu'il expire......

SERAME.

Ah ! fuyez, croyez-moi, faites-vous cet effort,
Vous le pouvez.

ALIDE.

Nous fuir ! allons chercher la mort,
Soutenez bien sur-tout la grandeur de votre ame !

ZULIME.

Je suivrai vos conseils, n'en doutez point, Madame,
Vous en pourrez juger ; & toi, nature, & toi
Droit éternel du sang, toujours sacré pour moi !
Dans cet égarement dont la fureur m'anime,
Soutenez bien mon cœur, & sauvez-moi d'un crime.

Fin du quatriéme Acte.

ACTE V.

SCENE PREMIERE.

BENASSAR, MOHADIR.

MOHADIR.

Oui, Seigneur, il est vrai ce nouvel attentat
Outrage la nature, & le trône, & l'Etat.
Courir à la prison, braver votre colere,
C'est un excès de plus, mais vous êtes son pere ;
Et tous les attentats de ce funeste jour
Ne sont qu'un même crime, & ce crime est l'amour.
Dans son égarement, Zulime ensevelie,
Mérite d'être plainte encor plus que punie,
Et si votre bonté parlait à votre cœur....

BENASSAR.

Ma bonté fit son crime, & fit tout mon malheur ;
Ils ont trop méprisé mes pleurs & ma vieillesse,
Ma clémence à leurs yeux a passé pour faiblesse.
Ah ! l'homme inexorable est le seul respecté ;
Si j'eusse été cruel, on eût moins attenté.
La dureté du cœur est le frein légitime
Qui peut épouvanter l'insolence & le crime,
J'avais contribué moi-même à leurs forfaits,
Le tems de la clémence est passé désormais ;
Je vais, en punissant leurs fureurs insensées,
Egaler ma justice à mes bontés passées.

MOHADIR.

Me préserve le ciel d'excuser devant vous
Cet amas de forfaits que je déteste tous !
Permettez seulement que j'ose encor vous dire
Qu'avec trop de rigueur on a traité Ramire.

Fidele à ses sermens, fidele à vos desseins,
Il a remis Alide en vos augustes mains,
Il n'a point au rivage accompagné Zelime,
Peut-être a-t-il un cœur & juste & magnanime ;
Du moins il me jurait, entre mes mains remis,
Qu'il vous avait tenu tout ce qu'il a promis.
Enfin mes yeux l'ont vû dans ce combat horrible,
Dans ces momens cruels où l'homme est inflexible,
Où les yeux, les esprits, les sens sont égarés,
Détourner loin de vous ses coups désespérés,
Respecter votre sang, vous sauver, vous défendre,
Et d'un bras assuré, d'un cri terrible & tendre,
Arrêter, désarmer ses amis emportés,
Qui levaient contre vous leurs bras ensanglantés.
Oui, j'ai vû le moment où, malgré sa colere,
Il semblait en effet combattre pour un pere.

BENASSAR.

Ah ! que n'a-t-il plutôt dans ce malheureux flanc
Recherché de ses mains les restes de mon sang !
Que ne l'a-t-il versé, puisqu'il le deshonore !
Mais ma cruelle fille est plus coupable encore,
Son cœur en un seul jour à jamais égaré
Est hardi dans la honte, est faux, dénaturé,
Et se précipitant d'abîmes en abîmes,
Elle a contre son pere accumulé les crimes.
Que dis-je ? au moment même où tu viens en son nom
De tant d'iniquités implorer le pardon,
Son amour furieux la fait courir aux armes,
Les suborneurs appas de ses trompeuses larmes
Ont séduit les soldats à sa garde commis ;
Sa voix a rassemblé ses perfides amis,
A l'instant où je parle elle marche à leur tête,
Elle vient m'arracher son indigne conquête,
Cet amour insensé ne connaît plus de frein,
Zulime contre un pere ose lever sa main,
L'ingratitude enfin la mene au parricide ;
Ah ! courons, & nous-même immolons la perfide.

TRAGÉDIE.

SCENE II.

BENASSAR, ZULIME, MOHADIR,
suite.

ZULIME.

Non, n'allez pas plus loin, frappez, & vengez-
vous.
Ce cœur plein de respect se présente à vos coups.
Je ramene à vos pieds tous ceux qui m'ont suivie;
Maître absolu de tout, arrachez-moi la vie.

BENASSAR.

Fille indigne du jour, est-ce toi que je vois?

ZULIME.

Pour la derniere fois, Seigneur, écoutez-moi.
Le triste emportement d'une amour criminelle
N'arma point contre vous votre fille rebelle;
Pour vous, contre Ramire, elle aurait combattu;
Et jusqu'en sa faiblesse elle a de la vertu.
Ramire, autant que moi, vous revere & vous aime;
Ce héros, il est vrai, né pour le rang suprême,
Dans des fers odieux voyait flétrir ses jours,
On les menaçait même, & j'offris mon secours.
De lui, de ses amis, je reglai la conduite,
Je dirigeai leurs pas, je préparai leur fuite,
J'ai tout fait, tout tenté, n'imputez rien à lui,
Hélas! ce n'est qu'à moi de m'en plaindre aujourd'hui.
Je sçai qu'à vos douleurs il faut une victime,
Frappez, mais choisissez. Son malheur fit son crime,
L'adorer est le mien. C'est à vous de venger
Ce crime, que peut-être il n'a pû partager.
Mon Pere, car ce nom, ce saint nom qui me touche,
Est toujours dans mon cœur, ainsi que dans ma bouche
Par ce lien du sang, si cher & si sacré,
Par tous les sentimens que je vous inspirai,

R 5

Par nos malheurs communs dont le fardeau m'accable
Percez ce cœur trop faible, il est le seul coupable.
Répandez tout ce sang que vous m'avez donné,
Des fureurs de l'amour ce sang empoisonné,
Ce sang dégénéré dans votre fille impie,
Trop d'horreur en ces lieux assiégerait ma vie,
Après un tel éclat, s'il n'est point mon époux,
L'opprobre seul me reste & retombe sur vous.
Pour sauver votre gloire à ce point profanée,
Il me faut de vos mains la mort ou l'hymenée ;
Mais l'une est le seul bien que je doive espérer,
Le seul que je mérite, & que j'ose implorer,
Le seul qui puisse éteindre un feu qui vous outrage.
Ah ! ne détournez point votre auguste visage,
Voyez-moi, laissez-moi, pour comble de faveurs,
Baiser encor vos mains, les baigner de mes pleurs,
Vous bénir, vous aimer au moment que j'expire,
Mais pardonnez, mon pere, au malheureux Ramire,
Et si ce cœur sanglant vous touche de pitié,
Laissez vivre de lui la plus chere moitié.

BENASSAR.

O ciel qui l'entendez ! ô faiblesse d'un pere !
Quoi ses pleurs à ce point fléchiront ma colere !
Me faudra-t-il la perdre, ou les sauver tous deux !
Faut-il dans mon courroux faire trois malheureux !
Ciel prêtes tes clartés à mon ame attendrie,
L'une est ma fille, hélas ! l'autre à sauvé ma vie,
Je ne puis de leurs cœurs désunir les liens....
Gardes, que l'on m'amene & Ramire & les siens.

MOHADIR.

Seigneur, vous la voyez devant-vous éperdue,
Soumise, désarmée, à vos ordres rendue,
Vous l'avez trop aimée, hélas ! pour la haïr.
Mais on conduit Ramire, & je le vois venir.

SCENE III.

BENASSAR, ZULIME, ALIDE
RAMIRE, MOHADIR, *suite.*

RAMIRE.

J'Ai mérité la mort, & je sçai qu'elle est prête;
C'est trop laisser le fer suspendu sur ma tête,
Frappe, mais que ton cœur de vengeance occupé
Apprenne que le mien ne t'a jamais trompé.
Pour ôtage en tes mains j'avais remis Alide,
Avec un tel garant pouvais-je être perfide !
Va, Ramire était loin de te manquer de foi ;
Benassar, nos sermens m'étaient plus chers qu'à toi ;
Tu m'as trop mal connu, c'est ta seule injustice,
Que ce soit la derniere, & que dans mon supplice,
Des cœurs pleins de vertu ne soient point entraînés !

BENASSAR.

Le ciel à d'autres soins nous a tous destinés,
Je ne suis point barbare, & jamais ma furie
Ne perdra le héros qui conserva ma vie ;
Un amour emporté, source de nos malheurs !
Plus fort que mes bontés, plus fort que mes rigueurs,
T'asservit pour jamais ma fille infortunée.
Je dois ou détester sa tendresse effrénée,
Vous en punir tous deux, ou la mettre en tes bras ;
Sois son époux, Ramire, & regne en mes Etats,
Vis pour elle & pour moi, combats pour nous défendre ;
Soyons tous trois heureux, sois mon fils, sois mon gendre.

ZULIME.

Ah mon pere ! ah Ramire ! ah jour de mon bonheur !

ALIDE.

O jour affreux pour tous !

RAMIRE.

Vous me voyez, Seigneur,
Accablé, confondu de cette grace infigne
Que vous daignez me faire, & dont je fuis indigne,
Votre fille fans doute eft d'un prix à mes yeux
Au-deffus des Etats fondés par fes ayeux,
Mais le ciel nous fépare; apprenez l'un & l'autre
Le fecret de ma vie, & mon fort & le vôtre.
Quand Zulime a daigné par un fi noble effort
Sauver Alide & moi des fers & de la mort,
Menodore, un ami qu'aveuglait trop de zele
Séduifoit fa pitié qui la rend criminelle,
Il promettait mon cœur, il promettait ma foi.
Il n'en était plus tems, je n'étais plus à moi,
Les nœuds les plus facrés, les loix les plus févéres,
Ont mis entre-nous deux d'éternelles barrieres;
Je ne puis accepter vos auguftes bienfaits.
Je ne puis réparer les malheurs que j'ai faits;
Madame, ainfi le veut la fortune jaloufe,
Vengez-vous fur moi feul, Alide eft mon époufe.

ZULIME.

Ton époufe, perfide!

RAMIRE.

Elevés dans vos fers,
Nos yeux fur nos malheurs à peine étoient ouverts;
Quand fon pere uniffant notre efpoir & nos larmes
Attacha pour jamais mes deftins à fes charmes.
Lui-même a refferré dans les derniers momens
Ces nœuds infortunés, préparés dés long-tems.
Nous gardions l'un & l'autre un fecret néceffaire.

ZULIME.

Ton époufe! à ce point ils bravent ma colere!
Ah! c'eft trop effuyer de mépris & d'horreur,
Seigneur, souffrirez-vous ce nouveau deshonneur?
Souffrirez-vous qu'Alide à ma honte jouiffe
Du fruit de tant d'audace & de tant d'artifice?
Vengez-moi, vengez-vous de ces traîtres appas,
De cet affreux tiffu de fourbes, d'attentats.
Alide tiendra lieu de toutes les victimes;
Mon indigne rivale a commis tous les crimes.

TRAGÉDIE.

Punissez cet objet exécrable à mes yeux.
ALIDE.
Vous pouvez me punir, mais connaissez-moi mieux.
Avant de me haïr, entendez ma réponse.
Votre pere est présent, qu'il juge, & qu'il prononce.
BENASSAR.
O ciel!
ALIDE.
Ramire & moi, Seigneur, si nous vivons,
C'est vous, c'est votre fille, à qui nous le devons.
Zulime, en nous sauvant, voulait pour tout salaire
Un cœur digne de vous, & digne de lui plaire
C'était de tous ses soins le noble & le seul prix!
Sa gloire en dépendait, & je la lui ravis.
Sans mon amour, sans moi, n'en doutez point, Madame,
Autant l'heureux Ramire a pu toucher votre ame,
Autant vous regneriez sur son cœur généreux.
J'étais le seul obstacle au succès de vos vœux,
J'ai causé de tous trois les malheurs & les larmes,
J'ai bravé vos bienfaits, j'ai combattu vos charmes,
Et lorsque vous touchez au comble du bonheur,
Ma main, ma triste main vous perce encor le cœur.
Je vous ai fait serment de vous céder Ramire,
Vous connaissez trop bien tout l'amour qu'il inspire
Pour croire que la vie ait sans lui quelque appas,
L'effort seroit trop grand, vous ne l'esperez pas.
Je dois, je lai juré, servir votre tendresse,
Il n'est qu'un seul moyen de tenir ma promesse,
Le voici. (*Elle se frappe.*)
RAMIRE, *courant vers Alide.*
Ciel! Alide!
ALIDE, *aux Gardes.*
Arrêtez son transport.
(*à Zulime.*)
Je n'ai pû te céder qu'en me donnant la mort,
(*à Ramire.*)
Adieu, puisse du ciel la fureur adoucie,
Pardonner mon trépas & veiller sur ta vie,

RAMIRE, *entre les bras des Gardes.*
Je me meurs.

BENASSAR.
Ah! courez, qu'on vole à leur secours.

RAMIRE.
Achevez mon trépas, ayez soin de ses jours.

ALIDE, *à Zulime.*
Eh bien, ai-je appaisé votre injuste colere?
Vos bienfaits sont payés, le prix doit vous en plaire.
Nos cœurs des mêmes feux avaient dû s'enflammer,
Mais jugez qui des deux a sçu le mieux aimer.
C'en est fait.

ZULIME.
Malheureuse & trop chere victime!
Mon pere, que je sens tout le poids de mon crime!
De Ramire & de vous j'ai tissu tous les maux,
Mes mains de toute part ont creusé des tombeaux.
Mon amant me déteste, & mon amie expire.

BENASSAR.
Que cet exemple horrible au moins serve à t'instruire.
Le ciel nous punit tous de tes funestes feux,
Et l'amour criminel fut toujours malheureux.

Fin du cinquiéme & dernier Acte.

www.ingramcontent.com/pod-product-compliance
Lightning Source LLC
Chambersburg PA
CBHW060604170426
43201CB00009B/893